인식론적 인지와 발달

정당화와 진리의 심리학

Epistemic Cognition and Development:

The Psychology of Justification and Truth

David Moshman 저
이인태 · 신호재 역

한국 독자들을 위한 서문

'Epistemic Cognition and Development'의 한국어판 서문을 쓰게 되어 진심으로 기쁘고 또한 영광입니다. 이인태 교수에게 한국어판 서문을 부탁받은 후, 어떤 내용으로 서문을 채워야 할지 결정하는 데 꽤 오랜 시간이 걸렸습니다. 처음에는 이 책의 주요 내용과 핵심 아이디어를 소개할까 했지만, 곧 그럴 필요가 없다는 것을 깨달았습니다. 이 책의 서문과 서론에 이 내용이 모두 포함되어 있기 때문입니다. 그래서 나는 이 책이 출판된 이후, 인식론적 인지가 학계에 미친 영향과 이와 관련된 역사적 추세에 대해 이야기하기로 마음먹었습니다.

내가 이 글을 쓰고 있는 지금, Google Scholar로 검색해 보면, 이 책은 136회 인용되었으며, 다양한 학술서, 학술지, 논문에서 매년 12회 이상 인용되고 있습니다. 대표적으로 심리학(인지 심리학, 발달 심리학, 그리고 교육 심리학), 철학(주로 인식론), 교육학(특히 과학 교육)에서 내 책을 많이 인용하고 있습니다. 내 책을 인용한 연구자들은 전 세계, 수십 개국에 거주하고 있습니다. 이들은 내 책에서 학문적 아이디어를 얻어 다양한 유형의 연구를 수행하고 있습니다.

이러한 연구 중 여섯 편은 한국인 저자가 수행한 것입니다. 그들은 2020년에서 2024년 동안, 유수의 학술지에 문헌 연구, 이론적 분석, 경험 연구 결과를 발표하였습니다. 이 중 네 편은 수학/과학 교육과 관련이 있고, 나머지 두 편은 도덕성 문제와 관련이 있습니다.

내 책을 한국어로 번역하기 위해 노력해 주신 공주교육대학교의 이인태 교수와 공주대학교 신호재 교수에게 감사의 말을 전합니다. 그들의 노력을 통해, 이 책을 읽는 한국 독자가 늘어나기를 희망합니다. 저는 앞으로 내 책이 한국에서 얼마나 많이 인용되는지 주시할 겁니다!

내가 이 책을 쓴 이후, 진리의 중요성은 더욱 분명해졌습니다. 많은 사람들은 우리가 이제 "탈진리post-truth"의 시대에 살고 있다고 걱정하곤 합니다. 제가 사는 미국뿐만 아니라 전 세계적으로, 인식론적 위협은 만연해 있습니다. 즉 거짓 정보의 광범위하고 빠른 확산, 허위 정보의 의도적이면서도 계산된 사용, 전문성을 비하하고 무시하는 사람들의 태도, 지적 자유 혹은 학문적 자유에 대한 정치적 공격이 만연해 있는 시대에 우리는 살고 있습니다.

이러한 역사적 추세에 대응하기 위해서는, "진리가 중요하다"라고 말하는 것만으로는 충분하지 않습니다. 우리는 진리의 본질과 가치에 대해 진지하게 생각해야 하며, 이러한 생각을 정당화, 객관성, 주관성, 추론, 합리성, 메타인지 등과 연결하고자 하는 철학적, 그리고 심리학적 탐구를 시작해야 합니다.

뿐만 아니라 우리는 진리에 헌신해야 합니다. 우리가 진리라고 생각하는 특정 아이디어뿐만 아니라, 진리 그 자체에 우리는 헌신해야 합니다. 이는 누가 그렇게 하라고 했기 때문이 아니라, 진리를 충분히 이해함으로써 왜 그것에 헌신해야 하는지 우리가 이해할 수 있기 때문에 그렇게 해야 하는 것입니다. 모쪼록 한국은 물론, 다른 나라의 독자들이 인식론적 문제에 대해 고민하고 연구하며, 인식론적 발달을 위해 학생들을 가르치고 촉진하는 데 'Epistemic Cognition and Development'가 도움이 되기를 희망합니다.

2025년 2월

데이비드 모시먼

David Moshman

인식론적 인지와 발달

메타인지의 철학적 핵심인 인식론적 인지는 믿음의 정당화와 진리에 대한 사람들의 지식과 관련이 있다. 심리학과 교육학 분야의 여러 문헌들은 인식론적 인지의 여러 측면들을 다루고 있다. 그러나 이 다양한 문헌들은 일관된 개념적 틀의 부재로 인해 대부분 서로 소통하지 못하고 있고, 때때로 진정한 의미에서의 인식론과 느슨하게 연결되어 있다. 이는 인식론적 인지와 그 발달에 대해 체계적이면서도 이론적인 이해를 얻고자 하는 모든 노력을 복잡하게 만든다. 디에나 쿤Deanna Kuhn은 이 책의 추천사에서 "모시먼이 이 작업에 처음 도전한 사람은 아니지만, 나는 그가 이 도전을 우아하게, 가장 포괄적으로, 빈틈없이 수행했다고 생각한다"라고 썼다.

이 책은 철학적 인식론과 인지 심리학의 기초를 검토한 후, 아동기 및 이후 단계에서 지식의 발달적 변화를 다룬다. 특히, 객관성과 주관성, 합리성, 정당화, 그리고 진리와 같은 근본적인 개념과 관련된 지식의 변화를 설득력 있게 설명하고 있다. 그 후 과학, 논리, 도덕성, 사회적 관습, 역사, 정체성과 관련된 영역－특수적인 인식론에 대해 자세하게 다룬다. 끝으로 이론적 결론, 교육적·사회적 적용, 추가적인 연구를 위한 제언을 제시한다.

데이비드 모시먼은 네브라스카－링컨 대학교University of Nebraska－Lincoln의 교육 심리학과 교수이자, 응용 발달 심리학 학술지의 서평 편집자이다. 그의 이전 저작으로는 청소년의 합리성과 발달: 인지, 도덕성, 그리고 정체성(3판)Adolescent Rationality and Development: Cognition, Morality, and Identity (3rd edition), 자유와 학습: 교사와 학생을 위한 학문적 자유Liberty and Learning: Academic Freedom for Teachers and Students 등이 있다.

추천사

데이비드 모시먼이 이 책을 집필하고 있다는 것을 알게 되었을 때, 나는 그가 문제의 핵심에 접근하여 광범위하면서도 다양한 문헌들에 견고한 개념적 틀을 부여할 것이라는 점을 이미 알고 있었다. 때문에 나는 이 책에 대해 논평할 기회를 갖기를 기대했다. 앎의 방식과 적어도 느슨하게나마 연관된 광범위한 질문에 다양한 집단의 사람들이 어떻게 반응하는지에 대하여, 그간 다양한 경험적 연구들이 수행되어 왔고 많은 연구 결과가 축적되었다. 그리고 이 시점에서 절실히 필요한 것은 연구 결과의 토대가 되는 개념적 틀이다. 인식론적 유형을 식별하는 방법으로서, 겉보기에 관련이 있어 보이는 항목들에 대한 점수를 단순히 합산하는 것만으로는 우리가 원하는 결과를 얻을 수 없다. 모시먼이 이 작업에 처음 도전한 사람은 아니지만, 나는 그가 이 도전을 우아하게, 가장 포괄적으로, 빈틈없이 수행했다고 생각한다.

물론 내가 그의 의견에 전적으로 동의하는 것은 아니지만, 내 생각으로는, 늘 그렇듯이 모시먼의 견해가 거의 옳다고 생각한다. 그의 처방이 지닌 두 가지 중요한 강점 중 하나는 그가 모호함이나 느슨한 용어 사용을 허용하지 않는 예리한 분석을 지향한다는 점이다. 모시먼은 인식론적 사고의 본질을 엄격하게 식별하면서, 사고, 추론, 추리, 그리고 메타인지와 같이 핵심적이면서도 정의하기 어려운 다른 구성 요소들과의 관계 속에서 인식론적 사고의 위치와 경계를 분명하게 설정한다. 그렇다고 해서 이러한 강점이 그의 분석을 현학적으로 만들지는 않는다. 오히려 그는 큰 그림에 지속적으로 연구의 초점을 맞추고 있다.

또 다른 강점은 모시먼의 분석이 발달에 초점을 맞추고 있다는 것이다. 그는 인식론적 이해가 발달이라는 개념적 틀에서만 올바르게 이해될 수 있다고 독자들에게 말하고 있다. 아동기 초기에 타인이 가진 믿음을 인식하기 시작하면서, 어린이는 진리와 정당화에 대한 인식론적 고려를 토대로 자신의 사고를 규제할 수 있게 되지만, 이는 매우 점진적으로 이루어진다. 처음에 진리는 인간의 마음을 통한 매개 없이 직접적으로 인식되는 것으로 이해된다. 그러나 이후에는 인간의 마음이 앎의 유일한 원천으로 이해된다. 즉 보다 유용하고 성숙한 인식론으로의 중요한 전환이 일어날 때까지, 주관주의가 인식론을 지배하게 된다. 모시먼은 주관주의를 넘어서는 전환을 "합리적인 과정을 통해 주관성이 제약될 수 있음을 인식하는 것"이라고 말했다.

하지만 이러한 주장이 진화가 단일하고 일원화된 과정으로 일어난다는 것을 의미하지 않는다. 모시먼은 개인의 인식론이 세 가지 입장(객관주의, 주관주의, 합리주의)의 일부를 모두 포함할 수 있다는 점을 강조하면서, 이 주제에 대해 수많은 사람들이 집중해 온 영역의 문제를 다루고 있다. 이는 발달의 순서를 무효화하는 것이 아니라, 앎의 객관적 요소와 주관적 요소의 점진적 조정을 반영한 것이다. 그러나 영역별로 서로 다른 도전이 존재한다. 사회적 영역에서의 가장 큰 도전은 인간의 해석이 "편향"된 형태를 띠며, 관리하기 어려운 압도적인 역할을 한다는 견해를 극복하는 것이다. 이에 비해 자연과학에서 이러한 도전은 크게 걱정할 일이 아니다. 대신 인간의 해석이 과학적 지식에 어떠한 방식으로든 영향을 미친다는 것을 인식하는 것이 자연과학에서의 가장 큰 도전이다. 따라서 자연과학에서는 실재가 직접적으로 인식될 수 있다는 객관주의적 이해를 넘어서 인간의 앎이 대단히 중요한 매개자임을 인정하기 위해 노력해야 한다. 반면에 사회적 영역에서는 주관주의적 입장을 넘어 합리주의가 성취한 앎에 대한 객관적인 기준을 다시 받아들이려고 노력해야 한다.

종종 오해를 받는 도전적인 주제에 질서를 부여한 것 외에도, 인간의 사고와 그 진화에 대한 인식론적 이해의 중심성 및 중요성을 강조했다는 점에서 모시먼의 주장은 굉장히 큰 의의를 지닌다. 실제로 그가 지적한 바와 같이, 인지는 인간의 생애 주기 전반에서 대부분의 시간 동안 자동적이고 직관적으로 작동한다. 그러나 우리가 관심을 가져야 할 것은 (직관적인 사고가 아닌) 점진적인 발달을 위해 의식적으로 노력해야 하는 사고이다. 왜냐하면 그것은 개인적으로든 집단적으로든 인간의 진보에 본질적으로 기여하기 때문이다. 모시먼이 강조한 것처럼, "합리주의자적 인식론은 심의 민주주의의 핵심인 지적 자유의 기초가 된다."

나는 "인식론을 갖는다는 것은 지식 일반을 설명해야 할 필요성에 대해 깨닫는 것"이라는 모시먼의 주장에 의문을 제기하고 싶다. 그는 우리 모두가 철학자들의 전문 분야인 일종의 명시적인 숙고를 수행하기를 기대한다. 이 점에서 나는 그가 너무 멀리 나간 것은 아닌지 의심스럽다. 우리 모두는 "지식 전반을 설명하는 것"에 대해 그리 큰 걱정을 하지 않으면서도, 매일 수많은 판단과 결정의 과정에서 인식론적 이해를 활용한다. 우리가 정당하다고 믿는 주장을 할 때마다, 우리는 그 주장이 어떻게 정당화될 수 있는지에 대한 인식론적 이해를 활용한다. 우리가 그렇게 하고 있다는 사실을 거의 의식하지 못하면서 말이다. 정당화된 주장이란 논증이고, 논증은 아동기 때부터 어디에나 존재하며(Mercier & Sperber, 2011; Mercier, 2011; Kuhn, Hemberger, & Khait, 2014), 보통 우리가 가장 관심을 갖는 것들의 핵심이다. 그러나 어떤 논증은 실제로 다른 논증들보다 더 잘 정당화되며, 그러한 차이의 근원에는 무엇이 주장을 정당화하는지에 대한 인식론적 이해의 차이가 위치해 있다. 우리가 참이라고 믿고 말하는 것의 기저가 되는 인식론적 표준은 인간 활동의 여러 분야에서 매우 중요하다. 배심원과 교사의 역할은 양자의 연관성을 잘 보여 주는 두 가지 사례이다. "얼마나 확신할 수 있습니까?"라는 질문은 모든 배심원이 암묵적으로 고려하는 인식론적 질문이다.

인식론적 이해에 영향을 미치는 모든 요소 중, 가장 핵심적인 것은 교육이라고 사료된다. 따라서 인식론적 이해의 발달을 촉진하는 보다 구체적인 종류의 경험을 연구하는 것은 가치가 있다. 환영할 만한 모시먼의 이 책은 이러한 노력에 반드시 필요한 토대를 마련하고 있다.

디에나 쿤

2014년 6월

참고 문헌

Kuhn, D., Hemberger, L., & Khait, V. (2014). Argue with me: Argument as a path to developing students' thinking and writing. Bronxville, NY: Wessex Press.

Mercier, H. (2011). Reasoning serves argumentation in children. Cognitive Development, 26, 177-191.

Mercier, H., & Sperber, D. (2011). Why do humans reason? Arguments for an argumentative theory. Behavioral and Brain Sciences, 34, 57-111.

서문

나는 1970년대부터 인식론적 인지의 발달에 대해 연구해 왔지만, 1990년대까지 내가 연구하고 있는 것이 무엇인지를 알지 못했다. 이에 대해 굳이 변명을 하자면, 아마 1980년대까지 인식론적 인지에 대해 들어본 사람이 아무도 없을 것이라는 점을 지적하고 싶다(Kitchener, 1983). 그러나 내가 연구하고 있는 것이 인식론적 인지임을 깨닫는 데 10년이나 더 걸렸다는 점을 인정하지 않을 수 없다.

이후 나는 많은 사람들이 서로의 작업을 의식하지 못한 채, 인식론적 인지와 그 발달의 여러 측면을 연구하고 있다는 것을 알게 되었다. 그러나 이러한 연구들 속에서 내가 발견한 문제 중 하나는 인식론적 인지를 연구하는 모든 사람들이 인식론적 인지라는 용어를 사용하지는 않는다는 것이다. 또 다른 문제는 인식론과 관련된 용어를 사용하는 사람들이 다양한 메타인지 현상을 연구하지만, 그들이 연구하는 것이 모두 동일하게 인식론적이라고 말할 수는 없다는 것이다.

지난 10년 동안, 나는 일련의 출판물에서 인식론적 인지에 관한 다양한 문헌을 조정하려고 시도했다. 이를 위해 나는 용어를 정의하고, 관련된 이론과 연구 프로그램을 찾아내면서, 사람들이 정당화와 진리를 어떻게 이해하고 그러한 이해가 어떻게 발달하는지에 대한 통합적인 심리적 설명을 제공하고자 하였다. 이 작업이 결실을 맺을 수 있도록 기회를 준 Psychology Press, 그리고 조젯 엔리케스Georgette Enriquez에게 감사드린다.

수년에 걸쳐 많은 사람들이 내가 인지, 발달, 인식론을 이해하는 데 도움을 주었다. 특히 이 책의 초기 제안에 대한 익명의 검토자 네 명에게 감사드린다. 또한 원고의 다양한 부분에 대해 자세하고 유용한 피드백을 제공한 심리학자와 철학자들, 특히 사리트 바르질리아Sarit Barzila, 마이클 챈들러Michael Chandler, 프랭크 에들러Frank Edler, 매트 맥크러든Matt McCrudden, 하비 시겔Harvey Siegel, 레스 스미스Les Smith, 피나 타리코네Pina Tarricone, 그리고 아나트 조하르Anat Zohar에게 감사드린다. 이 책의 내용이 그들의 견해를 대변하고 있는 것은 아니다. 오히려 그들의 의견은 나의 견해와 다르다. 하지만 그들의 의견 덕분에 이 책은 더욱 좋아졌고, 나는 앞으로도 계속해서 토론이 이어지기를 기대한다.

끝으로 자애롭고 사려 깊은 추천사를 써준 디에나 쿤에게 감사드린다. 나는 이 책 때문에 촉발될 논쟁에 대해 그 누구도 최종 결정권을 가지지 못할 것이라 생각하지만, 그녀가 첫 번째 결정권을 갖게 되어 매우 기쁘다.

데이비드 모시먼

2014년 6월

참고 문헌

Kitchener, K. S. (1983). Cognition, metacognition, and epistemic cognition: A three–level model of cognitive processing. Human Development, 26, 222–232.

역자 서문

어떤 학생(이 학생을 A라고 해 보자.)은 도덕 수업 시간에 배우는 다양한 도덕적 지식을 절대 틀릴 수 없고 확실한 '사실'의 집합이라고 생각할 수 있다. 반면에 또 다른 학생(이 학생을 B라고 해 보자.)은 사람마다 특정 사안에 대한 도덕적 주장이 다르기 때문에 도덕적 지식이란 잠정적이고 주관적인 것, 즉 단지 '개인적인 견해나 주장' 정도라고 생각할 수 있다. 두 학생과는 다르게, 어떤 학생(이 학생을 C라고 해 보자.)은 지식이 그것을 인식하는 사람에 의해 구성 및 해석된다는 점에서 근본적으로 주관적인 것이고, 따라서 사람들은 다양한 도덕적 지식을 갖거나 주장을 할 수 있다고 생각한다. 하지만 이 모든 것이 동등한 가치를 지니는 것은 아니며, 어떤 것은 좋은 논거에 의해 뒷받침되기 때문에 받아들일 수 있고 그 밖의 다른 것들은 그렇지 않기 때문에 받아들일 수 없다고 생각할 수 있다.

우리는 A와 B, 그리고 C가 도덕적 지식에 대한 다른 이해, 즉 도덕적 지식이란 무엇이고, 그 지식은 어떤 특징을 가지고 있으며, 어떻게 정당화될 수 있는지에 대한 다른 방식의 이해를 가지고 있다고 말할 수 있다. 또한 우리는 아마 C의 경우, A처럼 외부에서 주어지는 도덕적 지식을 일방적으로 수용하거나, 혹은 B처럼 타인의 도덕적 주장을 개인적 선호의 문제로 치부하면서 일방적으로 거부하지 않을 것이라 예상할 수 있다. 더 나아가 C는 다양한 주장의 논거를 두루 살펴보고 평가하여 가장 좋은 논거를 선택할 것이기에, 도덕적 문제 사태에서 A나 B에 비해 보다 합리적인 판단을 하고, 더 나아가 이 판단을 근거로 보다 올바르게 행동할 가능성이 크다고 기대할 수 있을 것이다. 이와 같은 우리의 생각 속에 핵심적으로 자리 잡고 있는 개념이 바로 '인식론적 인지'이다.

이 책은 데이비드 모시먼의 책, 『Epistemic Cognition and Development: The Psychology of Justification and Truth』를 완역한 것이다. 도덕·윤리교육을 전공한 역자들은 평소 도덕과 교육이 상정해야 할 발달적 목표가 도덕성의 합리적인 측면이 되어야 한다고 생각해 왔다. 왜냐하면 도덕적인 행동을 추동하는 원천이 원초적인 것이든(쾌락주의 원리로서의 접근/회피 등) 생득적인 것이든(하이트가 주장한 도덕 기반 등) 혹은 정서적인 것이든(호프만이 주장한 공감 등) 그 무엇이든 간에, 그것이 지향해야 하는 도덕적 목표는 합리적인 것이어야 하기 때문이다. 즉 도덕적 목표는 합리적으로 구성되어야 하며, 더 나아가 이를 가능케 하는 인간의 합리성은 교육을 통해 발달한다는 것이 역자들의 기본적인 생각이다. 이러한 생각을 뒷받침해 줄 수 있는 책을 찾는 과정에서 역자들은 모시먼의 『청소년의 합리성과 발달: 제3판』(이인태·신호재 공역, 2024)을 번역하게 되었고, 또 이 책을 온전히 이해하기 위해서는 그의 또 다른 책인 『Epistemic Cognition and Development: The Psychology of Justification and Truth』를 이해해야 한다는 생각에 도달하게 되었다.

이 책에서 모시먼은 인간의 '합리성', 즉 좋은 이유를 찾고 그것에 근거하여 믿고 행동하는 행위자의 자질을 이해하기 위해서는 '인식론적 인지', 즉 믿음의 정당화와 진리에 대한 우리의 지식을 이해해야 한다고 설득력 있게 주장하고 있다. 더 나아가 인간의 합리성을 발달시키고자 한다면, 사람들의 인식론적 인지가 어떻게 발달해 가는지에 대해 설명할 수 있어야 한다고 주장한다. 이를 위해 그는 인식론적 인지와 관련된 다양한 문헌들을 광범위하게 검토하면서, 인식론적 인지와 그 발달에 관한 10개의 핵심 개념과 14개의 명제를 일목요연하게 정리하여 이 책에 제시하고 있다.

역자들의 전공이 도덕·윤리교육인 만큼, 이 책의 번역 역시 도덕·윤리교육을 전공하는 교대·사대 학부생 및 대학원생을 염두에 두고 시작되었다. 그러나 책의 목차에서 볼 수 있는 것처럼, 모시먼은 인식론적 인지가 논리, 과학, 도덕성, 사회적 관습, 역사, 정체성이라는 영역에서 어떻게 작동하는지를 구체적으로 보여 주고 있다. 이러한 점에서 이 책은 교육학 일반은 물론, 과학과 교육이나 사회과 교육을 전공하는 학부생 및 대학원생에게 일독을 권할 만한 가치가 있는 책이다.

'인식론적 인지와 발달'이라는 제목에서 볼 수 있는 것처럼, 이 책에는 '인식론'(철학)과 '발달 심리학'(심리학)에서 다루는 전문적인 용어들이 등장한다. 이 점에서 역자들은 이 책의 번역에 많은 어려움을 겪었다. 간결하고 이해하기 쉽게 번역하고자 최선을 다했지만, 그럼에도 불구하고 나타난 오역의 문제에 대해 너그러운 마음으로 이해해 주시기를 독자들께 청한다.

공주에서 이인태, 신호재

2025년 3월

목차

Ⅱ 인식론적 인지와 발달

III 인식론적 영역

IV 진리에 대한 진리

I

인식론과 인지

1. 명왕성에 닥친 위험
2. 진리와 정당화에 대한 연구
3. 인지와 메타인지

I
인식론과 인지

인식론적 인지는 인지 심리학의 주요 주제로서, 철학에서 다루는 중요한 주제인 인식론의 문제에 대한 사람들의 지식과 관련이 있다. 이 책의 서론에 해당하는 1부는 철학이나 심리학에 대한 특별한 사전 지식 없이도 2부의 내용을 이해할 수 있도록 독자들에게 필요한 내용을 제공하는 데 초점을 두고 있다.

1장은 태양계의 행성 수에 대해 확장되어 가는 논의를 살펴보면서, 다양한 인식론적 고려와 개념에 대해 소개하고, 이 책의 개요를 설명하면서 마무리된다.

2장은 인식론을 지식과 관련된, 특히 지식의 규범적인 측면과 관련된, 따라서 믿음의 진리와 정당화와 관련된 철학의 한 분야로 설명한다. 그리고 지식의 정의, 정당화와 진리의 근거 및 가능성, 지식의 다양한 형식에 대한 잠재적 구별과 관련된 철학적 쟁점을 요약한다. 또한 인식론적 인지와 관련된 심리학적 연구를 소개하면서, 경험적 연구는 인식론적 문제를 온전히 이해하는 데 필요하지만 철학적 인식론을 단순히 대체할 수는 없다고 주장한다.

3장에서는 추리, 사고, 추론을 포함하는 인지를 지식으로 제시하고, 지식에 대한 지식과 관련이 있는 인지의 하위 집합인 메타 인지를 강조한다. 나는 특히 지식의 규범적 본질에 대한 지식과 관련된 메타인지의 하위 집합인, 인식론적 인지에 초점을 맞춘다. 인식론적 인지에는 추론의 핵심인 진리와 정당화에 대한 근본적인 쟁점이 포함된다. 또한 이러한 설명은 이중 처리 이론 및 인지 발달에 대한 광범위한 이해를 포함하고 있다.

1 명왕성에 닥친 위험

19세기 후반만 해도, 우리 태양계에는 8개의 행성이 있다고 알려져 있었다. 태양으로부터 떨어진 8번째 행성이며, 8번째로 발견된 해왕성의 존재는 천왕성 궤도의 섭동을 바탕으로 예측되었다. 그러나 20세기 초, 대부분의 과학자들은 해왕성만으로는 섭동을 설명하기에 충분하지 않다고 믿었다. 9번째 행성에 대한 탐색은 1906년 퍼시벌 로웰Percival Lowell에 의해 시작되었다. 명왕성은 1930년대 초 클라이드 톰보Clyde Tombaugh에 의해 발견되었으며, 즉시 우리 태양계의 9번째 행성으로 인식되었다.

그러나 우주는 위험한 공간이다. 명왕성의 이야기는 이제 막 시작된다.

위험에 빠진 명왕성

2006년 8월 24일, 우리 태양계의 끝에 우주선 하나가 나타났다. 어떠한 경고나 설명도 없이, 그 우주선은 갑자기 불쌍한 명왕성을 파괴시켜 사라지게 했다. 다행히도 그 외계 우주선은 곧 사라졌고, 이후 그 우주선에 대한 소식은 다시 들리지 않았다. 그 우주선이 우리 은하의 다른 곳으로부터 왔는지, 다른 은하에서 왔는지, 혹은 미래에서 왔는지 결코 알 수 없을지도 모르지만, 명왕성은 사라졌고 이제 우리 태양계에는 8개의 행성만이 남아 있다.

이 사건이 기억나지 않는가? 사실 이 사건에 대한 위의 설명은 전혀 정확하지 않다. 그날 명왕성의 존재는 파괴되어 사라진 게 아니라 단순히 궤도를 벗어난 것이었고, 그것은 우주선이 아니라 한 소행성이 일으킨 것이었다. 그 소행성은 명왕성을 태양의 중력으로부터 영원히 떨어뜨릴 정도의 힘과 각도로 충돌했고, 그 결과 이제 우리 태양계에는 8개의 행성이 남게 되었다.

이 사건도 기억나지 않는가? 그럼 내부의 지질학적 재앙으로 인해 명왕성이 작은 점으로 줄어들어 태양계에 8개의 행성만 남게 된 사건은 기억하는가?

걱정하지 말라. 위에서 언급한 것 중 어떠한 일도 실제 일어나지 않았다. 명왕성은 파괴되거나 궤도에서 이탈하지 않았고, 폭발하지도 않았다. 하지만 당신이 나이가 많은 사람이라면, 우리 태양계에 9개의 행성이 있었다는 것은 기억할 것이다. 그것이 바로 내가 어릴 때 배웠던 것이며, 그 숫자에는 의심의 여지가 없었다. 나이가 들어가면서, 나는 모든 행성이 아직 발견되지 않았다는 점을 깨달았고 명왕성은 9번째로 발견되었다는 것을 배웠다. 그러나 나는 과학자들이 9번째 행성을 발견했다는 사실을 의심하지 않았다. (비록 그럴 가능성은 낮아 보였지만) 어쩌면 그들이 하나 이상의 추가적인 행성을 발견할 수 있다고 생각했다. 그럼에도 불구하고 우리 태양계의 행성이 분명 9개보다 적을 수는 없다고 생각했다.

하지만 지금은 우리 태양계에 행성이 8개밖에 남아 있지 않다. 어떻게 이런 일이 발생하였는가? 이 사건은 행성planet이라는 개념을 다시 정의하면서 발생하였다. 천문학자들과 그 외의 다른 연구자들 사이에 벌어진 수년간의 논쟁 끝에, 행성의 정의는 변경되었다. 그 결과 우리 태양계의 다른 행성은 여전히 남아 있게 되었지만, 명왕성은 더 이상 행성의 자격을 갖지 못하게 되었다. 명왕성은 외계 우주선, 길을 잘못 든 어느 한 유성, 지질학적 폭발의 희생양이 아니라, 재정의redefinition의 희생양이었던 것이다.

그러나 명왕성은 그러건 말건 전혀 신경 쓰지 않는다. 여전히 명왕성 그 자체는 태양 주위의 광대한 타원 궤도 선상을 지속적으로 돌고 있다. 그리고 세 번째 행성에 살고 있는 영장류가 행성을 어떻게 개념화하든, 명왕성은 그러한 천체학적 용어와 관련된 소란을 전혀 개의치 않는다. 명왕성에 일어난 사건은 해왕성 너머에서 일어나지 않았다는 점을 유의할 필요가 있다. 그것은 바로 여기 지구에서 일어났다. 더 이상 9번째 행성이 존재하지 않음을 이해하기 위해서는, 우리의 마음을 들여다볼 필요가 있다.

그런데 어떻게 그럴 수 있는가? 세계는 우리 마음의 작용인가? 내년에는 우리가 우리 태양계의 행성이 오직 6개뿐이라고 행성의 개념을 다시 정의할 수 있는가? 우리는 지구만이 유일한 행성이라고 행성을 재정의함으로써, 우리의 우주론적 지위를 높일 수 있는가? 혹은 보다 관대한 맥락에서 행성을 느슨하게 정의함으로써 우리 태양계 내 수십, 수백, 아마도 수천의 다양한 대상에게 행성의 자격을 부여할 수 있는가? 만일 우리가 원하는 그 어떠한 방식으로도 행성을 정의할 수 있다면, 우리는 우리가 원하는 만큼 많거나 적은 행성을 가질 수 있다. 그리고 우리가 선택한 바대로 그 어떠한 것이라도 행성이 될 수 있거나 없게 만들 수 있다.

그렇다면 우리 태양계 내의 행성의 숫자나 특정 천체의 행성 상태와 같은 기본적인 사실fact조차도, 단순히 우리가 정의한 바에 따른 선택의 산물이기 때문에 궁극적으로 주관적이라는 것이 드러난다. 하지만 이러한 생각은 최소한 다음과 같은 몇 가지 문제를 제기한다. 명왕성이나 다른 천체가 행성인지 아닌지에 대한 질문에 참true인 답은 있는가? 8개의 행성이 있다고 말하는 것은 사실인가? 9개나 다른 숫자를 말하는 것은 참인가? 명왕성의 지위와 행성의 수에 대한 우리의 믿음은 정당화justified될 수 있는가? 과학자들은 기존 믿음을 유지함에 있어서, 먼저 이를 정당화했는가? 믿음이라는 것은 정당화 가능한가? 만일 그렇다면 어떻게 가능한가? 믿음은 참일 수 있는가? 우리는 그것이 참이라는 것을 알 수 있는가? 어떻게 그것을 알 수 있는가? 진리truth와 정당화justification라는 것은 무엇을 의미하는가?

이것은 천문학, 지질학, 혹은 은하계의 폭발 문제가 아니며, 우리 마음이 작동하는 방식의 문제도 아니다. 이것은 인식론epistemology의 문제이다(Moshman, 2008b). 이것은 우주 내 물리적 개체로서의 명왕성에 일어난 물리학적 질문이 아니며, 우리가 지닌 다양한 믿음의 원인에 대한 심리학적 질문도 아니다. 오히려 이것은 지식의 기본적 성격, 믿음의 정당화와 진리에 대한 규범적인 질문들이다. 이것은 우리가 무엇을 믿어야 하는지, 어떤 합리적 근거에 따라 믿어야 하는지에 대한 질문이지, 우리가 무엇을 믿게 되었고 어떻게 믿게 되었는지에 대한 질문이 아니다.

세 가지 인식론

지식에 대한 지식은 우리가 가질 수 있는 지식의 일부이며, 여기에는 우리가 무엇을 믿어야 하는지에 관한 진리와 정당화의 규범적 문제에 대한 지식이 포함된다. 이 책을 통해 살펴볼 것이지만, 이 지식은 아동이 발달해 가는 과정에서 구성되며 종종 아동기 이후로도 계속해서 발달한다.

인식론적 인지는 다면적이며, 그 발달적 양상 역시 복잡하다. 곧 살펴보게 되겠지만, 지식에는 서로 구별되는 인식론을 지닌 다양한 영역이 존재한다. 아동은 보다 추상적인 인식론이 등장하는 청소년기 훨씬 전에 인식론적 인지의 발달적 증거를 보여 준다. 아동기 초기 이후, 모든 연령대의 사람들은 다양한 인식론적 통찰과 관점을 전개한다.

인식론적 인지의 발달을 살펴보기 위해서는 우선 세 가지의 일반적인 인식론을 구분하는 것이 유용하다. 비록 세 가지 모두 뿌리 깊은 철학적 토대를 가지고 있지만, 내가 여기서 세 가지로 구분하는 것은 주로 청소년과 성인기 초기에서 나타나는 인식론적 발달에 관한 심리학 문헌에서 직접적으로 찾아볼 수 있는 것이다. 인식론을 구분하는 용어는 다양하다. 나는 이 책 전반에 걸쳐 객관주의자objectivist, 주관주의자subjectivist, 그리고 합리주의자rationalist의 인식론을 살펴볼 것이다. 이러한 용어는 간단히 객관주의objectivism, 주관주의subjectivism, 합리주의rationalism라고 부를 수도 있다. 하지만 나는 이 책에서 때때로 사고 주체를 가리켜 객관주의자, 주관주의자, 혹은 합리주의자라고 부르기도 할 것이다. 이러한 각각의 용어는 인식론의 계열을 보여 주지만, 사람들은 다양한 인식론을 전개하며 항상 특정 범주에 딱 들어맞는 인식론을 보여 주지는 않는다는 점을 염두에 두어야 한다. 이제 나는 각각의 인식론을 설명하기 위해, 사람들이 특정 인식론을 지니고 있을 때 앞서 살펴본 위험에 빠진 명왕성을 어떻게 바라보는지 살펴보고자 한다.

객관주의자는 명왕성을 재분류하는 문제, 그에 따른 행성 수의 변화 문제를 다루는 데 어려움을 겪을 수 있다. 객관주의는 사실과 논리에 지식의 뿌리를 두고 있다. 명왕성은 행성이거나 행성이 아니다. 행성의 수는 단지 사실의 문제일 뿐이다. 만약 우리가 명왕성에 대해 새로운 것을 알게 되어 그것이 더 이상 행성으로 간주되지 않는다면, 우리는 깊은 인식론적 문제를 제기하지 않고도 행성의 수에 대한 우리의 실수를 바로잡을 수 있다. 만약 새 행성이 발견되었다면, 그래서 행성의 개수가 총 10개가 된다면, 천문학자에게는 흥미로운 일일 테지만 인식론자에게는 그다지 큰 관심거리가 아닐 것이다. 만일 명왕성이 외계 우주선에 의해 그 존재가 사라진다면, 이는 천문학적으로나 심리학적으로 극적인 사건이겠지만 인식론자들의 관심을 거의 끌지는 못할 것이다. 인식론자는 명왕성의 궤적을 기록하지 않을 것이며, 폭발에도 관심을 갖지 않을 것이다. 명왕성의 새로운 지위와 행성 수의 감소가 인식론적으로 주목할 만한 이유는 명왕성이 여전히 거기에 존재하고 그것이 여전히 명왕성이라는 점이다. 이러한 변화는 정의의 문제이다. 객관주의자로서, 당신은 사실을 지식의 기초로 보고 있다. 만일 우리가 사실에 의지할 수 없다면, 우리는 무엇에 의지할 수 있는가?

객관주의를 유지하면서, 당신은 다음과 같이 대응할 수 있다. 다행히 우리는 일반적으로 사실에 의존할 수 있다. 때때로 우리는 실수를 하지만, 이것은 객관주의의 진리와는 무관한 심리적 관찰의 결과이다. 심지어 전문가들도 정의와 결론에 있어서 실수를 저지른다. 그러나 우리는 천문학자들이 행성에 대한 잘못된 정의를 바로 잡고 제대로 인식할 수 있으며 실제로 행성은 9개가 아닌 8개라는 것을 깨달을 수 있다는 사실에서 천문학의 과학적 성격을 찾을 수 있다. 우리는 모두 실수를 저지르지만, 종국적으로는 진리를 결정할 수 있고, 또 결정하고 있다.

주관주의자는 객관주의적 분석을 다소 순진하다고 생각하며 다음과 같이 반응할 것이다. 수없이 많은 것들이 실제로는 정의의 문제이다. 여기에는 행성으로 간주될 수 있는 것과 없는 것을 결정하는 문제도 포함된다. 만일 과학의 기본적 사실조차 정의의 문제라면, 지식은 일반적으로 단순히 정의의 문제일 뿐인 듯하다. 지식은 인식하는 사람이 부여한 정의에 따라 상대적이며, 따라서 언제나 인식자knower의 개념 구조를 반영한다. 사실들은, 우리가 그것을 그렇게 부를 수 있다면, 우리의 개념과 정의에 따라 결정된다. 실제로 그 어떤 것도 참이거나 거짓일 수 없다. 어떤 정의 하에서는 행성이 9개이다. 그런데 또 다른 정의에 따르면 행성은 8개이다. 만일 우리가 숫자를 두 배로 늘리고 싶다면, 16개의 천체를 우리 태양계에 포함시킬 수 있는 행성 상태에 대한 기준들을 생각해 내면 된다. 이와 같이 우리는 우리가 원하는 행성의 숫자를 결정할 수 있다. 만일 우리가 명왕성이 우리 태양계의 일부가 되기를 간절히 바란다면, 우리는 명왕성의 지위를 회복할 수 있는 정의를 옹호할 수도 있다. 반면에 만약 우리가 명왕성을 목성과 동등한 지위를 지니지 않는, 보잘것없는 신생별이라고 생각한다면 어떨까? 이 역시 큰 문제는 없다. 목성을 포함하지만 명왕성은 포함하지 않는 행성에 대한 정의는 쉽게 내릴 수 있다. 우리 태양계 중 어떤 것이 행성으로서 목성과 함께 분류되며, 어떤 것이 우리가 생각해 낸 범주에 속하는지를 결정함으로써 말이다.

주관주의자는 행성으로서의 지위가 단지 정의의 문제이며, 이를 포함한 다른 모든 것도 마찬가지라고 주장할 것이다. 어떤 사람들은 한 정의를 다른 정의보다 선호할 수 있지만, 그러한 선택에 합리적인 근거는 없다. 참과 거짓은 뚜렷하게 구분될 수 없다. 지식은, 비록 우리가 그것을 그렇게 부르더라도, 언제나 의견의 문제이며 의견은 단지 개인적 선호일 뿐이고, 따라서 궁극적으로 취향의 문제이다.

합리주의자의 경우, 어느 정도까지는 주관주의자에 동의할 것이다. 합리주의자는 명왕성의 분류와 행성의 수가 실제로는 행성의 정의에 달려 있음을 인정할 것이다. 정의는 경험적 주장보다는 관습적 용례에 관한 문제이며, 따라서 참인지 거짓인지 평가될 수 없다. 그 어떠한 정의도 유일하게 참이지 않다. 명왕성이 행성인지 아닌지에 대한 질문에는 간단하게 대답할 수 있는 객관적인 답이 없으며, 우리 태양계에 얼마나 많은 행성이 있는지에 대한 질문에도 유일하게 참인 정답은 없다.

그러나 합리주의자는 우리가 객관성에 대한 모든 희망을 포기할 필요는 없다고 주장할 것이다. 모든 답이 옹호할 만한 가치가 있다고 가정할 이유는 없다. 행성의 지위와 행성의 수에 대한 어떤 정의나 결론은 다른 것들보다 더 정당화 가능하다. (폭력적인 우주선의 이야기는 잠시 접어 두고) 2006년 8월 24일 행성의 정의가 변경되었을 때, 과학자들은 우리 태양계의 다양한 천체에 대한 새로운 발견들을 고려하고 있었다. 축적된 증거들을 고려할 때, 명왕성을 행성으로 분류할 근거는 없었다. 또한 행성과 관련이 있다고 합리적으로 간주할 수 있는, 최소한 명왕성과 크기가 같고 특성이 다르지 않은 소행성도 제외했다. 9개의 전통적인 행성을 모두 포함하는 정의에는 이미 알려진 것과 아직 발견되지 않은 최소한 12개 이상의 행성이 포함되었다.

하지만 2006년 8월 24일, 국제 천문 연맹International Astronomical Union은 궤도, 크기, 중력을 고려하여 합리적이면서도 다소 인색해 보이는 행성에 대한 정의를 채택했다. 이 정의는 전통적인 9개의 행성 중 처음 8개를 포함하지만, 명왕성이나 우리 태양계의 다른 천체 혹은 아직 발견되지 않은 채로 남아 있는 천체는 포함하고 있지 않다.

이 정의의 공식적인 채택은 어떠한 객관적 의미에서 유일하게 참인 정의를 내린 것이 아니다. 따라서 그간 우리가 9개의 행성이 있다고 잘못 믿었지만, 이제는 8개라는 것을 안다는 객관주의자의 결론을 정당화하는 것도 아니다. 그러나 정의의 주관성은 모든 정의가 동등하게 좋거나 동등하게 임의적이라는 주관주의적 결론을 정당화하지 않는다. 무엇이 행성이 될 수 있는지 그리고 우리 태양계에 행성이 몇 개가 있는지를 결정하는 데에는 객관적인 제약이 존재한다.

그렇다. 합리주의자는 우리가 천체로서의 행성을 (a) 2006년에 채택한 기준을 충족하는 방식으로 정의하거나, (b) 미키 마우스의 개 이름을 정하듯이 정의할 수도 있음을 인정할 것이다. 만약 우리가 후자의 정의를 채택한다면, 명왕성은 행성이고 총 9개의 행성이 있다고 말할 수 있다. 이것 말고도, 우리는 P로 시작하는 다섯 글자의 이름을 지닌 모든 천체를 행성이라고 정의할 수 있다. 혹은 1930년 클라이드 톰보에 의해 발견된 모든 천체에 대해 행성의 자격을 부여하고, 이를 설명하는 고유한 범주를 만들어 우리가 선택한 개체를 추가할 수 있다. 이러한 정의는 거짓이 아니다. 그것들은 자기 모순적이지 않고 증거와 불일치하지도 않는다. 그러나 그것들이 지닌 자의성은 적절한 기준의 결합에 근거한 보다 인색한 정의보다는 정당화되기 어렵다. 우리가 태양계에 대해 알고 있는 바를 고려하면, 우리는 8개의 행성이 있거나 적어도 12개가 있다고 결론 내릴 수 있지만, 정확하게 9개가 있다고 결론지을 만한 합리적 근거는 없다. 행성에 대한 2006년의 정의는 객관적인 제약 내에서의 주관적인 선택이다. 우리 태양계에 대한 결과적 지식은 주관적이고도 객관적이다.

그렇다면 합리주의는 객관주의와 주관주의의 통찰을 인식하고 조정한다. 합리주의는 지식이 본질적으로 주관적이기 때문에 객관주의의 절대적 객관성에는 도달할 수 없다는 점을 인식한다. 그러나 주관주의로 후퇴하기보다, 주관성에 대한 (주관적) 성찰이 메타 주관적인 객관성을 생성할 수 있다는 점을 주장한다.

내가 객관주의자, 주관주의자, 그리고 합리주의자의 인식론을 순서대로 제시하는 데에는 그럴만한 이유가 있다. 자연스러운 개념적 순서 이외에도, 객관주의에서 주관주의, 그리고 합리주의로의 발달적 경향을 보여 주는 광범위한 연구들이 있기 때문이다. 그러나 그 발달적 양상은 복잡하다. 광범위한 연구들은 이 일반적인 세 가지 인식론적 단계가 순차적으로 발달해가는 단순한 그림, 특히 어느 정도의 나이가 되면 성숙의 상태를 보여 주는 세 번째 단계에 자연스럽게 도달하게 되는 단일한 계열을 지지하지 않는다. 우리는 이 책 전반에 걸쳐, 특히 5장과 6장에서 인식론적 인지의 발달 양상을 다룰 것이다.

그러나 우리의 관심사를 전환하기 전에, 우리 태양계를 한 번 더 살펴보자.

행성 문제

우리가 살펴본 것처럼, 명왕성은 9번째로 발견된 행성이자 행성으로서의 지위가 박탈된 첫 경우이다. 하지만 명왕성의 위험은 시작에 불과하다.

6번째로 발견된 행성은 무엇이었는가? 생각해 보라. 충분히 시간을 가지고 생각해 보라. 잠시 책을 덮어라. 그리고 답을 찾으면, 다시 책을 펴라. 행성이 발견된 순서를 자유롭게 확인해 보라.

자, 준비되었는가? 6번째로 발견된 행성은 무엇이었는가? 만일 토성이라고 답했다면 손을 들어 보라.

나름 좋은 대답이다. 태양으로부터 6번째로 떨어진 행성이 6번째로 발견된 것이라고 추측하는 것은 합리적으로 보인다. 그러나 태양으로부터 6번째로 떨어진 행성인 토성은 6번째로 발견되지 않았다. 토성은 적어도 20세기 보다 더 오래된, 고대 그리스 시대부터 알려져 온 고전적인 5개 행성 중 하나이다. 오래전부터 알려져 온 행성들로는 수성, 금성, 화성, 목성, 그리고 토성이 있다.

6번째로 발견된 행성은 지구로서, 1500년대 초기 니콜라우스 코페르니쿠스Nicolaus

Copernicus가 발견했다. 코페르니쿠스는 기존에 알려진 행성이 모두 태양을 공전하고, 지구 역시 태양을 공전한다는 점을 발견하였다. 그리하여 그는 지구를 포함하여 행성의 수를 총 6개로 확정했다.

그러나 잠시만 기다려 보라. 이것은 일종의 속임수가 아닌가? 지구는 코페르니쿠스 이전에도 오랫동안 사람들에게 알려져 있었다. 그런데 어떻게 그가 지구를 발견했다고 말할 수 있는가?

물론 이것은 속임수가 아니다. 우리가 알고 있는 지구는 행성으로서의 지구이다. 그리고 행성으로서의 지구는 코페르니쿠스가 발견하기 전에는 전혀 알려지지 않았다. 인간은 자신이 행성에 살고 있다는 사실을 이해하지 못한 채 수천 년 동안 지구에서 살았다. 물고기는 자기가 물속에서 산다는 사실을 여전히 이해하지 못한다. 그러나 지난 5세기 동안, 우리 인간은 지구를 하나의 행성으로 보게 되었다.

재개념화는 명왕성에게만 닥친 위험이 아니다. 그것은 모든 것, 심지어 우리 발밑에 있는 땅과의 관계조차도 바꿀 수 있다. 우리가 살펴본 것처럼, 우리는 모든 아이디어가 동등하게 좋거나 나쁘다거나 혹은 정당화되거나 그렇지 않다는 관점을 받아들일 필요가 없다. 어떤 믿음은 다른 이유에 비해 더 좋은 이유를 가질 수 있다. 여기에는 우리가 진리에 결코 도달할 수 없을지라도 그것을 향해 나아가고 있다는 믿음 역시 포함된다. 그러나 진리든 정당화든 둘 다 간단하지 않으며, 우리가 쉽게 이해할 수 없는 것이다. 그래서 이제 우리는 인식론으로 우리의 관심을 전환하고자 한다.

이 책의 개요

정확히, 누가 인식론으로 관심을 전환해야 하는가? 인식론적 인지를 연구하기 위해, 이 책의 독자들은 인식론으로 관심을 전환해야 하며, 우리는 다음 장에서 그렇게 할 것이다. 그러나 인식론적 인지를 연구하는 우리만이 인식론으로 관심을 전환해야 하는 것은 아니다. 우리가 연구하는 사람들은 이미 인식론으로 관심을 전환했으며, 그들을 통해 우리는 인식론적 인지와 발달 연구를 할 수 있다.

이 책은 각각 3개의 장으로 구성된 4부로 구성되어 있다. 나는 1부의 남은 두 장에서 인식론적 인지와 그 발달에 관한 철학적 및 심리학적 기초를 보여 주고자 한다. 그러면서 나는 심리학과 철학의 관계에 대한 여러 관점을 보여 주고자 한다. 나는 인식론적 인지에 대한 심리학적 연구가 철학적 인식론에 정보를 제공하고 그것을 보다 풍부하게 할 수는 있지만, 대체할 수는 없다고 결론을 내릴 것이다.

나는 이 책의 2부에서 인식론적 인지와 그 발달에 관한 이론적 설명을 제공하고자 한다. 나는 인식론적 인지가 오로지 발달적으로만 이해될 수 있다고 제안하는 바이다. 그러므로 인식론적 발달에 대한 연구는 인식론적 인지를 설명한다. 그러나 만약 발달하는 것이 무엇인지 알지 못한다면, 우리는 어떻게 인식론적 발달을 연구할 수 있겠는가? 따라서 인식론적 인지에 대한 연구와 인식론적 발달에 대한 연구는 전적으로 상호 의존적이다.

나는 인식론적 인지에 대한 7가지 주요 문헌을 언급하면서 2부를 시작할 것이다. 인식론적 인지의 발달적 본질을 조명한 후, 나는 약 4세경부터 시작되는 '거짓 믿음'(사람들이 믿는 바가 거짓일 수 있다는 인식)에서부터 청소년·성인·철학자의 명시적인 인식론에 이르는 인식론적 인지의 발달을 폭넓게 검토할 것이다. 이 과정에서 인식론적 발달의 다양한 양상과 과정을 고려할 것이다. 제목에서 볼 수 있는 것처럼, 2부에서는 인식론적 인지에 대한 체계적이고 포괄적인 설명을 확인할 수 있다.

2부의 결론은 객관주의에서 주관주의, 그리고 합리주의로의 전환이 두 번 반복되는, 두 주기의 형태로 인식론적 인지가 발달한다는 것이다. 아동기를 거치면서 우리는 특정한 인식론적 질문과 관련하여 이와 같은 순서로 이해를 구성해 간다. 그리고 비록 정도는 다양하지만, 청소년기와 그 이후에 우리는 보다 일반적인 인식론을 이와 같은 순서로 구성해 간다.

그러나 중요한 문제가 아직 남아 있다. 많은 이론가와 연구자는 인식론적 인지의 영역-특수성domain-specificity을 다루어 왔다. 일반적으로 인지가 사람이 인식하는 것의 상당 부분에 영향을 미친다는 점을 고려해 볼 때, 이는 놀라운 일이 아니다. 하지만 인식론적 인지는 인식론적으로 보다 근본적인 차원에서 영역-특수적이다. 진리와 정당화는 그것 자체로 영역에 따른 기능이다. 그리고 인식론적 발달에 대한 설명의 핵심적인 부분은 인식론적 영역과 관련된 추론 형태를 구성하고 구별하는 것과 관련이 있다. 이것은 발달 순서의 문제를 복잡하게 만든다.

인식론적 영역은 이 책의 3부를 모두 할애할 만큼 충분히 중요하다. 나는 3부에서 과학, 논리, 도덕성, 관습, 역사, 정체성의 인식론을 언급하고자 한다. 나는 인식론적 인지를 이해하기 위해서는 몇 가지 인식론적 영역을 구분해야 함을 주장하고자 한다. 하지만 모든 인지적 영역이 인식론적이지는 않다는 점을 염두에 두면서 영역이 늘어나는 것에 주의해야 한다고 말할 것이다. 나는 인식론적 영역을 구분하는 일차적 근거로서 진리와 정당화에 대한 독특한 형태의 추론과 관련 개념들 전체에 초점을 맞출 것이다.

이 책의 4부는 이전 9개의 장을 종합하면서, 인식론적 인지와 발달에 대한 체계적인 이론적 설명으로 시작한다. 그 다음은 적용과 연구 문제에 대해 논의한다. 사람들은 자신의 인식론을 어떻게 적용하며, 잠재적으로 그것을 어디에 적용하는가? 그리고 인식론적 인지와 그 발달에 대해 더 잘 이해하기 위해, 우리는 무엇을 할 수 있을까? 곧 살펴보겠지만, 인식론은 어디에나 있으며 우리가 배울 것은 정말 많다.

우리는 진리에 대한 완전하고 최종적인 진리를 알지 못하며, 언젠가는 그것을 알게 될 것이라고 믿어야 할 아무런 이유도 없다. 그러나 이는 우리가 지식에 대해 아무 것도 모르고, 알 수도 없다는 것을 의미하지 않는다. 바라는 바이기도 하지만, 독자들은 정당화에 대한 우리의 노력이 진리의 추구를 계속할 수 있을 만큼 충분히 정당하다는 점에 동의할 것이다.

2 진리와 정당화에 대한 연구

앞서 살펴본 바와 같이 만일 우리가 행성의 지위와 개수에 대해 인식론적 문제를 겪을 수 있다면, 우리는 우리가 인식하는 모든 것에 대해서도 그러한 문제를 겪을 것이라고 예상할 수 있다. 우리가 실제로 무엇인가를 알고 있는지 어떻게 알 수 있는가? 우리는 어떻게 우리의 믿음이 정당하다는 것을 알고 있는가? 그것들이 참인지 어떻게 알 수 있는가? 그것들은 정말 참이거나 정당화된 적이 있는가? 이러한 것들이 지식에 대한 이론의 발전과 관련이 있는, 특히 믿음의 정당화와 진리에 관한 인식론의 문제이다.

그러나 우리는 또한 사람들이 그들 지식의 철학적 근거에 대해 무엇을 알고 있는지, 진리와 정당화에 대해 그들이 무엇을 이해하고 있는지, 인식론적 문제에 대한 그들의 지식이 어떻게 발달하는지, 그리고 우리가 그러한 발달을 조장하기 위하여 무엇을 할 수 있는지를 물을 수 있다. 이것들은 인지, 발달, 그리고 교육 심리학에서 언급되는 인식론적 인지와 발달에 관한 질문들이다.

이 책에서 우리의 주요 관심사는 인식론적 인지에 대한 심리학적 연구이다. 하지만 이러한 연구는 철학과 심리학의 관계에 대한 질문을 포함하여, 철학적 질문들을 즉각적으로 제기한다. 나는 이 장에서 철학적 인식론과 관련된 주요 문제들의 개요를 제공하고자 한다. 심리학과 철학의 관계에 대한 몇 가지 쟁점들을 살펴본 후, 나는 피아제의 발달적 인식론을 지지하면서 나름의 결론을 내릴 것이다. 나의 관점에서 볼 때, 인식론적 인지에 대한 심리학적 연구는 진리와 정당화에 대한 인식론적 문제를 온전히 이해하는 데 필요하지만, 단순히 철학적 인식론을 대체할 수는 없다. 오히려 철학적 인식론은 인식론적 발달의 과정을 이해하는 데 도움이 되는 진보된 인지적 성취로서 고려된다.

인식론: 지식에 대한 이론

인식론은 철학의 주요 분야 중 하나이다(Audi, 2011; Moser, 1995; Pritchard, 2014). 인식론은 종종 지식에 대한 이론the theory of knowledge이라고 불린다.

인식론은 또한 지식에 대한 **연구**the study of knowledge라고도 불리는데, 이는 인식론적 문제에 관한 다양한 이론이 존재하며 이중 단지 하나의 이론만이 **유일한** 지식 이론으로 명명되지 않기 때문이다. 그러나 철학자들은 주로 지식에 대한 이론이라는 용어를 사용하는데, 왜냐하면 서로 다른 견해를 지닌 인식론자들이 자신들을 과거보다 지식에 대해 더 많은 것들을 이해하고 공유하고 있는 공동체로 바라본다는 점, 그리고 지속적인 논쟁을 통해 더 나은 이론적 이해로 나아가고 있다는 점을 강조하기 위해서이다.

인식론자들은 지식의 본질, 기원, 그리고 가능성을 연구한다. 광범위하게 보면, 이러한 것들은 인지 및 발달 심리학의 주요 주제들을 포함하고 있다. 하지만 철학적 인식론자들은 가장 근본적인 질문과 문제에 보다 관심을 집중한다.

정당화된 참인 믿음으로서의 지식

아마도 인식론의 가장 근본적인 질문은 이것일 것이다. 지식이란 무엇인가? 철학자들은 오랫동안 다음과 같은 표준적인 정의를 인정해 왔다. 지식은 정당화된 참인 믿음justified true belief이다. 믿음, 진리, 정당화가 지식의 필수적인 기준이라는 점에 대해서는 지속적인 합의가 있어 왔다. 하지만 지금은 이것들만으로는 충분하지 않다는 의견이 지배적이다. 그러나 지식을 정의하기 위해 어떤 기준이 더 필요한지, 무엇이 어떻게 바뀌어야 하는지에 대한 합의는 아직 없다.

내가 '코끼리는 쥐보다 작다'고 믿는다고 가정해 보자. 이때 내가 코끼리는 쥐보다 작다는 것을 내가 **'안다'**know고 말하는 것은 정확하지 않을 것이다. 여기서 문제는 나의 믿음이 거짓이라는 점이다. 믿음이 지식으로 간주되려면, 그 믿음이 참이어야 한다. 보다 일반적으로 말해 보자. 만약 메리가 X를 알고 있다면, 당신은 (a) '메리는 X를 믿는다', 그리고 (b) 'X는 참이다'라고 적절하게 추리할 수 있다. 만일 메리가 X를 믿지 않는다면, X가 참이라고 하더라도 그녀는 X를 안다고 적절하게 말할 수 없다. 그리고 만약 메리가 X를 믿는다 하더라도 X가 거짓이라면, 그녀는 X를 안다고 적절하게 말할 수 없다. X에 대한 지식은 X에 대한 믿음과 진리 양자를 모두 수반한다. 오로지 '참인 믿음'true belief만이 지식이다.

그러나 과연 '참인 믿음'이 지식을 정의하기 위한 기준으로 충분할까? 참인 믿음은 모두 지식인가? 내가 모든 나비가 파란색이라 믿는다고 가정해 보자. 당신은 나에게 나비 한 마리가 들어 있는 불투명한 상자를 보여 주며 그 색깔을 묻는다. 나는 파란색이라고 답한다. 만약 나비가 노란색으로 밝혀지면, 당신은 내가 나비가 파란색이라고 믿었지만, 거짓으로 판명되었다고 말할 것이다. 하지만 나비가 실제로 파란색으로 밝혀졌다고 가정해 보자. 당신은 내가 나비는 파란색이라고 믿었으며, 그것이 참으로 밝혀졌다고 말할 수 있다. 그렇지만 당신은 내가 나비는 파란색임을 **'알고 있다'**knew고 말하지는 않을 것이다. 왜 그렇게 말하지 않는가? 결국 나는 나비가 파란색이라고 믿었고, 내 믿음은 참이었다. 이 참인 믿음이 지식이 아닌 이유는, 그것이 정당화되지 않았기 때문이다. 나는 나비가 파란색이라고 믿을만한 충분한 이유를 가지고 있지 않았다. 따라서 우연히 맞았다고 하더라도, 그 사실은 나의 정당화되지 않은 믿음을 지식으로 바꾸지는 않는다. '안다는 것'Knowing은 무엇인가를 믿는다거나 운 좋게 맞은 것 그 이상이다. 우리가 일반적으로 사용하는 용어처럼, 무엇인가를 안다는 것은 **정당화된**justified 참인 믿음을 가진다는 것이다.

1963년 이전에는 믿음, 진리, 정당화라는 기준이 지식을 정의하는 데 있어 충분하다는 일반적인 합의가 있어 왔다. 하지만 이후 에드먼드 게티어Edmund Gettier(1963)는 지식으로 인정되지 않는 정당화된 참인 믿음의 두 가지 사례가 담긴, 3페이지 분량의 논문을 발표하며 이 합의에 도전했다. 그의 "파괴적인 도전"(Moser, 1995, p. 237)은 이후 게티어 문제Gettier problem로 알려지게 되었다. 반세기가 지난 지금, 그것은 여전히 도전적인 문제로 남아 있다(Audi, 2011).

게티어(1963)는 로드릭 키숄름Roderick Chisholm과 A. J. 에이어A. J. Ayer를 포함한 다양한 인식론자들이 지식을 다음과 같은 방식으로 개념화했다는 점을 지적하면서 자신의 주장을 전개했다. **'S가 P를 안다'의 필요충분조건은 (1) 'P는 참이다', (2) 'S는 P를 믿는다', (3) 'S가 P를 믿는 것이 정당화된다'이다.** 그는 이 명제가 거짓이라고 주장했다. 왜냐하면 이 세 가지 조건, 즉 진리, 믿음, 정당화가 지식에 대한 충분조건이 아니기 때문이다.

게티어가 제시한 첫 번째 사례를 살펴보자. 스미스와 존스는 일자리에 지원했다. 스미스는 존스가 일자리를 얻을 것이라는 강력한 증거를 가지고 있으며, 또한 존스가 주머니에 동전 10개를 가지고 있다는 강력한 증거도 가지고 있다. 따라서 스미스는 '일자리를 얻을 사람이 주머니에 10개의 동전을 가지고 있다'고 추리한다. 그러나 스미스도 모르게, 존스가 아니라 스미스 자신이 일자리를 얻고, 그 자신도 우연히 주머니에 동전 10개를 가지고 있었다고 가정해 보자. 스미스의 믿음, 즉 '일자리를 얻을 사람이 주머니에 동전 10개가 있다'는 믿음은 참이다. 그리고 주어진 증거를 볼 때, 이 믿음은 정당화된다. 그것은 정당화된 참인 믿음이다. 그러나 그것은 지식이 아니다. 왜냐하면 이는 스미스가 전혀 모르고 있는, 자신의 주머니에 안에 있는 동전 수에 의해서만 참이기 때문이다.

다른 사례가 필요한가? 여기 두 번째 사례가 있다. 존스가 포드 자동차를 가지고 있다는 강력한 증거를 스미스가 가지고 있다고 가정해 보자. 스미스가 기억하는 한, 존스는 오랫동안 차를 가지고 있었고, 그 차는 언제나 포드 자동차였으며, 지금도 존스는 포드 자동차를 운전하고 있다. 그리고 세상 어딘가에는 있을법한, 왈도(게티어는 이 사람을 브라운이라고 부른다)라는 사람이 있다. 무작위로 한 도시를 선택한 다음, 스미스는 다음과 같은 선언 명제disjunctive proposition를 만들어 낸다. **존스가 포드 자동차를 가지고 있거나 혹은**or **왈도가 바르셀로나에 있다.** 존스가 포드 자동차를 가지고 있다고 믿고 있는 스미스는 왈도의 행방과는 상관없이 이 선언 명제가 참이라고 추리한다. 그러므로 스미스는 이 선언 명제를 믿으며, 그의 믿음은 정당화된다. 그러나 스미스도 모르게, 존스가 렌터카를 운전하고 있고 포드 자동차를 현재 가지고 있지 않다고 가정해 보자. 그렇다면 왈도는 어디에 있는가? 왈도는 실제로 바르셀로나에 있는 것으로 밝혀졌다. 따라서 스미스의 믿음, 즉 '존스가 포드 자동차를 가지고 있거나 혹은 왈도가 바르셀로나에 있다'라는 믿음은 참이라고 할 수 있다. 이것은 정당화된 참인 믿음이다. 그러나 그것은 지식이 아니다. 왜냐하면 이 명제는 존스가 포드 자동차를 가지고 있다는 거짓 전제에 근거하여 정당화되었지만, 결국 스미스는 모르는, 왈도만 알고 있는 이유로 인해 참이 되었기 때문이다.

1963년 이후, 지식에 대한 연구는 보통 후기 게티어 인식론post-Gettier epistemology으로 설명된다. 현재까지 논쟁이 진행 중인 가운데, 어떤 이들은 여전히 지식이란 정당화된 참인 믿음이며, 믿음, 진리, 정당화가 지식의 필요충분조건이라고 주장한다. 이러한 주장을 하는 사람들 중 일부는, 게티어와 그의 후계자들이 제시한 이상한 사례를 포함하여, 모든 정당화된 참인 믿음을 지식으로 수용하기 위해 우리의 직관을 개혁해야 한다고 주장한다. 또 다른 일부의 사람들은 정당화로 간주되는 것을 재고함으로써, 즉 지식의 자격을 갖추지 못한 (게티어가 지적하였듯이) 겉보기에만 정당화된 참인 믿음은 결국 실제로 정당화되지 않는다는 점을 지적함으로써, 이 정의 방식을 지키고자 한다. 그러나 아마도 게티어 문제를 해결하기 위한 가장 유력한 방식은, 믿음, 진리, 정당화가 지식을 정의하기 위한 필요조건이지만, 충분조건은 아니라는 점을 인정하는 것이다. 정당화된 참인 믿음이 지식으로 간주되기 위해서는 네 번째 조건이 충족되어야 한다. 이 네 번째 조건에 대해 다양한 대안들이 제안되었지만, 현재까지 합의는 이루어지지 않았다.

요컨대 게티어 문제는 인식론자들에게 여전히 난제로 남아 있다. 하지만 우리의 논의를 진전시키기 위해, 나는 지식과 인식론의 핵심이 '믿음의 진리와 정당화'the truth and justification of belief에 관한 질문이라는 점만 강조하고자 한다. 지식의 표준적 정의를 둘러싼 복잡한 문제와 상관없이, 그리고 지식에 추가적인 조건이 있는지 없는지의 여부와 상관없이, 이는 참이다.

정당화, 진리, 그리고 회의주의

그렇다면 우리는 어떻게 믿음을 정당화할 수 있으며, 그것이 참인지 어떻게 알 수 있는가? 한 가지 가능한 대답은 우리가 다양한 원천으로부터 믿음을 얻지만, 우리가 그것을 직접 볼 때 무엇이 참인지를 안다는 것이다. 따라서 이와 같은 상식적인 관점에서는 직접적 관찰direct observation이 우리에게 진리를 제공하고, 우리의 믿음을 정당화하며, 지식의 주요 원천이 된다.

그러나 관찰은 틀릴 수 있고 체계적인 환상에 빠질 수도 있다. 또한 우리의 믿음은 직관, 성찰, 반성, 기억, 혹은 타인의 증언에 기초할 수도 있다(Audi, 2002, 2011). 이들 중 어느 것도 오류가 없는 것은 아니지만, 이는 관찰도 마찬가지이다. 이처럼 다른 원천에 기초한 믿음이 일반적으로 관찰에 기초한 믿음보다 덜 정당화되거나 혹은 진리일 가능성이 낮다고 말하는 것은 분명하지 않다. 철학자들은 우리 믿음의 다양한 원천이 지식의 원천이 될 수 있는지, 언제 그렇게 될 수 있는지와 관련하여 상당한 관심을 기울여 왔다. 한 가지 분명해 보이는 것은, 지식의 원천은 다양하나 그 중 의심의 여지가 없는 것은 없다는 점이다. 유일하면서도 오류가 없는 진리와 정당화의 원천은 없다.

이를 염두에 두면서, 인식론자들은 정당화에 대한 두 가지 일반적인 접근 방식, 즉 **근본주의**foundationalism와 **정합주의**coherentism(Audi, 2001, 2011)를 구분하면서 서로 논쟁을 벌여 왔다. 각각은 진리의 본질에 대한 고유의 함의를 지니고 있다.

우리는 어떻게 믿음을 정당화할 수 있는가? 나는 S에 대한 나의 믿음을 정당화하기 위해, S가 R로부터 추리될 수 있다고 설명할 수 있다. 그러나 S에 대한 나의 믿음을 정당화하기 위해, 나는 R에 대한 나의 믿음을 정당화해야 한다. 하지만 R에 대한 내 믿음을 정당화하기 위해, 나는 R이 어떻게 해서 Q로부터 추리될 수 있는지에 대해 설명해야 한다. 즉 이와 같은 작업은 계속된다. 따라서 무언가를 다른 어떤 것으로부터 정당화해야 할 필요성은 사라지지 않을 것이며, 결국 우리는 그 무언가를 써 내려 갈 종이가 부족해질 것이다. 우리는 정당화의 무한 퇴행infinite regress에 빠질 것이며, 그리하여 우리의 믿음은 전혀 정당화될 수 없는 것처럼 보일 것이다. 하지만 지식은 (적어도) 정당화된 참인 믿음을 수반한다. 만일 아무것도 정당화되지 않는다면, 지식이라는 것도 없다. 만약 아무것도 정당화되지 않는다면, 지식은 불가능하다. 지식의 대한 우리의 믿음은 망상인가? 여기서 문제는 다음과 같은 사실로 인하여 만들어진다. 나는 S가 R로부터 추리된다고 설명할 때, 나는 반드시 추리의 과정을 정당화해야 하고, 그다음 그 정당화와 관련된 믿음 및 추리 과정을 정당화해야 한다. 그리고 이것은 계속된다(Carroll, 1895). 우리는 단지 어떤 것에 대해 무지할 뿐만 아니라, 아무 것도 모르는 것처럼 보인다. 이것이 일반적으로 회의주의skepticism라고 불리는 입장이다. 특히 나는 이를 급진적 회의주의radical skepticism라고 부르려고 한다. 왜냐하면 이 맥락에서의 회의주의는 특정 주장의 진실성에 대한 회의적 태도, 혹은 입증되지 않는 모든 주장에 대해 회의적인 태도를 갖는 일반적인 경향을 말하는 것이 아니기 때문이다. 내가 말하는 급진적 회의주의는 정당화의 가능성, 즉 지식의 가능성 자체에 대한 심각한 의심을 의미한다.

근본주의는 지식의 이중 구조를 상정함으로써 정당화의 무환 퇴행을 피하고자 한다. 어떤 믿음은 다른 믿음에 기초해서 정당화되지만, 어떤 믿음은 근본적이다. 근본적인 믿음은 정당화를 필요로 하지 않는다. 그들은 스스로 정당화될 필요 없이 다른 믿음을 정당화한다. 예를 들어, 어떤 믿음은 직접적으로 관찰될 수 있기 때문에, 혹은 내적 구조에 의한 논리적 필연성 때문에 정당화될 필요가 없다고 간주된다.

근본주의는 다양한 형태로 나타날 수 있지만 크게 두 가지 기본적인 범주, 즉 급진적 근본주의radical foundationalism 와 온건한 근본주의moderate foundationalism로 구분할 수 있다. 먼저 급진적 근본주의는 지식이 근본적인 믿음, 즉 확실한 진리에 토대를 두고 있으며, 후속 믿음 역시 이 근본적인 믿음으로부터 연역되기 때문에 동등하게 확실하다고 주장한다. 철학자 르네 데카르트René Descartes(1596－1650)가 대표적이다. 그는 자신의 사고와 자신의 존재에 대한 경험에 토대를 둔 확실성에 초점을 맞추었다. 오늘날 급진적 근본주의를 옹호하는 철학자는 거의 없으며, 많은 철학자들 혹은 아마 대부분의 철학자들이 온건한 형태의 근본주의를 지지할 것이다. 온건한 근본주의에 따르면, 근본적 믿음은 확실하지 않다. 그리고 그것으로부터 추리된 것이 모두 연역적이지는 않기 때문에 불확실성은 점점 더 커진다. 어떤 믿음은 다른 것보다 더 근본적이지만, 근본적 믿음도 폐기될 수 있다. 그러나 우리는 새로운 정보나 통찰이 반대의 경우를 제시하지 않는 이상, 근본적 믿음 위에서 믿고 행동할 충분한 이유가 있다. 이러한 측면에서 볼 때, 정당화를 확실하게 설명하지 못하는 온건한 근본주의는 급진적 근본주의보다 지식에 대한 보다 복잡한 설명을 필요로 한다.

정합주의는 근본주의의 주요 대안 중 하나이다. 정합주의는 지식의 이중 구조를 거부한다. 믿음은 복잡한 방식으로 상호 연결되어 있으며, 그중 어느 것도 근본적이지 않다. 예를 들어, 철학자 윌라드 반 오르만 콰인Willard Van Orman Quine(1908－2000)은 지식을 “믿음의 그물망”web of belief으로 해석했다(Quine & Ullian, 1978). 개별 믿음의 정당화는 그 믿음이 속한 전체 구조의 정합성으로부터 비롯된다. 즉 정당화를 제공하는 것은 구조 자체이지, 근본적 믿음과 개별 믿음 간의 추리적 연결이 아니다.

근본주의와 마찬가지로, 정합주의 역시 다양한 형태로 나타난다. 아마도 가장 급진적 형태는 진리의 정합성 이론coherence theory of truth일 것이다. 이 이론은 정합성을 유지하는 것이 단지 정당화를 제공하는 것은 아니라, 정합성이 곧 진리라고 주장한다. 이러한 견해를 지지하는 철학자는 거의 없다. 대부분의 철학자는 진리가 실재reality와 어떤 식으로든 대응되어야 한다고 주장한다. 온건한 정합주의는 진리가 믿음의 내적 정합성 그 이상의 무엇이라고 주장하며, 정당화를 정합성의 문제로 설명하는 데 만족한다. 그리고 진리는 차후에 다룰 복잡한 문제로 남겨 둔다. 온건한 정합주의는 아마도 온전한 근본주의와 통합될 수 있으며, 둘의 통합은 둘 중 하나를 고수하는 경우보다 더 나은 이론을 제공해 줄 수 있다.

예컨대 과학 철학과 관련하여, 근본주의자는 데이터가 과학적 지식의 원천을 제공하고, 이론이 데이터로부터 추리되며, 데이터에 의하여 정당화된다고 간주할 것이다. 이에 비해 정합주의자는 아마 이론과 데이터의 상호 의존성을 강조하면서, 이론과 데이터를 균형 잡힌 지식의 구조로 조정해가는 데 과학적 진보가 달려 있다고 주장할 것이다. 더 나아가 구조의 정합성으로부터 지식의 정당화는 물론, 심지어 진리도 도출해 낼 수 있다고 주장할 것이다. 이와 같은 온건한 형태의 인식론은 경험적 데이터가 지니는 특별한 지위를 인정하면서도, 데이터를 정당화의 궁극적이거나 절대적 기반으로 보기보다는, 정합성을 갖춘 지식의 구조 내에서 데이터의 인식론적 역할을 강조하는 과학 철학과 통합될 수 있다.

그러나 정당화의 무한 퇴행과 관련된 급진적 회의주의의 도전에 대해서는 결정적인 답이 아직 존재하지 않는다. 1장에서 언급하였고 6장에서 더 자세하게 살펴보겠지만, 청소년과 성인은 보통 수년에 걸쳐 (1) 진리와 허위를 명확히 구별하도록 하는 단순한 정당화 개념으로부터, (2) 정당화와 진리에 대한 급진적인 회의주의로, 그리고 (3) 정당화에 대한 회의주의를 넘어선 재검토post-skeptical reconsideration로, 심지어 진리에 대한 재고로의 발달적 전환을 보인다. 경험적 연구 자체만으로는 가장 진보된 최고의 인식론을 밝힐 수 없다. 하지만 철학적 연구는 이와 관련된 통찰을 제공할 수 있다. 이번 장의 뒷부분에서 우리는 이를 다시 다루게 될 것이다.

지식 유형의 구분

믿음의 진리와 정당화에 관한 인식론적 관심은 다양한 지식의 유형을 구분하기 위한 엄격한 노력을 수반해왔다(Pritchard, 2014). 이와 관련하여 세 가지 상호 연관된 구분 방식, 즉 선험적 지식a priori knowledge과 후험적 지식a posteriori knowledge, 분석적 지식analytic knowledge과 종합적 지식synthetic knowledge, 필연적 지식necessary knowledge과 개연적 지식contingent knowledge이 특히 많은 주목을 받았다(Casullo, 2002).

첫 번째 구분부터 살펴보자. 선험적 지식은 경험에 선행하거나, 경험과는 독립적인 지식을 가리킨다. 이것은 경험에 의존하는 후험적(경험적) 지식과 대조된다. 선험적 지식은 생득적 지식일 수 있다. 예컨대 신에 의해 우리의 마음에 깃든 전통적인 신학적 의미에서의 지식이거나, 진화의 과정에서 비롯된 후기-다윈주의적 의미에서의 지식을 의미할 수 있다. 그러나 어떤 의미에서든 선험적 지식이 생득적일 필요는 없다. 보통 합리주의자로 알려진 많은 인식론자들은 선험적 지식을 경험적 추상화가 필요하지 않은, 합리적 성찰과 조정의 결과로 본다. 선험적 지식은 보통 논리학과 수학 영역에서 볼 수 있으며 논증적으로 정의된다. 7장에서 살펴보겠지만, 아동은 대략 6세나 7세 정도부터 경험적 지식과 논리·수학적 지식을 구분한다. 이러한 심리학적 사실은 철학자들이 어떤 인식론적 문제를 해결하는 데 도움을 주지는 못할 수 있다. 하지만 인식론적 구분의 기원에 대한 정보는 우리가 그것의 본질에 대해 생각해 보도록 하는 데 유용한 맥락을 제공할 수 있다.

두 번째는 (어떤 이들은 사실 동일하다고 말하는) 분석적 진술과 종합적 진술 간의 구분이다. 인식론자들은 분석적인 것을 어떻게 정의해야 할지, 만일 종합적인 것으로부터 분석적인 것을 구분하는 것이 가능하다면 어떻게 구분해야 할지에 대해 합의하지 못하고 있다. 하지만 차이점을 보여 주는 두 가지 진술을 제공하는 것은 어렵지 않다. (1) 모든 행성은 암석으로 이루어져 있다. (2) 모든 암석 행성은 암석으로 이루어져 있다. 만약 내가 '모든 행성은 암석으로 이루어져 있다'라고 말한다면, 나는 행성을 연구함으로써 검증할 수 있는 행성에 대한 종합적 주장을 하고 있는 것이다. 이와 대조적으로 '모든 암석 행성은 암석으로 이루어져 있다'라는 진술은 그 형식으로 인해 참이며, 따라서 분석적이다. 그러나 (당신은 이런 일이 일어나지 않기를 바라겠지만) 그것은 행성이 무엇을 의미하는지에 따라 달라지지 않을까? 실제로 그렇다. 만약 우리가 행성을 정의할 때, 행성으로서의 자격을 지니기 위해서는 (다른 것들과 함께) 암석이 있어야 한다고 정의한다면, '모든 행성은 암석으로 이루어져 있다'라는 진술은 결국 분석적이다. 왜냐하면 '암석으로 이루어져 있다'는 것은 행성의 정의에 포함되어 있기 때문이다. 그렇지 않은가? 인식론자들은 분석적 진술과 종합적 진술을 구분해야 하는지, 만약 구분해야 한다면 어떻게 구분해야 하는지에 대해 계속해서 논쟁을 벌이고 있다.

세 번째는 위에서 제시한 두 가지 구분과 밀접하게 관련되어 있는 (그리고 어떤 사람은 동일하다고 말하는) 필연적 지식과 개연적 지식 간의 구분이다. 명제는 그것에 대한 부정이 논리적으로 불가능할 경우, 논리적으로 필연적이다. 그리고 만약 부정이 가능하다면, 그 명제는 필연적이지 않고 개연적이다. 곧 살펴보겠지만(7장), 아동은 대략 6세나 7세 정도부터 논리적 필연성에 기초하여 경험적 지식과 논리·수학적 지식을 구분한다. 그리고 필연성, 가능성, 그리고 불가능성에 대한 보다 추상적 이해는 아동기 이후에도 계속 발달한다. 한편으로는 선험적 지식, 분석적 진술, 그리고 논리적 필연성 사이에 밀접한 관계가 있다는 것이 분명해 보인다. 다른 한편으로는 후험적 지식, 종합적 진술, 그리고 개연적 지식 사이에 밀접한 관계가 있다는 것도 분명해 보인다. 후험적 지식이 항상 종합적이라는 것에 대해서는 일반적인 동의가 존재한다. 보통 경험주의자로 분류되는 많은 철학자들은, 만일 선험적 지식이 존재한다면 그것은 항상 분석적이며, 따라서 처음의 두 가지 구분을 (그리고 아마도 세 번째 구분도) 하나로 축소시킬 수 있다고 주장해 왔다. 그러나 임마누엘 칸트Immanuel Kant(1724–

1804)는 수학적 지식은 선험적이지만 종합적이라는 유명한 주장을 했다(Casullo, 2002). 발달 심리학과 관련하여, 피아제 학파의 연구와 이론은 칸트가 주장한 종합적 선험synthetic a priori의 발달적 기초를 구축하기 위한 구성주의적(반생득주의) 접근 방식으로 볼 수 있다.

인식론적 영역과 그 구분은 이 책의 3부(7-9장)의 핵심적인 내용으로 다루어질 것이다. 나는 지금까지 너무 근본적이어서 보이지 않은 채 남아 있었던, 보다 근본적인 구분으로 이 논의를 결론짓고자 한다. 우리의 논의는 '어떤 것이 그렇다는 것을 아는 것', 즉 명제적 지식이 마치 유일한 종류인 것 마냥 그것에만 초점을 맞추어 왔다. 그러나 지식에는 어떤 일련의 명제들로 환원될 수 없는, 어떤 일을 하는 방법을 아는 것도 포함된다. 인식론의 주 관심사는 명제적 지식이며, 이는 이 책 전반에 걸쳐 우리의 주된 관심사가 될 것이다. 하지만 어떤 일을 하는 방법을 아는 것은 인지와 발달에 근본적이며, 명제적 지식과 뚜렷하게 구분될 수 없다.

철학과 심리학

인식론적 인지는 인식론의 문제에 관한 지식이다. 그러므로 인식론적 인지는 믿음의 진리와 정당화에 관한 이론적 지식이다. 3장에서 살펴보겠지만, 만약 우리가 메타인지를 지식에 대한 지식으로 정의한다면, 인식론적 인지는 진리 및 정당화와 관련된 메타인지의 하위 집합으로 해석될 수 있다. 따라서 인식론적 인지는 인간의 지식을 포함한다는 점에서 심리학의 주제이지만, 그것의 초점은 철학의 문제에 관한 지식에 있다.

사람들이 무엇을 믿는지에 대한 연구는 인지 심리학의 문제이다. 여기에는 진리와 정당화의 문제에 대한 믿음이 포함되며, 인식론의 문제에 대해 사람들이 무엇을 믿는지를 다루고 있다. 이러한 인식론적 믿음이 시간이 지남에 따라 어떻게 변하는지 연구하는 것은 심리학의 문제이며, 잠재적으로 발달적 쟁점을 제기한다.

그러나 인지 및 발달 심리학자들은 사람들이 인식론적 문제에 대해 믿는 바와 그러한 믿음이 변화될 수 있는 다양한 방식에 대해 기술하는 것에 만족하지 않는다. 인지 심리학은 믿음, 정당화, 진리에 대해 우리가 아는 것, 그리고 인식론적 문제에 대한 어떤 믿음이 다른 믿음들보다 더 낫다는 것과 관련이 있다. 발달 심리학은 단지 어떤 종류의 변화가 아니라, 믿음, 정당화, 진리에 대한 지식의 발달적 **진보**에 관심이 있다. 그러므로 심리학적 현상에 대한 엄격한 관심조차도 우리를 다시 철학의 문제로 이끈다.

인식론과 관련하여, 철학과 심리학의 관계를 어떻게 해석해야 하는가? 한 가지 가능성은 철학이 궁극적으로는 심리학으로 대체될 수 있고, 대체되어야 한다는 것이다. 물리학, 화학, 생물학은 모두 이전에는 철학적이라고 간주되어 왔던 질문에 답하기 위해 철학으로부터 분리되었다고 말할 수 있다. 이와 마찬가지로 심리학도 전통적인 인식론의 질문에 답하면서 동일한 과정을 밟을 수 있을 것이다.

하지만 지식에 대한 심리학적 연구가 어떻게 철학적 인식론을 대체할 수 있는지는 알기 어렵다. 인식론의 가장 중요한 특성은 그것이 규범적인 학문이라는 것이다. 인식론은 우리가 어떻게 생각하는지, 무엇을 믿게 되는지와 관련이 없다. 그것은 우리가 어떻게 **생각해야 하는지**, 우리가 무엇을 **믿어야 하는지**와 관련이 있다. 믿음은 욕망, 정서, 의도, 그리고 다른 심리학적 현상을 동반하는 심리적 문제이다. 이러한 문제가 철학적 분석을 요구하는 보다 깊은 철학적 가정에 근거하는 한, 이것은 마음 철학philosophy of mind의 영역이지 인식론의 영역이 아니다.

그러나 정당화와 진리는 규범적 문제이다. 정당화와 진리에 관심을 갖는다는 것은 사람들이 실제 무엇을 믿고 무엇 때문에 그러한 믿음을 갖게 되었는지에 관한 경험적 질문을 던지는 것이 아니다. 오히려 그것은 사람들이 무엇을 **믿어야 하고** 왜 **믿어야 하는지**에 관한 규범적 질문을 던진다. 여기서의 쟁점은 진화의 결과로 인해 인간 종이 무엇을 알게 되었는지 또는 어떤 개인이 특정한 경험의 결과로 인해 무엇을 배우게 되었는지가 아니다. 쟁점은 지식의 실제적 본질을 진정으로 이해하는 것이다. 인식론적 쟁점은 누군가 무엇을 믿고 그 믿음이 어떻게 생겨났는지에 대한 경험적 쟁점이라기보다는, 진리와 정당화에 대한 근본적인 규범적 쟁점이다. 따라서 인식론의 문제가 어떻게 경험적으로 연구될 수 있는가를 알기는 어렵다(Goldman, 2002).

나는 이 책에서 "규범"norm과 "규범적"normative이라는 용어를 일반적인 철학적 의미에서 사용하고 있다는 점을 강조하고 싶다. 때때로 심리학자들은 "규범적"이라는 용어를 평균적 혹은 전형적(혹은 "정상적")이라는 의미로 사용한다. 이 경우 규범은 경험적으로 결정된다. 이와는 대조적으로 내가 말하는 "규범"은 행동, 추리, 믿음 혹은 실재를 평가할 수 있는 규칙, 원칙, 혹은 이상ideal을 의미한다. 나는 규범을 가리키기 위해 "규범적"이라는 용어를 사용하며, 따라서 이 용어는 무엇이 되어야 하는가를 가리킨다.

규범적 문제와 경험적 문제 간의 전통적인 구분에도 불구하고, 콰인Quine(1969)을 계승한 많은 철학자들은 "자연화된 인식론"naturalized epistemology(Goldman, 2002; henderson & Horgan, 2011; Kornblith, 1994)이라 불리는 것과 관련된 다양한 주장을 펼쳐 왔다. 철학적 인식론과 인지 심리학을 정확히 어떻게 조율할지에 대해 많은 논쟁이 있지만, 그럼에도 불구하고 이들은 인지 심리학을 진지하게 받아들인다. 어떤 이들은 인식론이 인지 심리학의 한 부분이 되어야 한다고 주장한다. 그러나 대부분의 인식론자들은 인식론의 규범적 질문이 심리학의 경험적 방법을 통해서는 해결될 수 없다고 계속해서 주장한다.

비록 인식론이 심리학에 의해 대체될 수 없다고 하더라도, 많은 인식론자들은 인지 심리학이 인식론과 높은 관련성이 있다고 믿는다(Goldman, 2002; Henderson & Horgan, 2011). 양자가 어떻게 관련되는지에 대한 간단한 예를 살펴보자. 한 인식론자는 합리적 행위자가 모든 정보를 동시에 처리할 수 있다고 암묵적으로 가정하는 정당화 이론을 제안할 수 있다. 자연화된 인식론자는 이 가정을 명확히 밝힌 후, 인지 심리학 연구를 통해 실제로 인간은 (이상적으로 가정된 합리적 행위자와는 달리) 분명하게 제한적인 작업 기억working memories을 가지고 있음을 보여 줄 수 있다. 작업 기억에 대한 경험적 연구는 정당화나 진리에 관한 인식론적 질문에 답할 수는 없지만, 인간의 인지나 행동과 관련이 있는 모든 인식론에 제약을 가할 수는 있다.

규범적－경험적 구분에 기초한 철학과 심리학 사이의 그 어떠한 날카로운 구분도 **규범적 사실**normative facts의 존재에 직면한다(Smith, 2006). 어린 아동이 이해하지 못하는 논리적 규범을 보다 나이 많은 어린이가 이해하고 적용할 때, 논리적 규범에 대한 아동의 이해가 발달하고 그것을 적용한다는 것은 경험적 사실의 문제이다. 아동기 이후의 발달에서 나타나는 세 가지 인식론적 단계의 존재와 전형적 순서는 규범적 사실, 즉 인식론적 규범의 구성, 이해, 그리고 적용에 대한 경험적 사실을 보여 주는 또 다른 예이다. 더욱이 발달 심리학은 본질적으로 규범적이다. 인식론적 발달은 인식론적 진보를 가정하며, 이는 단순한 변화가 아닌 규범적 평가를 전제한다.

피아제의 발달적 인식론

우리는 어떻게 인식론적 인지, 인식론적 발달, 그리고 철학적 인식론을 함께 묶을 수 있을까? 이와 관련하여 장 피아제Jean Piaget(1896－1980)의 발달적 인식론은 우리에게 설득력 있는 접근 방식을 제공해 준다.

현재까지 영향력을 행사하고 있는 그의 인지 발달 이론보다 더 광범위한, 피아제의 인생 프로젝트는 그가 **발생적 인식론**epistémologie génétique이라고 부르던 것이었다(Piaget, 1971b, 1972). 이것은 영어로 genetic epistemology라고 일반적으로 번역되어 왔지만, "발생적"의 의미가 변화되면서 그 번역은 점차 오해를 불러일으키게 되었다. 피아제의 프로젝트는 지식의 기원과 발달에 초점을 맞추어 인식론의 문제를 다루는 것이었다. 여기에는 종의 진화, 사상의 문화적 역사, 과학의 진보, 아동의 인지 발달을 포함한 다양한 인식론적 맥락에서 지식이 어떻게 발달하는가에 대한 경험적 연구가 포함되어 있다. 그러나 지난 세기 동안 DNA의 발견과 유전학genetics이라고 불리는 학문 분야가 발전하면서 "발생적"이라는 용어는, 피아제가 염두에 둔 것 중 한 부분에 지나지 않는, 주로 생물학적 유전을 가리키는 의미로 좁혀졌다. 현대의 용법에서 보자면, 그의 프로젝트는 **발달적 인식론**developmental epistemology으로 가장 잘 특징지어진다(Smith, 2009).

피아제의 발달적 인식론의 핵심은 바로 출현emergence이라는 개념이다. 지식의 본질은 발달이다. 그리고 발달의 본질은 새로운 것의 출현이다. 피아제는 인지가 태어날 때부터 주어진다는 생득주의적 관점을 거부했고, 인지가 환경으로부터 학습된다는 경험주의적 관점도 동일하게 거부했다. 그는 인지가 능동적인 행위자에 의해 구성된다고 보았다. 다시 말해서 능동적인 행위자는 점점 더 진보된 형태의 평형을 생성하는 성찰과 조정의 과정을 통해 인지를 구성한다. 이러한 과정은 보통 사회적 상호작용의 맥락, 특히 또래 간의 상호작용을 통해 발생한다. 이와 마찬가지로 과학적 진보 역시, 과학 공동체 내에서 활동하는 개별 과학자들이 더 나은 이론을 구성함으로써 이루어진다.

그리하여 피아제는 구성주의적 인식론constructivist epistemology, 즉 지식을 구성 과정의 산물이자 그러한 과정이 이루어지기 위한 기초로 바라보는 이론을 주장했다. 특히 피아제의 구성주의는 합리적 구성주의rational constructivism이다. 새롭게 출현한 구조는 이전의 구조와 단지 다른 것이 아니라, 이전 것보다 명백하게 좋은 것이다. 어떤 아이디어와 추론의 형식이 다른 것들보다 더 뛰어나다는 것을 인식하는 것이야 말로 발달적 진전을 촉진하고 생성한다.

따라서 인식론자가 수행하는 과업은 인지 발달 연구의 보다 진보된 연속선상에 있으며, 이 과업에는 한 개인이 아동기와 그 이후에 겪는 인식론적 발달이 포함된다.

이러한 관점에서 볼 때, 인식론에 관한 철학적 논쟁은 발달 과정의 결과로 보는 것이 가장 적절하지만, 종착점은 아니다. 더 많은 진전이 여전히 가능하다.

그리하여 피아제의 발달적 인식론은 규범적인 고려 사항과 경험적인 고려 사항이 서로 충돌하지 않게 잘 조정한다. 그의 이론은 논리적 규범, 그리고 여타의 규범에 대한 사람들의 이해가 어떻게 발달하는가를 보여 주는 경험적 연구를 포함하고 있다. 이 책은 인지 심리학 및 발달 심리학의 차원에서 기획된 것이지, 철학적 인식론에 기여하기 위해 쓰인 것은 아니다. 그럼에도 불구하고 나는 이 책이 이 모든 것을 포함하는, 발달적 인식론에 대한 학제간 연구에 기여할 것이라 생각한다.

결론

인식론은 지식에 대한 이론이다. 철학자들은 전통적으로 지식을 정당화된 참인 믿음으로 정의해 왔다. 비록 게티어와 여타의 학자들은 지식으로 인정할 수 없어 보이는 정당화된 참인 믿음의 사례를 보여 주기는 했지만, 철학자들은 여전히 정당화와 진리를 지식의 조건(충분조건이 아닌 필요조건)으로 보고 있다. 믿음이 정당화되지 않고 참이 아니라면, 그것은 지식이 아니다.

믿음의 정당화에 있어 가장 핵심적인 관심사는 바로 무한 퇴행의 문제이다. 우리는 어떤 믿음을 다른 믿음에 근거하여 추리함으로써 정당화할 수 있다. 하지만 우리는 어떤 믿음의 근거가 된 다른 믿음을 추가적인 또 다른 믿음과 그것에 근거한 추가적인 추리의 과정 없이 어떻게 정당화할 수 있을까? 근본주의는 더 이상 정당화를 필요로 하지 않는 근본적 믿음을 상정함으로써 이 문제를 해결하고자 시도한다. 정합주의는 개별 믿음의 정당화는 그 믿음이 속한 전체 구조의 정합성으로부터 비롯된다고 주장하면서, 이 문제에 대한 대안적인 해결책을 제시하고자 한다. 급진적 회의주의는 두 해결책이 모두 부적절하다고 간주하면서 정당화의 가능성을 거부하고, 따라서 지식의 가능성도 거부한다. 대부분의 철학자들은 급진적 근본주의와 급진적 정합주의에 의문을 제기하지만, 온건한 형태의 근본주의와 정합주의는 옹호한다. 아마 이러한 학설들이 결합되면, 정당화의 가능성, 더 나아가 지식의 가능성을 유지할 수 있기 때문일 것이다. 온건한 관점에서 볼 때, 진리는 단순하지도 않고 확실하지도 않지만, 여전히 의미 있고 중요한 이상으로 남아 있다.

철학자들은 일반적으로 서로 다른 유형의 지식을 구분하고자 한다. 서로 관련이 있는 세 가지 표준적인 구분, 즉 (1) 선험적 지식과 후험적 지식, (2) 분석적 지식과 종합적 지식, (3) 필연적 지식과 개연적 지식이 인식론 문헌에서 광범위하게 논의되어 왔다. 3부에서 살펴볼 심리학적 연구들은 일반적으로 개인이 발달 과정을 거치면서 이러한 지식의 구분을 구성해 가고 있음을 보여 준다.

인식론이 철학의 주제인 반면, 인식론적 인지는 심리학의 주제이다. 심리학자들은 그들이 인지라고 부르는 인간의 지식을 연구한다. 여기에는 지식 그 자체에 대한 지식을 포함하는데, 심리학자들은 이를 메타인지라고 부른다. 메타인지는 지식의 가장 근본적 측면에 대한 지식, 특히 진리와 정당화의 규범적 문제들을 포함하고 있다. 메타인지의 하위 집합인 이 지식을 인식론적 인지라고 부른다.

인식론적 인지가 심리학적으로 연구될 수 있고, 또 연구되고 있다는 사실이 인식론이 심리학으로 환원될 수 있다는 것을 의미하지는 않는다. 하지만 이러한 사실은 심리학이 인식론과 관련될 수 있음을 시사하며, 따라서 심리학과 철학 간의 관계에 대한 일반적인 쟁점을 야기한다. 합리성과 발달적 진보를 강조하는 피아제의 발달적 인식론은 인식론에 대한 경험적(심리학적) 접근과 규범적(철학적) 접근을 조화시키는데 유용한 관점을 제공하고 있다.

이러한 관점을 염두에 두면서, 나는 인식론적 인지와 발달을 연구하기 위한 심리학적 기초에 더욱 직접적으로 접근하고자 한다. 이 책의 1부를 마무리하는 3장에서는 추리, 사고, 추론, 그리고 메타인지에 초점을 맞추면서 인지 심리학의 연구 성과들을 소개하려고 한다. 2장에서 살펴본 철학적 접근과 3장에서 살펴본 심리학적 접근의 결합은 2부(4-6장)에서 본격적으로 다루게 될 인식론적 인지와 발달에 대한 체계적인 설명의 기초를 제공한다.

3 인지와 메타인지

인지 심리학은 인지에 대한 경험적 연구이며, 여기서 인지는 지식 및 그와 관련된 추리 과정을 지칭하는 것으로 간주된다. 이번 장에서 우리는 인지 심리학에서 다루는 주제 중 하나인 인식론적 인지에 대해 살펴보고자 한다. 특히 나는 인식론적 인지를 메타인지의 하위 집합으로 정의한다. 물론 메타인지는 인지의 하위 집합이기도 하다. 인식론적 인지에 대해 살펴보는 과정에서, 나는 추리, 사고, 추론, 그리고 합리성에 대해 정의하고 논하고자 한다.

비록 인식론적 인지가 사고의 한 유형 혹은 한 측면으로 정의되는 추론의 핵심이지만, 모든 추리가 사고는 아니고, 모든 사고 역시 추론은 아니며, 모든 추론이 높은 수준의 합리성 기준을 충족하는 것도 아니다. 이중 처리dual processing는 인지의 복잡성과 합리성의 한계를 인정하면서도, 인지 발달의 가능성을 허용하는 이론적 접근 방식으로 제시된다. 제1부의 마지막인 이번 장에서, 나는 2부에서 논의할 인식론적 인지와 그 발달의 이론적 설명을 위한 심리학적 배경을 제공하고자 한다.

인지: 지식과 추리

인지란 지식, 그리고 이와 관련된 추리의 과정을 말한다. 인지에는 지각, 표상, 개념화, 해석, 설명, 이해, 기억, 사고, 추론 등이 포함되지만, 인지에 포함되는 것들을 규정하는 명확한 목록은 없다.

인간 인지의 실제 구조 및 과정에 대한 연구는 경험적인 과업이므로 심리학의 한 분야라고 말할 수 있다. 철학자와는 달리 심리학자는 사람들이 믿어야 하는 것이나 추리의 정확성보다는 사람들이 실제로 이해하는 것과 정보를 처리하는 방법에 중점을 둔다. 즉 심리학은 규범적인 작업이 아니라 경험적인 작업이다. 그렇다고 해서 심리학이 규범에 대한 고려를 피해 갈 수 있는 것은 아니다. 사람들이 논리 규칙이나 도덕 원칙과 같은 규범을 이해하고 사용한다는 것은 경험적 사실의 문제이다. 심리학자는 이를 설명해야 한다(Smith, 2006).

심리학자는 (그것이 참인지 정당한지의 여부와 관계없이) 인간의 믿음에 대해 폭넓은 관심을 가지고 있기 때문에 인지를 광범위하게 정의하며, 따라서 그들이 정의한 인지에는 철학자들이 지식으로 간주하지 않는 믿음과 신념 체계가 광범위하게 포함되는 경우가 많다. 거짓과 정당하지 않은 믿음에 대한 연구는 중요하며, 확실히 심리학의 연구 범위 내에 있다. 하지만 인지 심리학은 지식, 즉 정당한 믿음과 인지적 진보에 주로 관심을 두고 있다. 그리고 이러한 관심에는 정당화 및 진리에 대해 사람들이 가지고 있는 지식, 그리고 그러한 지식에 토대를 둔 사람들의 추론 능력이 포함된다.

따라서 우리가 인식론적 인지와 밀접하게 관련된 추론 및 합리성의 정의와 개념화에 대해 살펴보고자 한다면, 우리는 규범과 규범성에 대해 사람들이 가지고 있는 지식을 다룰 필요가 있다. 즉 추론, 합리성, 인식론적 인지에 대한 심리학적 연구는 사람들이 논리 규범과 기타 규범에 대해 알고 있는 것에 대한 경험적인 연구를 수반한다. 그러나 추론과 합리성을 심리학적 맥락에서 다루려면, 먼저 추리와 사고의 의미에 대해 살펴보아야 한다.

추리inference는 데이터를 넘어서는 것을 의미한다. 인지는 항상 데이터를 넘어서므로 본질적으로 추리의 성격을 띤다. 우리에게 사실로 나타나는 것은 항상 부분적으로 우리의 인지 과정과 인지 구조에 따른 결과이다. 심지어 기초적인 지각perception

의 수준에서도, 우리는 우리가 기존에 지닌 지식에 지각한 것을 동화시킴으로써 인식한다. 우리가 인식하는 것은 항상 부분적으로 우리가 이미 알고 있고 행한 것이 작동한 결과이다. 가끔 우리는 우리가 무엇을 하고 있고 왜 하고 있는지 어느 정도 의식한 채, 추리하고 그 결과에 따라 행동하기로 결정할 수 있다. 하지만 보통은 그렇지 않다. 의도적인 추리는 우리로 하여금 무엇이든 알 수 있게 해주는 자동적이고 지속적인 추리 과정 중 빙산의 일각에 불과하다(Kahneman, 2011).

사고thinking는 자신의 목적을 달성하기 위해 자신의 추리를 의도적으로 적용하고 조정하는 것이다(Moshman, 1995a, 2011a). 따라서 사고는 자동적이고 지속적인 것이 아니라, 의도적이고 유목적적인 것으로 정의된다. 인지 심리학에서 실질적으로 연구되고 있는 사고의 예로는 문제 해결, 의사결정, 판단, 계획 등이 있다. 문제를 해결하는 것, 결정을 내리는 것, 판단을 내리는 것, 계획을 수립하는 것은 모두 추리 과정에 대한 실행 제어executive control를 수반하지만, 각각 지향하고 있는 목적이 다르다. 그러나 이러한 사고의 유형은 뚜렷하게 구별되지 않기도 한다. 예를 들어 문제 해결에는 일반적으로 의사결정과 판단이 수반되며, 종종 계획도 포함된다. 다른 유형의 사고 역시 있을 수 있다. 하지만 이 네 가지 유형의 사고와 실질적으로 겹치지 않는 사고는 없는 것 같다. 이 책에서 나는 주로 일반적인 의미에서의 사고를 언급할 것이며, 특히 추론의 기초가 되는 사고에 대해 논의할 것이다.

추론reasoning은 참 혹은 정당한 결론에 도달하는 것을 목표로 하는 사고를 말한다. 즉 추론은 단순히 실용적인 것이 아니라, 인식론적으로 자기규제적인self-regulated 사고의 하위 집합이다(Moshman, 1995a, 2011a). 추론을 한다는 것은 인식론적 규범을 존중하기 위해 우리 자신의 사고를 제약하는 것이다. 예를 들어 논리적 추론은 진리를 보존하고 결론을 정당화하는 그러한 규칙의 인식론적 가치를 존중하기 위해 논리 규칙을 따르도록 제약된 사고이다. 모든 사고는 목적 달성과 성공을 목표로 하지만, 추론은 그것을 넘어 정당화와 진리를 목표로 한다. 추론의 예로는 논리적 추론, 과학적 추론, 도덕적 추론, 그리고 논증이 있다.

추론은 다른 유형의 사고와 뚜렷하게 구별되지 않을 수 있으며, 따라서 다양한 정도로 존재하는 사고의 한 측면으로 보는 것이 가장 적절할 수 있다. 추론은 사고의 인식론적인 측면, 즉 정당한 결과, 가능한 한 진리에 도달하는 것을 목표로 하는 사고이다.

사고가 지닌 의도적이고 유목적적인 성격을 고려해 볼 때, 우리는 사고가 메타인지적인 자기규제를 포함할 것이라 기대할 수 있다. 따라서 메타인지는 모든 유형의 사고에 매우 중요하다. 추론의 규범적인 목적을 고려해 볼 때, 우리는 추론이 인식론적인 형태의 메타인지를 포함할 것이라고 예상할 수 있다. 따라서 인지에 대한 우리의 관심은 사고와 추론을 통해 우리를 메타인지로 이끈다.

메타인지와 자기규제

메타인지는 인지에 대한 인지이다(Flavell, 1979; Tarricone, 2011). 메타인지에는 (a) 메타인지적 자기규제에 내재된 절차적 지식과 (b) 지식 및 추리에 대한 개념적 지식이 포함된다. 심리학자들은 사람들이 자신의 인지 과정을 제어하는 것을 관찰함으로써 절차적 메타인지를 추리해 낸다. 당신은 (적어도 암묵적으로) 그것을 하는 방법을 알지 못하고서는, 그것을 할 수 없다. 개념적 메타인지는 일반적으로 보다 명시적이다. '당신이 인지한 것은 당신의 관점이 기능한 결과이다'라는 지식을 이해하는 것은 지각과 관련된 개념적 메타인지의 예라고 할 수 있다. '학습 전략을 의도적으로 적용하는 것은 나중에 기억의 회상을 돕는다'라는 지식을 이해하는 것은, 기억과 관련된 개념적 메타인지의 예를 잘 보여 준다.

"메타인지"라는 용어를 사용하는 연구는 일반적으로 자신의 지식 및 추리에 대한 지식에 주로 관심을 갖고 있다. 타인의 지식 및 추리에 대한 지식을 연구하는 학자들은 일반적으로 "마음 이론" 혹은 관점 채택, 대인 지각, 귀인 등과 같은 개념들을 사용한다(Miller, 2012). 이 책에서 나는 메타인지를 자신의 인지와 타인의 인지 모두에 대한 인지를 포함하도록 광범위하게 정의할 것이다. 여기에는 진보된 형태의 인식론적 인지와 관련된, 추상적 지식에 대한 메타인지 지식이 포함된다.

메타인지적 자기규제는 사고의 기초이다. 왜냐하면 사고는 자신의 목적을 달성하기 위해 자신의 추리를 의도적으로 적용하고 조정하는 것이기 때문이다. 우리가 목적을 달성하기 위해 추리를 통제하고 의도적으로 알맞게 사용하는 한, 우리는 사고에 참여하고 있는 것이다. 예를 들어 우리는 문제를 해결하거나 최선의 선택을 하기 위해 사고한다. 따라서 우리의 목적이 달성되는 만큼, 우리의 사고는 성공적이라고 말할 수 있다.

그러나 추론은 사고 그 이상이다. 추론은 사고의 한 유형이지만, 그렇다고 해서 모든 사고가 추론은 아니다. 추론은 성공이라는 목표 이상의 것을 요구한다. 사고가 추론의 자격을 갖추기 위해서는 정당화와 진리라는 목표에 도달하기 위한 방식으로 자기규제적이어야 한다. 즉 인식론적으로 자기규제적이어야 한다. 논리적으로 필연적인 결론을 추구하거나 혹은 가설의 왜곡 가능성이 있는 연구를 설계할 때, 우리는 추론한다.

추론은 개념적 메타인지, 즉 지식에 대한 명시적인 지식을 필요로 한다. 하지만 이것만으로 충분한 것은 아니다. 추론에는 인식론적 인지가 필요하다. 인식론적 인지란 개념적 메타인지의 하위 집합으로서, 지식의 규범적인 성격에 대한 지식과 관련되어 있으며, 진리와 정당화라는 지식의 근본적인 쟁점을 포함하고 있다. 정당화와 진리에 관한 인식론적 인지는 단순히 실용적인 목적을 지니고 있는 것이 아니다.

따라서 인식론적 인지는 추론의 기초로서 우리의 관심을 끌게 된다. 다시 한번 말하지만, 추론은 특정 문제나 맥락에서의 성공, 그 이상의 것과 관련된 사고의 하위 집합이다. 물론 우리 모두는 가능하다면 지금 당장 성공하기를 바란다. 하지만 때때로 우리는 이해 그 자체를 원하기도 하는데, 그러기 위해서는 진리의 문제나 적어도 정당화에 대한 관심이 필요하다. 이를 위해서는 사고를 추론으로 전환시키는 인식론적 인지가 필요하다.

합리성의 세 가지 개념

추론의 영역에서 지향하는 이상은 바로 합리성rationality이다. 그런데 합리성이란 정확히 무엇을 의미하는가? 나는 합리성을 (1) 주관주의자, (2) 객관주의자, 그리고 (3) 메타주관주의자라는 세 가지 개념으로 제시하고자 한다.

가장 근본적으로, 합리적이라는 것은 합리적인 행위자가 된다는 것을 의미한다. 행위자가 된다는 것은 행동한다는 것 혹은 행동할 수 있다는 것을 말한다. 메뚜기는 생물학적 행위자이지만, 아마 합리적인 행위자는 아닐 것이다. 합리적인 행위자가 된다는 것은 자신의 믿음과 행동에 대한 이유를 갖는 것, 보다 바람직하게는 좋은 이유를 갖는 것이다(Lynch, 2012; Moshman, 2004b, 2009b, 2011a, 2013a; Siegel, 1988, 1997). 합리적 행위자는 자기 자신만의 고유한 이유에 기초하여 믿고 행동하는 행위자이다. 이와 같은 주관주의자적 개념 내에서, 당신이 합리적이기 위해서는 당신의 이유가 좋은 이유일 필요는 없다. 중요한 것은 그것이 **당신의** 이유이냐는 것이다. 합리성에 대한 이와 같은 접근 방식, 즉 합리적 행위자라는 개념에 토대를 둔 접근 방식은 윤리학과 법철학을 포함한 철학의 주요 영역에서 핵심을 이루고 있다. 요점은 누가 어느 정도 합리적인지 말하는 것이 아니라, 합리적인 행위자를 나머지 인과적 세계와 질적으로 구분하는 것이다.

그러나 어떤 이유는 다른 이유보다 더 낫고, 어떤 추론은 진리를 보다 더 지향하거나 적어도 더 나은 정당화를 제공한다. 적어도 어느 정도 우리는 논리 규범, 통계적 규범, 그 밖의 다른 인식론적 규범에 반하는 추론 행위를 평가함으로써 보다 객관적인 방식으로 합리성을 고려할 수 있다. 때때로 우리는 합리적 행위자를 다른 행위자에 비해 상대적으로 합리적이거나 비합리적이라고 평가할 수도 있다. 이처럼 객관주의자적 의미에서의 합리성에 대한 연구는 심리학과 사회과학, 특히 앞서 살펴본 의미에서 경제 주체를 매우 합리적이라고 가정하는 경제학의 전통에서 흔히 볼 수 있다. 즉, 객관주의자적 의미에서의 합리성은 논리 규범과 그 밖의 기타 규범에 대한 준수를 말한다(Stanovich, 2011).

그러나 우리는 오로지 합리적 행위자만이 비합리적일 수 있다는 점에 주목해야 한다. 메뚜기는 무엇을 하든, 합리적이지도 않고 비합리적이지도 않다. 메뚜기들의 점프 패턴은 운동의 논리를 따를 수도 있고 그렇지 않을 수도 있다. 하지만 메뚜기들은 합리적인 행위자가 전혀 아니기 때문에, 메뚜기의 행동은 합리적 혹은 비합리적이라기보다는 합리적인 것과 무관하다. 따라서 합리성은 단순히 논리로 환원될 수 없으며, 행위 주체성agency을 필요로 한다.

이는 합리성에 대한 세 번째 개념을 제시한다. 첫 번째로 제시된 주관주의자적 개념은 행위자가 스스로 이유라고 생각하는 것에 기초하여 행동해야 한다는 점을 강조한다. 주관주의자적 개념에 따르면, 비록 그들이 가진 이유가 나쁜 이유일지라도 그들은 여전히 합리적인 행위자이다. 두 번째로 제시된 개념은 이유와 추론의 질에 대한 객관적인 평가를 가정한다는 점에서 객관주의자적이다. 그런데 객관적 평가는 누가 하는 것인가? 합리성에 대한 세 번째 개념은 합리성을 메타주관적인 객관성metasubjective objectivity으로 해석한다. 우리는 우리의 추론을 성찰하고, 이러한 성찰을 통해, 특히 유년기와 청소년기에, 추론을 향상시킨다. 행위 주체성은 그 성격상 본질적으로 그리고 불가피하게 주관적이지만, 자신의 이유와 추론에 대한 성찰 및 조정은 합리성과 객관성을 고양한다. 이는 질적으로 구분되는 합리성의 수준을 통해 합리적인 행위자의 발달적 진전을 가능하게 한다. 나는 합리성의 수준이 대체로 인식론적 인지의 수준이라고 주장한다.

이 관점에서 논리는 중요하다. 하지만 합리성은 근본적으로 논리적이라기보다는 메타인지적이다. 우리의 추리 과정에 대한 우리의 지식과 통제는 논리적 추리에만 국한되지 않는다. 논리의 영역에서도 우리를 합리적으로 만드는 것은 논리의 인식론적 본성과 역할에 관한 우리의 메타논리적 이해, 그리고 이러한 이해에 상응하여 논리적 추리를 구별, 조절, 해석하는 우리의 능력이다. 온갖 종류의 추리가 결합되어 아무 생각 없이 만들어 낸 어떤 결과가 아니라는 말이다. 이를 보다 일반적인 수준에서 말해 보자면, 인식론적 인지는 더 나은 추리를 뒷받침한다. 하지만 우리가 지닌 합리성의 핵심을 이루는 것은 인식론적 인지 그 자체이지, 외부에 존재하는 전문가나 표준에 의해 결정된 추리의 정확성이 아니다.

따라서 추론을 인식론적인 자기규제적 사고로 바라보는 개념은 합리성의 개념을 메타주관적인 객관성으로 바라보도록 한다. 그러나 사람들은 이 모든 것을 가능하게 할 만큼 정말로 합리적이고 철학적인가?

어디에나 존재하는 추리

1970년대 이후 인지 심리학의 주요 경향 중 하나는 인간의 비합리성을 입증하는 것이었다. 만약 사람들이 실제로 얼마나 어리석은지 보여 주고 싶다면, 당신은 수없이 많은 심리학 연구 중 하나를 골라 그 증거를 보여 줄 수 있다. 이러한 학문적 전통 속에서 연구하는 연구자들은 우리에게 '합리성은 세상이 작동하는 방식이 아니다'라고 말한다. 관련된 여러 연구들은 합리성이 규칙이 아니라 기껏해야 예외라고 주장한다. 우리는 자신이 추론하고 있다고 믿을 수 있지만, 우리의 사고는 일상적으로 잘못된 방향으로 흘러간다.

이제, 린다라는 가상의 여성을 당신에게 소개하고자 한다. 만약 당신이 "어림짐작과 편향"heuristics and biases이라는 단어들을 알고 있고, 카너먼이라는 이름과 트버스키라는 이름을 자동으로 연관시킨다면, 당신은 아마 그녀를 이미 만났을 것이다. 아직 이 지적 즐거움을 누리지 못했다면, 이제 린다를 만나보자.

> 린다는 31세 독신 여성이고, 솔직하며, 매우 똑똑하다. 그녀는 철학을 전공했다. 학생 시절, 그녀는 차별과 사회 정의 문제에 깊은 관심을 가졌으며 반핵 시위에도 참여했었다.
>
> (Kahneman, 2011, p. 156)

(그녀가 데뷔했을 때인) 1980년대의 경우, 린다와 관련된 다양한 진술의 가능성을 판단해 달라는 질문을 받았을 때, 사람들은 압도적으로 높은 비율로 린다가 은행원보다는 활동적인 페미니스트일 가능성이 더 높다고 판단했다. 사람들이 내린 판단은 주어진 정보를 바탕으로 한 합리적인 추리이다. 더 나아가 사람들은 그녀가 은행원이라기보다는 페미니스트 은행원일 가능성이 더 높다고 판단하였다. 하지만 이는 충격적인 통계적 오류이다. 논리적 필연성에 따라, 모든 페미니스트 은행원은 은행원이다. 따라서 린다가 페미니스트 은행원일 가능성은 그녀가 은행원일 가능성보다 높을 수 없다.

린다 문제로 알려진 이 문제에 대한 사람들의 반응은 어림짐작과 편향이라고 알려진 것과 관련된 광범위한 연구 결과와 일치한다. 대니얼 카너먼Daniel Kahneman(2011)은 아모스 트버스키Amos Tversky 및 그 밖의 다른 연구자들과 함께 작업한 연구 결과를 사려 깊고 읽기 쉬운 개괄로 제공한 바 있다. 그들이 발견한 것의 핵심은 추론이 명백하게 정확한 결론을 도출하는 경우에도, 우리는 일반적으로 (충분히 좋은 결과를 산출하지 못하는) 추산적推算的인 사고방식에 의존하며, 보통 논리 규범 및 그 밖의 규범을 위반하는 방식을 따라 체계적으로 편향되어 있다는 것이다. 린다에 대한 설명은 그녀가 활동적인 페미니스트임을 잘 보여 주고, 따라서 아마 그녀가 페미니스트 은

행원이라는 사실과도 일치할 수 있지만, 그녀가 은행원임을 적절히 보여 주지는 않는 것 같다. 그래서 우리는 그녀가 페미니스트 은행원일 가능성이 높고, 은행원일 가능성은 낮다고 판단한다. 우리는 많은 경우에 고정관념을 적용하고, 일화에 의존하고, 작은 표본을 과도하게 일반화하고, 우연한 효과에서 의미를 찾고, 우연히 우리의 관심을 끄는 정보가 그것과 관련된 모든 정보라고 태연하게 가정한다. 우리가 더 많은 정보를 찾고자 한다면, 대부분의 경우 우리가 찾고자 하는 정보는 우리(그리고 우리처럼 올바른 사고를 하는 사람들)가 이미 믿고 있는 것을 확인시켜 주는 정보이다. 우리의 믿음과 일치하지 않은 증거에 접하더라도, 우리는 그것을 알아차리는 데 실패하거나 그 중요성을 인식하지 못한다.

하지만 카너먼, 트버스키, 그리고 그 동료들(더 나아가 Wason & Johnson-Laird, 1972 참고)은 사람들을 속이는 과제를 구상하는 데 탁월한 이들이다. 우리는 그들이 주장한 것처럼 정말 어리석은 사람들일까?

그렇지 않을 수도 있지만(아래를 참고), 상황이 좋아지기도 전에 점점 더 나빠진다. 우리는 우리가 사고하려고 노력하지 않고 우리가 추리하고 있다는 것을 인식하지 못할 때도, 끊임없이 추산적인 추리를 하고 있다. 만약 당신이 다섯 명의 농구 선수에 대한 글, 즉 '(1) 아베는 벤보다 키가 크고, (2) 벤은 칼보다 키가 크고, (3) 칼은 댄보다 키가 크고, (4) 댄은 엘리보다 키가 크다'라는 글을 충분히 주의를 기울여 여러 번 읽었다면, 당신은 나중에 이 네 가지 사실을 기억할 수 있을 것이다. 또한 당신은 아베가 칼, 댄, 엘리보다 키가 더 크고, 벤이 댄이나 엘리보다 더 크며, 칼이 엘리보다 더 크다는 것을 "기억"할 것이다. 따라서 당신은 실제로 네 개가 아닌, 10개의 상대적 높이를 기억한다. 하지만 잠깐만, 당신은 그중 오직 4개만 기억하고 있다고 말한다. 다른 관계들은 읽은 것으로부터 추리한 것이기 때문에, 기억이 아니라 추리라고 당신은 주장할 수 있다.

당신의 주장이 제기하는 문제는, 추리가 글을 읽는 과정에서 매우 자동적이고 아주 흔하게 일어나는 부분이기 때문에, 글을 읽는 사람은 자신이 읽은 것과 추리한 것을 구별할 수 없다는 것이다. 글을 읽은 사람이 기억하는 것은 글을 읽음으로써 그들이 알게 된 것인데, 여기에는 항상 글을 읽는 동안 이루어진 추리가 포함되어 있다(Jenkins, 1974). 다행히도, 추리는 대부분 목적에 적응적으로 작동한다. 농구 선수 다섯 명의 상대적인 키를 아는 것은 유용할 수 있다. 하지만 이 상대적 비교가 글의 특정 구절에 명시적으로 제시된 것인지 아니면 추리된 것인지는 거의 중요하지 않다. 만약 중요하다면, 우리는 그 구절로 되돌아가서 다시 살펴보면 된다.

추리는 인지에 내재되어 있기 때문에, 어디에나 존재한다. 일반적으로 실재reality를 마음에 동화assimilation시키기 위해서는 어느 정도의 조절accommodation이 수반되지만, 우리는 결코 실재를 단순히 복사하지 않는다. 우리는 항상 데이터를 넘어선다. 다행스럽게도 우리의 추리는 대체로 적응적이다. 그러나 대부분의 경우, 우리가 이해하지 못하는 이유를 위해 상황이 대략적으로 처리되는 것은 인간의 합리성에 대한 찬사로는 부족하다. 하지만 다행히도, 이것이 전부는 아니다.

이중 처리

20세기 후반 많은 연구자들은 사람들이 논리적, 통계적, 그 밖의 인식론적 규범을 심각하면서도 체계적으로 벗어난다는 사실을 보여 주는 것만으로 만족해 했다. 그러나 인간의 비합리성에 대한 증거가 점점 축적되면서, 연구자들은 단순히 인간을 비합리적인 존재로 간주하는 관점이 인간을 합리적 존재로 간주하는 생각을 대체하지 못한다는 것을 인식하게 되었다. 인간은 합리적이면서도 비합리적이다. 1990년대 이후 이중 처리 이론들dual processing theories이 등장하면서, 인지 심리학자들은 점차 인지 기능을 별개의 시스템 혹은 추리 과정 수준 간의 상호작용으로 이해하기 시작했다(Barrouillet & Gauffroy, 2013; Evans, 2007; Kahneman, 2011; Klaczynski, 2000; Ricco, 출판 중; Ricco & Overton, 2011; Stanovich, 2004, 2011).

이중 처리는 새로운 아이디어가 아니다. 20세기 초, 지그문트 프로이트Sigmund Freud(1923/1960)는 일반적으로 의식이 닿지 않는 영역, 즉 인지와 감정의 무의식적 영역을 상정하는 마음의 이중 처리 모델을 제시하여 인간의 자기 개념에 혁명을 일으켰다. 프로이트의 견해에 따르면, 인간의 동기는 그가 이드id라고 불렀던 것에 뿌리를 두고 있다. 이드는 생물학적 충동과 아동기의 트라우마에 대한 억압된 기억이 끓어오르는 가마솥이다. 합리성은 그가 에고ego라고 불렀던 것, 즉 이드를 통제하기 위해 최선을 다하는 우리의 의식적인 측면에 뿌리를 두고 있다.

21세기의 이중 처리 이론은 프로이트의 관점과는 상당히 다르다. 인지적 무의식은 분명 감정적인 순간을 지니고 있지만, 대부분은 프로이트가 말한 무의식적 영역만큼 극적으로 크지는 않다. 예를 들어 언어를 처리하면서 우리가 하는 일상적인 추리는 일반적으로 이드가 보여 주는 감정적 심리극 및 음모를 지니고 있지 않다. 그럼에도 불구하고 우리가 알고 있는 것 보다 더 많은 것들이 있다는 통찰의 반복은 흥미로운 역사적 연속성을 지니고 있다.

현대의 이중 처리 이론들은 다양한 형태를 취하고 있지만, 일반적으로 두 가지의 시스템 혹은 처리 수준을 구별하고 있다. 이 두 가지 처리 수준은 구별되는 방식과 개념화되는 방식의 미묘한 차이를 반영하여 여러 가지 이름이 붙여지고 있다. 그러나 (보통 시스템 1이라고 불리는) 자동적이고 직관적인 처리 시스템과 (보통 시스템 2라고 불리는) 의도적이고 성찰적인 처리 시스템으로 구분하는 것이 가장 널리 수용되고 있는 기본적인 방식이다. 좀 더 구체적으로 살펴보면, 시스템 1은 우리를 잘못된 길로 체계적으로 이끄는 편향되고 추산적인 사고방식을 포함하고 있다. 시스템 2는 숙고와 성찰을 통해 시스템 1의 한계를 극복하는 합리적인 시스템이다. 그러나 숙고와 성찰은 적절한 작업 기억working memory 및 지속적인 메타인지적 자기규제를 포함하는 실행 능력과 노력을 필요로 한다. 따라서 가장 기본적인 이중 처리 이론을 토대로 미루어 볼 때, 시스템 1은 일상적으로 널리 사용되는 기본 시스템이며, 그 결과 우리는 일반적으로 비합리적이다. 그리고 시스템 2가 시스템 1을 압도하는 만큼 우리는 합리성을 획득하게 된다.

문제를 복잡하게 만들기 전에, 우선 나는 이 기본적인 이중 처리 모델이 지닌 단순성의 장점을 인정하고자 한다. 간결함의 법칙에 따르면, 다른 모든 것이 같을 경우 우리는 복잡한 이론보다는 간단한 이론을 선호해야 한다. 기본적인 이중 처리 모형은 두 가지 인지 시스템 간의 단순한 구별을 통해 인간의 인지에 대해 우리가 알고 있는 것의 대부분을 설명한다. 이 이론은 많은 데이터를 간결하게 설명하고 있으며, 따라서 진지하게 고려되어야 할 이론이다. 하지만 아직 설명해야 할 부분도 많이 남아 있다. (비록 그가 한 정확한 말은 아닐 수 있지만) 아인슈타인이 말한 바와 같이, 이론은 가능한 한 간단해야 하지만 지나치게 간단해서는 안된다. 기본적인 이중 처리 모형은 다음과 같은 세 가지 측면에서 지나치게 간단하다.

첫째, 기본적인 이중 처리 모형은 인간의 인지를 지나치게 단순화시킴으로써 비합리성을 시스템 1에, 합리성을 시스템 2에 귀속시킨다. 추산적인 성격과 체계적인 편향에도 불구하고, 시스템 1은 우리가 직면한 인지적 쟁점들에 고도로 적응적이다. 따라서 시스템 1의 기능은 객관적인 의미에서 대체로 합리적이다. 메타주관주의적인 측면에서 합리적이라고 말할 수 있는 시스템 2 역시, 체계적으로 편향될 수 있다. 추론은 종종 우리가 지닌 이론적·개인적 믿음을 보호하고 유지하려는 비합리적인 헌신에 의해 동기가 부여되며, 이는 선호하지 않는 아이디어를 반대하기 위해 비판적 사고를 선택적으로 적용하려는 체계적인 경향으로 이어진다(Klaczynski, 2000). 따라서 가장 기본적인 모델에서 설명한 것과는 다르게, 자동적인 처리 과정은 보통 적응적으로 기능하며, 의도적인 처리 과정은 종종 자기본위적 편향self-serving bias을 반영한다. 게다가 비록 시스템 2가 완벽하게 작동하더라도 시스템 1을 대체할 수는 없다. 작업 기억과 자기규제에 요구되는 노력의 분명한 한계를 고려해 볼 때, 시스템 2의 지속적인 적용은 심리적인 측면에서 현실적이지 않다. 적응적으로 기능하기 위해, 우리는 자기규제라는 메타인지적 요구와 작업 기억이라는 엄격한 제약을 받지 않는 자동적이고 직관적인 처리 과정인 시스템 1에 크게 의존할 수밖에 없다. 다시 말해서 숙고가 항상 가능한 것도 아니고, 항상 최선인 것도 아니다(Stanovich, 2004). 합리성은 시스템 2에만 국한된 것이 아니라, 두 시스템 간의 지속적인 상호작용 속에서 나타난다.

둘째, 자동적인 추리를 수행하는 시스템은 다양하게 존재한다. 예를 들어 사람들의 얼굴 표정에서 기본적인 감정을 추리하는 것은 복잡한 인지적 과제이지만, 거의 모든 사람들이 자동적으로 크게 힘들이지 않고 이 과제를 수행한다. 이는 아마 우리가 진화와 아동기 초기 발달의 결과로 특정 과제에 고도로 적응적인 추리 과정의 특별한 시스템을 가지고 있기 때문일 것이다. 따라서 우리는 그것에 대해 잘 알지 못한 채 사용할 수 있다. 이와 유사하게 인간의 언어를 말하는 것은 복잡한 언어적 변환을 요구하지만, 그것은 3~4세 정도의 어린 아동에게서도 일상적으로 나타난다. 그러나 어른조차도 자신의 문법적 직관을 정당화하는 규칙을 설명하는 데 어려움을 느낀다. 이 두 시스템 모두 레이더 밖에서, 즉 시스템 2의 도달 범위 밖에서 작동할 뿐만 아니라 서로에 대해 자율적이다. 그 밖에도 다른 많은 시스템들이 있다. 시스템 1은 단일 시스템이 아니라, 대체로 병렬적으로 작동하는 상대적으로 자율적인 시스템들의 집합인 것으로 보인다(Stanovich, 2004).

셋째, 기본적인 이중 처리 모형은 시스템 2를 의도적인 숙고 및 성찰의 기능을 수행하는 것으로 지나치게 단순화하고 있다. 이번 장의 앞부분에서 살펴본 사고는 의도적으로 이루어진다는 점에서 시스템 2와 연관되어 있다. 사고의 한 형태인 추론 역시 의도적으로 이루어지며, 따라서 시스템 2와 관련이 있다. 하지만 추론은 자신의 추리에 대한 인식론적인 성찰을 포함하고 있는 반면에 사고는 그렇지 않다. 이중 처리의 가장 표준적인 설명 방식은 자동성과 의도적인 숙고의 구별을 직관과 성찰의 구별과 융합하여, 시스템 1은 자동적이고 직관적인 인지 처리 과정이고 시스템 2는 의도적이고 성찰적인 인지 처리 과정으로 개념화하였다. 그러나 추론과 사고가 구별된다는 점은 사고가 성찰 없이도 의도적일 수 있다는 점을 우리에게 일러준다. 최소한 시스템 2 역시, 시스템 1과 마찬가지로, 내부적으로 복잡하다(Ricco, 출판 중; Ricco & Overton, 2011; Stanovich, 2011).

이러한 측면에서 볼 때, 이중 처리라는 개념은 너무 단순한 것 같다. 이중 처리는 마음이라는 통합된 개념을 올바르게 설명해가는 근본적인 단계로 적절하다. 하지만 기본적인 이중 처리 모형은 그 이상을 설명하기에 충분하지 않다. 우리는 최소한 (1) 자동적 추리와 관련된 다양한 시스템들, (2) 의도적이지만 실용적인 사고의 과정, (3) 성찰적인 추론의 과정을 구별할 필요가 있다. 기본적인 이중 처리 모델에서 인식론적 인지는 시스템 2의 역량이라고 볼 수 있다. 하지만 정교화 모델에서 인식론적 인지는 추론의 기초이며, 추론은 보다 덜 성찰적인 사고나 보다 덜 의도적인 추리를 대체하는 것이 아니라 보완한다. 이러한 설명 방식은 시스템 2가 객관적인 합리성을 어떻게 향상시킬 수 있는지, 왜 언제나 반드시 합리성을 향상시키지는 않는지를 이해하는 데 도움을 준다.

이제 곧 살펴보겠지만, 이중 처리에 대한 연구는 인지 발달을 이해하는 데 중요한 함의를 지닌다. 자동적이고 직관적인 인치 처리 과정이 수행하는 중요한 역할이 모든 연령대에서 입증되면서, 이중 처리 개념은 의도적인 숙고가 자동적인 추리를 대체하기보다는 보완하며, 성찰이 직관을 대체하기보다는 보완한다는 점을 우리에게 상기시켜준다. 이제 우리는 이를 염두에 두면서 인지 발달을 살펴볼 것이다.

인지 발달

1980년대 이래로 인지 발달 연구의 주요 추세 중 하나는 아주 어린 아동의 합리적인 능력을 입증하는 것이었다(이 문헌에 대한 비평은 Allen & Bickhard, 2013 참고). 미취학 아동이 실제로 얼마나 놀랍도록 똑똑한지를 보여 주는 풍부한 연구들이 존재한다. 유아조차도 천재성을 보인다(Gopnik, 2009; Onishi & Baillargeon, 2005; Sodian, 2011). 지난 수십 년 동안 성인들의 체계적인 어리석음을 입증하는 수많은 연구가 나왔고, 같은 기간 동안 어린 아동의 뛰어난 능력을 보여 주는 연구들도 수없이 발표되었다(Moshman, 2004b).

그렇다고 해서 우리가 합리성의 반-발전적인anti-developmental 경향을 가정할 필요는 없다. 두 연구는 서로 다른 목적을 위해 서로 다른 것을 측정하고 있다. 성인의 비합리성에 대한 연구는 인간을 합리적인 행위자로 바라보는 20세기 중반의 견해에 대한 반응이다. 조숙한 아동의 합리성에 대한 연구는 피아제가 보여 주었던 인지 발달 단계에 대한 20세기 중반의 견해에 반응한다. 보다 넓은 발전적 관점의 일부로서 이러한 연구들을 함께 고려하는 것은 (거의 이루어지고 있지 않지만) 유익하다.

우리가 결론적으로 그리고자 하는 그림의 스케치는 다음과 같다. 자동적 추리는 논리와 같은 합리성의 객관적 표준을 충족하는 경우가 많으며, 그렇지 않은 경우에도 추산적 사고방식으로서의 가치를 갖는다(Moshman, 2004b). 이는 아주 어린 아동에게도 해당되며, 평생 동안 적용된다. 인지 발달은 성찰과 조정의 과정이고, 성찰과 조정은 보통 사회적 상호작용의 과정에서 발생하며, 사회적 상호작용은 추리에 비해 더 의도적이고 성찰적인 인지 처리 형태를 생성한다(Markovits, 2013). 우리의 주관성에 대한 성찰은 우리를 더 높은 수준의 합리성으로 이끌며, 더욱 객관적인 합리성으로 나아가기 위한 잠재력을 제공한다. 그러나 우리가 항상 최선을 다해 추론하는 것은 아니며, 오히려 대부분의 경우에서 우리는 추론하지 않는다. 아무리 발달한다 하더라도, 우리의 사고와 추론은 자동적 추리의 지속적인 시스템을 대체하지 않는다.

하지만 발달적 관점은 연구의 초점을 자동성과 직관으로부터 보다 의도적이고 성찰적인 수준의 사고와 추론으로 전환한다. 추론은 발달하는 것이다. 시스템 2가 행동과 사고의 가장 중요한 토대가 아닐지라도 말이다(Ricco, 출판 중; Ricco & Overton,

2011). 따라서 발달에 초점을 맞추면, 우리의 관심은 메타인지에 집중된다. 메타인지는 사고의 기초이며, 인식론적 인지를 포함하는 메타인지는 추론의 기초이다. 이 책의 전반에 걸쳐 살펴보겠지만, 인식론적 발달에 대한 주요 연구는 추론의 발달을 이해하는 데 핵심이다.

결론

이번 장에서 나는 인식론적 인지의 발달과 역할을 명확히 하기 위하여 인지 심리학의 기본 개념들을 다루었다. 인지는 추리적이며, 우리의 추리 시스템은 우리의 삶 전반에 걸쳐 대체로 자동적이고 직관적으로 작동한다. 그러나 발달의 과정에서 우리는 목적을 달성하기 위해 추리를 의도적으로 적용하고 조정할 수 있게 되며, 우리는 이것을 사고라고 부른다. 또한 우리는 사고를 진리와 정당화라는 인식론적 고려를 토대로 규제할 수 있는데, 우리는 이것을 추론이라고 부른다. 따라서 사고와 추론은 본질적으로 메타인지적이며, 발달은 우리의 메타인지적 지식과 자기규제를 향상시키는 조정과 성찰의 능동적인 과정이다.

그러므로 인식론적 인지는 진리 및 정당화와 관련된 메타인지의 한 측면이며, 추론의 기초가 된다. 2장과 3장에서는 인식론과 인지의 기초를 다루었다. 나는 이제 인식론적 인지에 관한 다양한 문헌을 고찰하면서, 그것의 본질과 발전에 대한 체계적인 설명을 제공하려고 한다.

Ⅱ

인식론적 인지와 발달

Ⅱ
인식론적 인지와 발달

지금부터는 인식론적 인지와 그 발달에 대한 통합적인 개요를 제공하고자 한다. 이를 위해 나는 먼저 관련 문헌들을 검토하고, 검토한 내용들을 점차 발달적으로 통합해 가려고 한다.

우리는 4장에서 놀라울 정도로 다양하면서도 서로 독립적으로 수행된 인식론적 인지에 관한 연구 문헌들을 탐색하게 될 것이다. 7가지의 관련 문헌을 살펴본 후, 각각이 어떻게 발달적으로 종합될 수 있는지를 검토할 것이다.

5장에서는 아동기의 인식론적 인지의 발달을 추적한다. 특히 이 장에서는 믿음이 거짓일 수 있다는 초기 인식이 약 4세경에 발생한다는 점, 그리고 정신적 처리 과정의 해석적·구성적 특성에 대한 통찰이 그 이후에 출현한다는 점을 설명할 것이다. 더 나아가 성찰과 조정이 아동기 전반에 걸쳐 인식론적 인지의 지속적인 구성에 중요한 역할을 한다는 점을 강조할 것이다.

6장에서는 때때로 청소년기와 그 이후에 나타나는 진전, 즉 객관주의자에서 주관주의자로, 그리고 합리주의자적 인식론으로의 진전을 추적한다. 인식론적 발달은 성찰과 조정의 구성적 과정으로 나타난다. 그리고 이러한 발달적 과정은 아동기에는 예측 가능한 진전을 보이지만, 청소년기와 그 이후에는 개인적·문화적 차이에 보다 민감하게 반응한다.

4 인식론적 인지

이 책은 인식론적 인지epistemic cognition에 관한 책이다. 나는 인식론적 인지를 진리와 정당화에 대한 근본적인 쟁점을 포함하는, 지식의 규범적 본질에 대한 지식과 관련된 메타인지의 하위 집합이라고 정의한다(3장 참고). 다행히도 많은 연구자와 이론가들이 내가 인식론적 인지라고 부르는 것에 대해 연구해 왔다. 하지만 불행하게도 인식론적 인지와 관련된 연구를 수행하는 모든 사람들이 인식론epistemology을 명시적으로 언급하거나, "인식론적에 관한"epistemic 혹은 "인식론의"epistemological라는 용어를 사용하는 것은 아니다. 더 나아가 그러한 전문 용어를 사용하는 모든 사람들이 내가 정의한 방식대로 인식론적 인지에 대해 연구하는 것도 아니다. 인식론적 인지에 관한 문헌들을 탐색하는 것은 결코 쉬운 작업이 아니다.

실제로 인식론적 인지와 관련된 문헌들은 너무 분산되어 있기 때문에, 그러한 문헌들을 종합하는 작업은 불가능한 일처럼 보일 수 있다. 나는 이번 장에서 인식론적 인지에 관한, 상대적으로 독립적인 일곱 가지의 문헌을 탐색하려고 한다. 이 중 네 가지는 전적으로 발달 심리학 분야와 관련이 있다. 그럼에도 불구하고 각각은 독립적으로 등장했으며, 놀라울 정도로 서로 분리되어 있다(Chandler, Hallett, & Sokol, 2002). 이 문헌들은 (1) 청소년기와 성인기 초기의 일반적인 인식론, (2) 미취학 아동의 마음 이론theory of mind, (3) 아동기 후기의 구성주의자적 마음 이론constructivist theories of mind, (4) 메타논리적 이해metalogical understanding의 발달을 다루고 있다. 다섯 번째 문헌은 교육 심리학과 관련이 있다. 이 문헌은 "인식론적 신념"과 "개인적 인식론"을 다루고 있다. 과학 교육과 관련된 여섯 번째 문헌은 특히 과학에서의 인식론적 인지 그 자체를 다루고 있다. 교육과 관련된 이 두 문헌 역시 각각 별개이며, 발달 심리학 문헌과도 거의 연결되지 않는다. 끝으로 여러 분야의 연구들은 인식론적 인지의 영역 특수성을 다루고 있다. 이 일곱 번째 문헌은 앞서 언급한 여섯 가지의 문헌과 상대적으로 덜 분리되어 있고, 또 복잡한 방식으로 중첩되어 있다.

이러한 중첩에도 불구하고 이들 일곱 가지의 문헌들은 전문 용어와 역사적 뿌리의 측면에서 너무나도 크게 다르기 때문에, 서로 소통하는 데 대체로 실패했다. 하지만 인식론적 인지를 메타인지적 현상의 다른 측면과 분리하면, 우리는 인식론적 인지를 발달적 과정의 결과로 바라볼 수 있다. 바로 이 지점에서 우리는 인식론적 인지와 관련된 문헌들을 발달적인 측면에서 종합할 수 있으며, 이에 대해서는 5장과 6장에서 자세히 설명할 것이다. 우리는 5장과 6장에서 인식론적 인지를 발달적인 측면에서 살펴볼 것이다. 왜냐하면 우리는 단지 인식론적 인지의 초기 형태나 그러한 형태가 변화되어 가는 방식에만 관심이 있는 것은 아니기 때문이다. 뿐만 아니라 인식론적 인지를 발달적인 측면에서 바라보는 것이야말로 그것을 이해하는 유일한 방법이기 때문이다. 그러나 먼저, 우리는 연구자와 이론가들이 인식론적 인지에 접근해 온 여러 가지 방식에 대해 살펴보아야 한다.

페리의 이론, 그리고 그것을 넘어서

인식론적 인지와 그 발달에 대한 관심은 일반적으로 1960년대 윌리엄 페리William Perry(1970/1999)의 연구로 거슬러 올라간다. 그의 책 제목은 다소 모호하게 "지적·윤리적 발달의 형식"forms of intellectual and ethical development이라고 붙여졌다. 페리의 저작은 인식론적 신념과 개인적 인식론에 관한 교육 심리학 문헌에서 일상적으로 인용되지만(아래 참고), 그의 가장 큰 영향력은 진보된 인지 발달 이론과 관련이 있다. 페리의 연구를 자세히 연구한 연구자와 이론가들은 자신들의 저작에 다양한 용어를 사용하여 제목을 붙였다. 어떤 이들은 페리를 따라 "지적 발달"(Baxter Magolda, 1992)에 대해 광범위하게 언급한 반면에, 어떤 이들은 자신들의 연구 주제를 "지식에 대한 … 개념"(Broughton, 1978), "앎의 방식"(Belenky, Clinchy, Goldberger, & Tarule, 1986), "정당화의 개념"(Kitchener & King, 1981), 혹은 "성찰적 판단"(King & Kitchener, 1994; Kitchener & King, 1981)이라고 기술했다. 그러나 많은 저작들은 "선천적 인식론"(Broughton, 1975), "인식론적 이해"(Kuhn, Cheney, & Weinstock, 2000), "인식론적 사고"(Kuhn & Weinstock, 2002), "인식론적 발달"(Mansfield & Clinchy, 2002), "인식론적 인지"(King & Kitchener, 2002; Kitchener, 1983; Moshman, 2012, 2013b), "인식론적 의심"(Boyes & Chandler, 1992; Chandler et al., 1990), "인식론적 영역"(Moshman, 2014), "인식론적 발달"(Moshman, 2008b, 2013b)과 같이 '인식론'이라는 용어를 직접 언급했다.

페리의 연구에 참여한 이들은 하버드 대학교의 대학생들이었다. 그의 연구는 대학생의 발달에 관한 연구와 그들의 발달을 위한 실천적 적용에 즉각적인 영향을 미쳤으며, 그 분야에서 여전히 큰 영향력을 발휘하고 있다. 그러나 페리의 학문적 전통을 계승한 연구들은 이제 청소년기 이전부터 성인기까지를 포괄하기에, 그의 영향력은 대학생을 넘어서까지 미치고 있다(Moshman, 2011a, 2012). 나는 6장에서 페리의 학문적 전통을 계승한 다섯 가지의 주요 이론 및 연구 프로그램에 대해 논의하고자 한다. 이를 위해 페리 자신의 연구에서 시작하여, 페트리샤 킹Patricia King과 캐런 키치너Karen Kitchener(1994, 2002; Kitchener & King, 1981), 애닉 맨스필드Annick Mansfield와 블라이스 클린치Blythe Clinchy(2002), 마이클 챈들러Michael Chandler(1987; Boyes & Chandler, 1992; Chandler et al., 1990), 그리고 디에나 쿤Deanna Kuhn(1991, 2005, 2009; Kuhn & Franklin, 2006; Kuhn & Weinstock, 2002; Kuhn et al., 2000)의 연구를 살펴볼 것이다. 이 분야의 다양한 이론과 연구 프로그램들(Baxter Magolda, 1992; Belenky et al., 1986; Broughton, 1978을 추가적으로 참고)은 사용하는 전문 용어와 연구 방법론, 구체적인 발견 등에서 상당한 다양성을 보이고 있다. 그럼에도 불구하고 서로의 연구 성과를 자주 인용하고 있고, 연구자들 또한 자신의 연구가 서로 연관되어 있음을 인정한다는 점에서 이 문헌들은 단일한 문헌으로 보여진다.

다행스럽게도 이 문헌들은 진보된 인식론적 발달의 기본적인 방향과 이를 설명하는 일반적인 과정에 대하여 실질적인 합의를 보이고 있다. 합의된 내용은 다음과 같이 세 가지로 요약될 수 있다. 첫째, 진보된 인지의 발달은 논리의 발달 이상의 것을 포함한다. 따라서 피아제가 구체적 조작기와 형식적 조작기로 설명한 고전적인 단계를 넘어선, 합리성의 진전에 대한 보다 풍부한 설명이 필요하다. 둘째, 진보된 인지의 발달은 청소년기와 그 이후에 걸쳐, 객관주의자에서 주관주의자로, 그리고 합리주의자적인 인식론으로 나아가는 인식론적 인지의 진전을 상당 부분 포함한다. 셋째, 인식론적 발달은 합리적 행위자의 적극적인 성찰과 조정의 결과로 가장 잘 설명된다.

정리하자면, 인식론적 인지에 관한 최초의 문헌은 대학생들의 발달을 연구한 윌리엄 페리(1970/1999)의 연구에서 시작된 문헌이다. 그리고 1장에서 이미 소개하였고 6장에서 더 자세히 설명할, 아동기 이후 인식론적 발달의 표준적인 3단계 모델을 보여 주는 문헌들이라고 말할 수 있다. 이 문헌 중 일부는 "인식론", "인식론에 관한" 혹은 "인식론의"라는 용어를 강조하지만, 또 다른 문헌에서는 그렇지 않다. 그러나 페리의 학문적 전통을 계승한 발달적 연구들은 인식론적 인지에 초점을 맞추고 있다는 점에서 점점 더 명확해지고 일관된 모습을 보인다.

아동 발달에 관한 세 가지의 문헌

페리의 문헌에 등장하는 인식론적 발달의 표준적인 3단계 모델을 살펴보면, 나이 어린 청소년들은 대부분 첫 번째 단계에서 기능한다. 이는 인식론적 발달의 과정이 청소년기 이전에는 거의 시작되지 않는다는 점을 시사한다. 아동기의 인지 발달에 관한 연구에서 "인식론", "인식론에 관한", "인식론의"라는 용어를 거의 사용하지 않는다는 점은 인식론적 발달이 청소년기와 성인기에 주로 나타나는 현상임을 뒷받침하는 것 같다. 그러나 좀 더 주의 깊게 살펴보면, 우리는 다른 전문 용어를 사용하여 인식론적 인지를 연구한 많은 문헌들을 찾아볼 수 있다. 나는 이번 절에서 아동기의 인식론적 발달에 관한, 상대적으로 독립적인 세 가지 문헌을 살펴볼 것이다. 이 세 가지 문헌 어느 곳에서도 인식론적 인지라는 용어는 사용되고 있지 않다. 지금부터 살펴볼 문헌은 앞서 제시한 일곱 가지의 문헌 중, 두 번째, 세 번째, 네 번째 문헌이다. 이 세 문헌은 모두 아동의 인지 발달에 관한 문헌이지만, 놀라울 정도로 서로 분리되어 있다.

아동 발달에 관한 논의는 1980년대 이후부터 축전된 아동기 초기의 마음 이론에 대한 방대한 문헌들에서 시작하는 것이 좋을 듯하다. 이 문헌들의 핵심에는 믿음이 거짓일 수 있다는 인식을 평가하는, "거짓 믿음 과제"false belief task가 위치해 있다. 거짓 믿음 과제에는 다양한 버전들이 있다. 그리고 다양한 버전들은 다양한 조건 하에 실행되었는데, 그 결과는 놀라울 정도로 일관되게 나타났다. 즉 4세 아동은 일반적으로 믿음이 거짓일 수 있다는 것을 인식하는 반면에, 3세 아동들은 이를 이해하지 못한다는 것이다. 이러한 증거로 인해 많은 사람들은 4세를 마음 이론 발달의 중요한 시점으로 바라보게 되었다(Amsterlaw & Wellman, 2006; Doherty, 2009; Wellman, 1990; Wellman, Cross, & Watson, 2001).

마음 이론의 발달은 철학적 문제를 이해하는 데 있어서 진전으로 이어진다. 우리가 마음 이론을 보다 폭넓게 해석한다면, 그러한 철학적 문제는 철학자들이 마음 철학philosophy of mind이라고 부르는 것에 속한다. 그러나 아동기 초기 마음 이론에 관한 실제 문헌들은 믿음이 거짓일 수 있다는 점에 대한 '이해'를 강하게 강조해 왔다. 믿음이 거짓일 수 있다는 것을 아는 것은 잠재적으로 특정 믿음이 참인지, 그 믿음이 정당화될 수 있는지에 대한 질문을 제기하며, 잠재적으로 정당화와 진리의 본질에 대한 인식론적 질문으로 이어질 수 있다. 따라서 마음 이론은 인식론적 인지에 비해 개념적으로 훨씬 광범위하지만(Miller, 2012; Pillow, 2012), 아동기 초기 마음 이론에 대한 실제 문헌들은 인식론적 인지의 초기 형태라고 합리적으로 부를 수 있는 것을 다루고 있는 실질적인 문헌들을 포함하고 있다. 최소한 이 문헌들은 아동기 이후 인식론적 인지의 발달에 결정적인 인식론적 질문을 잠재적으로 제기하는, 거짓 믿음에 대한 인식론적 이해의 원형을 보여 준다.

그러나 4세 아동의 마음 이론에 관심을 갖고 있는 연구자들은 자신들이 연구하는 것이 인식론적 인지의 기원이나 초기 형태라고 생각하지 않는다. 오히려 그들은 일반적으로 자신의 연구가 놀라울 정도로 어린 나이에, 놀라울 정도로 성숙한 능력이 나타난다는 점을 입증한 것으로 보고 있다. 따라서 이들 중 아동기 이후의 발달 가능성을 부정하는 연구자는 거의 없지만, 이에 대한 관심은 상대적으로 적다. 대신 마음 이론의 발달과 관련하여 현재 진행 중인 논쟁의 대부분은 최신 증거들에 대한 해석, 즉 일부 연구자들이 13개월 정도의 유아도 믿음이 거짓일 수 있다는 것을 이미 이해하고 있다는 점을 보여 준다고 해석한 증거들을 어떻게 처리할 것인가와 관련이 있다(Miller, 2012; Onishi & Baillargeon, 2005; Sodian, 2011).

하지만 이와 같은 사실이 그 누구도 아동기 후기에 나타나는 인식론적 인지의 발달에 대해 연구하지 않았다는 것을 의미하지는 않는다. 여러 연구자들은 다양한 연구 방법론을 활용하여 초등학교 시절에 나타나는 발달의 과정, 즉 앎의 능동적이고 주관적인 본질에 대해 인식하는 해석적 또는 구성주의자적 마음 이론의 구성 과정을 보여주었다(Carpendale & Chandler, 1996; Fabricius & Schwanenflugel, 1994; Lalonde & Chandler, 2002; Miller, 2012; Pillow, 2012; Pillow & Henrichon, 1996; Rai & Mitchell, 2006; Rowley & Robinson, 2007; Schwanenflugel, Fabricius, & Noyes, 1996; Sodian & Wimmer, 1987; Wimmer & Doherty, 2011; Zhang et al., 2010). 그러나 아동 발달과 관련된 이 두 번째 문헌들은 아동기 초기의 마음 이론에 관한 문헌과는 상당히 동떨어져 있으며, 그중 대부분의 연구들(예: "관점 채택"에 대한 연구)이 마음 이론에 관한 연구에 앞서서 수행되었다(양자의 통합을 위한 훌륭한 노력으로는 Miller, 2012를 참고). 아동기 후기의 마음 이론의 발달에 관한 산발적이면서도 중요한 문헌들은 인식론이라는 용어를 거의 사용하지 않았으며, 인식론적 인지의 범위를 훨씬 뛰어넘는다. 그럼에도 불구하고 그러한 문헌들의 대부분은 인식론적 인지 및 그 발달과 매우 밀접한 관련이 있다. 나는 5장에서 아동기의 인식론적 발달에 대한 체계적인 개요를 제공하기 위해 양자의 인식론적인 측면을 추출하고자 시도할 것이다.

아동 발달과 관련된 세 번째 문헌(이 장에서 논의하는 일곱 가지의 문헌 중 네 번째 문헌)은 메타논리적 이해의 발달, 즉 논리의 본질에 대한 지식과 관련된 연구이다. 논리의 본질은 논리적이고 수학적인 진리가 경험적 증거의 문제가 아니라 논리적 필연성의 문제라는 핵심적 통찰을 포함한다(Piaget, 1941/1965a, 1987; Smith, 1993, 2009; 2장에서 살펴본 선험적 지식과 후험적 지식에 대한 논의를 참고). 앞서 살펴본 두 가지 문헌과는 달리, 메타논리에 관한 문헌은 피아제의 연구에 직접적으로 뿌리를 두고 있으며, 전반적으로 피아제의 이론을 지지하고 있다. 이 연구들에 따르면, 어린이는 대략 6살이나 7살 정도부터 논리적 지식과 경험적 지식을 구별하기 시작한다. 그리고 이러한 구별은 논리적 지식과 경험적 지식 간의 차이에 대한 성찰적 이해로 점차 나아간다(Inhelder & Piaget, 1958, 1964; Miller, Custer, & Nassau, 2000; Moshman, 1990, 2004b, 2009b, 2014; Moshman & Franks, 1986; Moshman & Timmons, 1982; Piaget, 1941/1965a; Piéraut-Le Bonniec, 1980; Pillow, 2002; Pillow & Anderson, 2006). 사실 이러한 문헌들은 "인식론"이라는 용어나 그와 유사한 용어를 거의 사용하고 있지 않다. 그러나 경험적 진리와 구별되는 논리적 진리의 본질에 대한 지식, 그리고 증거가 아닌 증명을 통한 정당화의 문제를 포함한다는 점에서, 전적으로 인식론적 인지에 관한 것이라고 볼 수 있다. 이 문헌들은 아동기의 인식론적 발달에 대해 살펴보는 5장에서 다시 등장할 것이다. 그리고 인식론적 영역과 관련된 세 개의 장 중 첫 번째 장인 7장에서 보다 체계적으로 다루어질 것이다.

교육에 관한 두 가지의 문헌

인식론적 인지에 관한 다섯 번째 문헌은 일반적으로 인식론적 신념epistemological belief과 개인적 인식론personal epistemology이라고 불리는 것에 관한 교육 심리학 문헌들이다(Barzilai & Zohar, 2014; Bendixen & Feucht, 2010; Bråten, Britt, Strømsø, & Rouet, 2011; Brownlee, Schraw, & Berthelsen, 2011; Chinn, Buckland, & Samarapungavan, 2011; Greene, Azevedo, & Torney–Purta, 2008; Greene & Yu, 2014; Hofer & Bendixen, 2012; Hofer & Pintrich, 1997, 2002; Muis, Bendixen, & Haerle, 2006; Schommer–Aikins, 2002, 2004). 이 문헌은 1980년대 이후 급속히 성장한 문헌이며, 아마 이 장에서 다루는 일곱 가지의 문헌 중 가장 규모가 클 것이다. 그러나 그중 일부만이 인식론적 인지와 관련이 있기 때문에, 인식론적 인지와 관련된 가장 큰 규모의 문헌은 아니다. 즉 이 문헌은 일관되게 "인식론"을 언급하기는 하지만, 인식론적 인지와는 부분적으로만 관련이 있다.

인식론적 인지는 진리와 정당화에 대한 근본적인 쟁점을 포함하는 지식의 규범적 본질에 대한 지식을 말한다. 일반적으로 교육 심리학자들은 인식론적 신념을 지식에 대한 신념, 그리고 지능 및 학습과 관련된 문제에 대한 신념으로 폭넓게 해석한다. 그 결과 인식론적 신념을 측정하고자 하는 척도들은 메타인지적 신념을 뒤죽박죽으로 평가한다. 왜냐하면 그 척도들은 메타인지적 신념을 마음, 그리고 마음이 작동하는 다양한 과정 및 그 산물에 대한 생각을 의미하는 것으로 느슨하게 해석하기 때문이다. 따라서 교육 심리학에서 사용하는 척도들은 크게 세 가지 측면에서 인식론적 인지의 범위를 넘어선다.

첫째, 인식론적 신념 척도는 일반적으로 본래 지식에 관한 것이 아닌 신념, 따라서 본래 인식론적이지 않은 신념을 포함하고 있다. 예를 들어 다양한 학문 영역에서 학습을 위해 얼마나 많은 노력이 요구되는지에 대한 학생들의 신념에 대해 아는 것은 교육자들에게 유용할 수 있다. 하지만 그러한 신념은 인식론적인 문제에 대한 개인의 믿음이 아니므로, 인식론적 신념이 아니다.

둘째, 이 척도들은 인식론적 신념에 대한 연구를 지식에 대한 신념에 집중시키는 데는 도움이 되겠지만, 인식론의 규범적 본질에 관심을 집중시키기에는 충분하지 않다. 인식론적 신념 척도는 일반적으로 정당화와 진리에 대한 인식론의 근본적인 질문을 강조하지는 않는다. 지식에 대한 모든 신념이 지식의 규범적인 (따라서 인식론적인) 측면과 관련된 것은 아니다(Siegel, 2006, 2014). 예를 들어 지능을 일종의 지식이라고 생각한다면, 인간의 지능이 상대적으로 고정되어 있는지 아니면 가변적인지에 대한 질문은 심리학이 다루는 경험적 문제이지 인식론이 다루는 규범적 문제가 아니다. 따라서 이러한 질문에 대한 앎은 메타인지이지, 인식론적 인지가 아니다. 즉, 이러한 종류의 문제를 포함하고 있는 척도는 인식론적 신념 그 이상을 평가하는 것이다.

마지막으로는 측정된 신념이 실제로 인식론적인 것이라 하더라도, 교육 심리학 문헌의 초점은 진리와 정당화에 대한 **지식**보다 훨씬 더 폭넓은, 진리와 정당화에 대한 모든 **신념**에 맞춰져 있다. 진리와 정당화에 관한 모든 신념이 정당화될 수 있거나 참인 것은 아니며, 따라서 그들 모두가 지식인 것은 아니다. 비록 지식의 규범적 본질에 대한 신념으로 적절하게 제한된다 하더라도, 인식론적 신념은 인식론적 인지보다 더 광범위한 개념이다. 왜냐하면 인식론적 신념에는 거짓이거나 정당화되지 않은 지식에 대한 믿음이 포함되어 있기 때문에, 지식에 대한 지식으로 간주될 수 없다.

더욱이 인식론적 **인지**가 아닌 인식론적 **신념**에 초점을 맞추면, 발달을 우리의 이해가 진전되어 가는 과정으로 생각할 여지가 거의 남지 않게 된다. 신념도 변할 수 있다. 하지만 우리는 인지가 수반하는 더 깊은 개념을 통해서만 발달적 변화와 의견의 전환을 구별할 수 있다.

정리하자면 인식론적 신념에 관한 교육 심리학 문헌은 다음과 같은 세 가지 방향에서 인식론적 인지에 대한 연구의 범위를 넘어선다. 첫째, 교육 심리학 문헌은 지식에 대한 신념을 훨씬 넘어선다. 둘째, 지식에 대한 신념을 다루는 경우에도, 진리와 정당화의 규범적 쟁점에 대한 신념을 훨씬 넘어선다. 셋째, 순수하게 인식론적 문제에 대한 신념을 다루는 경우에도, 그러한 문제에 대한 거짓된 그리고 정당화되지 않은 신념과 진정한 지식을 구분하지 않고 있다. 인식론적 신념에 대한 연구는 다양한 학문 영역에서 학생들의 메타인지적 아이디어에 대한 풍부한 그림을 제공했다. 그러나 신념의 개인차에 초점을 두는 것은 '사람들이 정당화와 진리에 대해 무엇을 이해하고 있는가'라는 인지적 질문과 '우리는 그러한 이해를 어떻게 진전시킬 수 있는가?'라는 발달적 질문에 대한 우리의 관심을 다른 방향으로 전환시켜 버린다.

인식론적 신념에 대한 연구는 일반적으로 교육 심리학자들이 종종 개인적 인식론이라고 부르는 것에 뿌리를 두고 있다(Bendixen & Feucht, 2010; Bråten et al., 2011; Brownlee et al., 2011; Hofer & Bendixen, 2012; Hofer & Pintrich, 1997, 2002; Muis et al., 2006). 개인적 인식론이라는 용어는 인식론이 철학자들만을 위한 것이 아니라는 점을 우리에게 상기시켜 준다. 우리 모두는 인식론을 가지고 있다. 그러나 개인적 인식론이라는 표현은 우리 각자가 자신의 개인적 정체성personal identity을 구성할 것이라고 기대되고 구성하도록 권장되는 것과 거의 동일한 방식으로, 우리 각자가 고유의 인식론을 자유롭게 구성할 수 있다는 오해를 불러일으킨다. 개인적 인식론의 맥락에서 인식론적 신념은 음식에 대한 개인적 취향이나 옷에 대한 개인적 스타일과 마찬가지로, 그것을 구성하기 위해 고려해야 할 적법한 질문을 넘어서는 것으로 간주되기 쉽다.

그러나 우리 각자가 자신만의 개인적인 인식론을 가지고 있는지, 그리고 더 나아가 모든 인식론이 동등하게 적법한지에 대해서는 분명하지 않다. 예를 들어 우리 각자가 자신만의 개인적인 수학을 가지고 있다는 주장을 고려해 보자. 어린이들은 다양한 수학적 신념을 가질 수 있을 것이고, 이에 대해 교사가 아는 것은 학생들을 가르치는 데 확실히 유용할 것이다. 그러나 수학 교육은 수학에 대한 학생들의 이해, 그리고 그러한 이해의 진전을 촉진시키는 데 관심이 있지, 각각의 어린이가 자신만의 수학을 개발하도록 격려하는 데 관심이 있는 것이 아니다. 마찬가지로 개인이 인식론적 인지를 구성하는 데 능동적인 역할을 하다고 해도, 인식론적 발달은 우리 자신의 개인적 인식론을 구성하는 문제가 아니다. 대부분의 발달론자들은 우리가 정당화될 수 있는 인식론적 인지를 구성할 수 있다고 믿으며, 따라서 인식론적 인지는 진전되어 가고, 인식론적 인지의 진전을 이룰 수 있다고 믿는다. 교육 심리학자들도 인식론적 인지와 그 발달을 부정하지는 않는다. 그러나 그들은 일반적으로 지식과 진전이 무엇으로 이루어져 있는지에 대해서는 모호한 입장을 취하고 있으며, 그 대신 메타인지적 신념의 다양성에 초점을 두고 논의를 진행하고 있다.

이 책의 주요 관심은 지식에 대해 (단지 우리가 믿는 것이 아닌) 우리가 **아는** 것, 그리고 (단순히 변화가 아닌) 우리의 인식론의 **진전**progress에 있다. 정당화될 수 있는 인식론은 단순한 신념의 집합이나 개인적 헌신이 아니다. 인식론적 신념과 개인적 인식론에 대한 교육 심리학 분야의 연구는 개념적 메타인지의 흥미로우면서도 중요한 측면을 다루고 있지만, 인식론적 인지를 개인적 신념 및 메타인지의 또 다른 측면과 명확히 구별하는 데 더 큰 도움을 준다. 요컨대 인식론적 신념과 개인적 인식론에 관한 교육 심리학 문헌들 중 일부만이 인식론적 인지를 다루고 있다. 따라서 이 문헌들에서 인식론적 인지와 관련된 측면과 그 밖의 측면을 구별하는 것은 쉽지 않다.

인식론적 인지에 관한 여섯 번째 문헌은 비교적 그 규모가 작지만 중요한, 과학 교육과 관련된 문헌이다(Carey & Smith, 1993; Kuhn, 2005; Sandoval, 2005; Sandoval &

Reiser, 2004; Sinatra & Chinn, 2012; Thoermer & Sodian, 2002). 과학 교육 관련 문헌은 대부분의 교육 심리학 문헌에 비해 인식론적 용어를 더 주의 깊게 사용하며, 인식론적 인지를 엄격하게 정의하면서 이와 관련된 문제를 다루는 데 중점을 두고 있다. 과학 교육과 관련된 연구는 앞서 살펴본 네 가지 발달 심리학 문헌(페리의 문헌과 세 가지 아동 발달 문헌) 모두와 연구의 초점(인식론적 인지의 합리적 기반과 목적) 및 관심(이해의 진전)을 공유한다. 예를 들어 우리는 7장에서 설명 중심 탐구explanation-driven inquiry가 지식이 인식자에 의해 능동적으로 구성된다는 점을 강조하지만, 그럼에도 불구하고 객관성, 진리, 정당화를 지향하고 따라서 추론을 지향한다는 점을 확인하게 될 것이다. 즉 주관성은 인정되지만, 급진적인 형태의 회의주의, 상대주의, 맥락주의를 최종적인 지향점으로 삼지는 않는다.

따라서 다섯 번째와 여섯 번째 문헌은 교육에 관한 것이지만, 서로 상당히 다르다. 앞으로 우리는 이 책의 뒷부분에서 인식론적 영역으로서의 과학(7장), 역사의 인식론(9장), 인식론의 실천(11장)에 대해 논의하면서 교육에 관한 질문으로 돌아갈 것이다.

너무나 많은 영역들

인식론적 인지에 관한 일곱 번째 문헌이자 마지막 문헌은 빠르게 성장하고 있지만 점점 더 일관성을 잃어가는 영역 특수성domain-specificity에 관한 문헌이다(Alexander, 2006; Chandler & Proulx, 2010; Flavell, Flavell, Green, & Moses, 1990; Flavell, Mumme, Green, & Flavell, 1992; Hallett, Chandler, & Krettenauer, 2002; Hofer, 2000, 2006; Greene & Yu, 2014; Kuhn et al., 2000; Muis et al., 2006; Moshman, 2014; Nicholls & Thorkildsen, 1988; Nucci, 2001, 2014; Schommer & Walker, 1995; Smetana, Jambon, & Ball, 2014; Turiel, 1983, 2008, 2014, 출판 중; Wainryb, Shaw, Langley, Cottam, & Lewis, 2004; 앞서

제시한 메타논리적 이해에 관한 문헌도 참고). 이 문헌들 모두가 인식론적 용어를 사용하는 것은 아니지만, 많은 곳에서 관련 용어를 사용하고 있다. 그러나 "인식론" 및 관련 용어의 사용 여부와 관계없이, 해당 영역의 문헌은 인식론적 영역과 다른 영역의 복잡한 조합을 다루고 있다. 이 문헌을 이해하려면 심리학적인 영역 특수성과 인식론적 영역 특수성을 구별해야 한다.

심리학적 영역 특수성은 지식, 추리, 사고 모두가 특정 인지적 영역에서 상당 부분 특유하다는 것을 의미한다. 예를 들어 인간의 얼굴 표정에 대한 우리의 지식은 얼굴 표정에만 국한되지, 수학적 계산에는 사용할 수 없다는 것이다. 바꾸어 말하자면 숫자와 산술에 대한 우리의 지식은 수학에만 국한되며, 얼굴 표정을 해석하는 데는 사용할 수 없다. 예를 하나 더 들자면, 문법에 대한 우리의 지식은 대체로 특정 언어에만 국한된다. 보다 추상적인 수준에서 그러한 지식 중 일부가 인간의 언어에 적용된다 하더라도, 문법 지식은 얼굴 표정을 해석하거나 수학을 이해하는 데 부적합하고 도움이 되지도 않는다.

추리 역시 영역 특수적이다. 얼굴 표정에 대한 우리의 해석은 얼굴 표정에 특수한 추리를 수반한다. 우리의 수학적 추리는 수학적 결론에 도달하는 데 도움을 주며, 우리가 언어를 말하거나 이해하는 데 도움이 되지는 않는다. 문장의 의미에 대한 우리의 추리는 문법에 대한 우리의 영역 특수적인 지식에 뿌리를 두고 있으며, 숫자를 빼거나 곱하는 데 도움이 되지는 않는다.

이러한 영역 특수성은 영역 전반에 걸쳐 광범위하게 적용될 수 있는 (문제 해결 및 의사 결정의 일반적인 기술과 전략을 포함하는) 사고와도 관련이 있다. 사고는 영역 일반적인 측면을 지니고 있다. 그러나 사고 또한 부분적으로 (목적 달성을 위해) 추리의 기능을 조정하는 것이기에, 부분적으로 영역 특수적이라는 점은 의심의 여지가 없다. 즉, 사고는 부분적으로 영역 특수적이다. 일반적인 기술은 특수한 상황에 적용되어야 하며, 영역 특수적 추리는 이러한 적용에서 중요한 역할을 한다. 누군가가 무엇을 느끼는지 알아내려는 의도적인 노력은 문장의 의미를 알아내려는 의도적인 노력과 많은 부분에서 공통점을 지니고 있지만, 두 경우 모두 질적으로 구별되는 지식의 영역에 적합한 서로 다른 종류의 추리를 수반한다.

그렇다면 추론은 어떠한가? 추론은 심리적 혹은 인지적 영역 특수성에 대한 훨씬 더 일반적인 범주 내에서 인식론적 영역 특수성을 잘 보여 준다. 추론은 사고의 하위 집합이다. 따라서 추론은 모든 사고와 마찬가지로, 추리를 조정한다는 점에서 어느 정도 영역 특수적이다. 그러나 추론은 그 정의상 인식론적으로 자기규제적이다. 즉 진리와 정당화를 지향하는 사고라고 말할 수 있다. 비록 우리가 서로 다른 영역에서 서로 다르게 사고하더라도, 추론은 항상 진리와 정당화를 목표로 한다는 점에서 근본적으로 영역 일반적이라고 볼 수 있다. 인간 인지의 실제 세계에 도달하는 데 있어 우리가 겪는 심리적 어려움과 관계없이 말이다. 진리는 궁극적으로 주제와 상관없이 똑같은 것 아닌가?

이러한 주장은 논쟁의 여지가 있다. 이미 누구나 구체적으로 명시할 수 있는 것보다 훨씬 더 많은 인지적 영역들이 있으며, 새로운 영역을 가정하는 것도 너무나 쉽다. 많은 이들이 인지적 영역의 정의를 제한하고 숫자를 한정하는, 보다 엄격한 설명 방식을 제안하고 있지만 여전히 무수히 많은 인지적 영역이 존재하는 것 같다. 그러나 우리의 목적과 관련성이 높고, 심지어 가장 엄격하게 제한된 인지적 영역의 목록에 나열된 것들 중에서도 대부분의 영역이 인식론적이지는 않다. 즉 그러한 영역들은 진리와 정당화에 대한 분명한 개념을 포함하고 있지 않고, 분명한 형태의 추론을 요구하지도 않는다.

하지만 몇몇 인지적 영역들의 차이는 단지 심리적인 것만이 아니라 인식론적인 것으로 보인다. 메타논리에 대한 문헌과 관련하여 앞서 언급한 바와 같이, 논리학과 수학은 인식론적으로 과학과 구별되는 것으로 널리 인식되고 있다. 과학적 주장에 대해 추론할 때, 우리는 적어도 부분적으로는 경험적 증거evidence를 제시하는 논증을 기대하며, 이상적으로는 추가적인 증거에 개방적인 태도를 갖기를 기대한다. 대조적으로 논리적이거나 수학적인 주장을 추론할 때, 우리는 증명proof을 기대한다. 이는 우리가 인식론적 인지를 다양한 영역에 얼마나 잘 적용하느냐의 문제가 아니다. 이는 인식론적 토대에 따라 영역을 구별하는 문제, 즉 인식론적 영역에 관한 문제이다.

이러한 문제에 대해서는 제3부(7~9장)에서 자세히 논의할 것이다. 나는 3부에서 인식론적 영역을 정의하고 구별하는 원칙적인 접근 방식을 정식화할 것이다. 어떤 영역이 인식론적이라는 것을 입증하기 위해, 우리는 해당 영역을 다른 영역과 구별하는 진리와 정당화의 개념, 그리고 그 영역에 상응하는 특유의 추론 형태를 제안해야 한다. 인식론적 발달은 인식론적 영역을 구별하고, 이해하며, 조정하는 것을 포함한다. 가장 널리 받아들여지는 영역 구별로는 논리적 지식과 과학적 지식 간의 구별이 있다. 양자는 논리적 지식의 특성인 논리적 필연성, 그리고 이에 상응하는 논리적 추론과 과학적 추론 간의 차이를 기준으로 구별될 수 있다(7장). 제3부의 나머지 두 장에서는 다른 잠재적 영역으로서 도덕성, 사회적 관습, 역사, 그리고 정체성에 대해 다룬다. 앞으로 살펴보겠지만, 이 영역들은 모두 진리 및 정당화와 관련된 쟁점을 지니고 있다. 하지만 각각의 영역 모두는 의심의 여지없이 진리와 정당화에 대한 분명한 개념을 가정하고 있고, 분명히 구별되는 추론의 형태에 의존한다.

결론

나는 이번 장에서 인식론적 인지와 관련된 일곱 가지의 문헌을 제시했다. 앞서 살펴본 바와 같이, 각각의 문헌은 사용하는 전문 용어, 그리고 연구의 초점이 상당히 다르다. 일곱 가지의 문헌 중, 메타논리적 이해에 관한 문헌은 "인식론"이나 관련 전문 용어를 거의 사용하지 않지만, 인식론적 인지와 전적으로 관련이 있다. 반면, 교육 심리학 문헌은 인식론이라는 용어를 일상적으로 사용하지만, 인식론적 인지에 관한 것이 아닌 인식론적 신념이나 개인적 신념을 다루고 있다. 또한 페리의 문헌은 청소년 초기부터 (아니면 아마 대학교 1학년 학생 때부터) 인식론적 발달이 시작된다고 가정하고 있고, 마음 이론 관련 문헌은 약 4세 정도의 아주 어린 아동부터 인식론적 성숙을 향해 나아간다고 주장한다. 더 나아가 메타논리적 이해에 관한 문헌은 주로 논리적 지식과 경험적 지식의 구분에 초점을 맞추고 있지만, 그 밖의 다른 발달적 문헌은 인식론적 이해를 광범위하게 다룬다.

지금까지 제시한 일곱 가지 문헌의 인식론적 측면을 확장하여, 각각 별개의 장으로 정리하여 제시하는 것은 그리 어려운 일이 아닐 것이다. 그리고 이렇게 정리하여 제시된 일곱 개의 장은 읽는 순서에 관계없이 인식론적 인지와 관련된 문헌을 포괄적으로 다루고 있다고 말할 수 있을 것이다. 그러나 어떤 장을 먼저 읽든 별 차이가 없다는 사실은 문제가 된다. 결국 인식론적 인지에 대한 지식은 일곱 가지 문헌을 다 합친 것보다 크지 않을 것이기 때문이다.

인식론적 인지를 제대로 이해하려면 부분적인 단편들의 모음이 아닌, 좀 더 일관된 그림이 필요하다. 더욱이 그 그림이 인식론적 인지를 설명하기 위해서는 단지 인식론적 인지의 기능을 설명하는 것이 아니라, 그 발달을 설명할 수 있어야 한다. 이제 우리는 이러한 모든 문헌의 관련 측면을 고려하면서, 인식론적 인지에 대한 보다 발달적인 설명을 마련하고자 한다.

우리는 먼저 아동의 발달부터 시작하여(5장), 생애 첫 10년 동안의 발달에 대하여 다룬 후, 청소년기와 그 이후의 발달(6장)로 논의를 진전시켜 나갈 것이다. 앞으로 살펴보게 되겠지만, 아동기의 인식론적 발달은 3단계 순서로 나타나는데, 이는 아동기 이후의 발달에서도 나타나는 3단계 순서와 거의 동일한 패턴을 보여 준다. 이는 발달하는 개인이 이 순서를 두 번 이상 거치는지에 대한 의문을 야기한다. 또한 우리는 아동기 이후의 발달이 아동기 초기의 발달에 비해 예측 가능성이 낮고 연령에 덜 영향을 받는다는 점을 확인하게 될 것이다. 이러한 발견은 전 생애에 걸친 발달적 변화 패턴에 대해 더 많은 질문을 제기한다. 게다가 우리는 인식론적 인지가 부분적으로 영역에 따라 기능한다는 점을 보게 될 것인데, 이는 이 책의 제3부에서 우리의 관심을 사로잡을 만한 질문을 던진다.

지금부터 우리는 아동기 초기의 발달에 대해 살펴볼 것이다. 그러나 생애의 맨 처음부터 논의를 시작할 수는 없기에, 우선 논의의 시작점을 찾을 것이다.

5 아동기의 인식론적 발달

발달에는 출발점이 없다. 피아제의 설명(1971a)에 따르면, 인지는 이전의 인지 형태로부터 구성된다. 예를 들어 유아기의 감각운동 인지sensorimotor cognition는 감각운동 자기 조절의 기본 형태에서 발달하며, 이는 훨씬 더 기본적인 형태인 생물학적 자기 조절에서 나타난다. 하지만 인식론적 인지의 발달에 대한 이야기를 시작하기에 가장 좋은 지점은 아동이 대략 4살이 될 무렵이다. 일반적으로 4살 정도가 되면, 아동은 믿음이 거짓일 수 있다는 점을 발견한다. 즉, 그들은 처음으로 진리와 정당화에 대한 인식론적 질문을 제기한다.

그러나 이러한 발견은 누구에게 인식론적 질문을 제기하는가? 적어도 그것은 인식론적 인지의 발달을 연구하는 심리학자들에게 질문을 제기한다. 하지만 이러한 발견이 아동에게도 인식론적 질문을 불러일으키는가? 이 장에서는 4장에서 소개한 두 가지 문헌, 즉 미취학 아동의 초기 마음 이론에 관한 연구, 그리고 아동기 후기의 구성주의자적 마음 이론의 출현에 관한 연구를 함께 살펴볼 것이다. 첫 번째 문헌은 최소한 암묵적으로, 믿음의 거짓 가능성에 대한 인식이 (그것이 무엇이든 간에) 인식론적 질문을 즉각적으로 제기하고 신속하게 해결한다는 점을 가정하고 있다. 이와는 대조적으로 두 번째 문헌은 (메타인지의 다른 측면들이 산재해 있는) 미취학 아동기 이후 인식론적 인지의 발달적 진전에 대해 설명한다. 특히 이러한 문헌들을 통합하고자 한 스콧 밀Scott Mille과 브래드포드 밀러Bradford Pillow의 훌륭한 시도에도 불구하고, 양자는 놀라울 정도로 뚜렷하게 구별된다.

두 가지 문헌을 순서대로 제시하는 것은 아동기의 인식론적 발달에 대한 확장된 그림을 제공한다. 아동이 4세가 될 무렵, 자신의 마음에 대한 이해와 관련하여 근본적인 일이 일어난다는 점은 분명해 보인다. 이 획기적인 사건은 최소한 11~12세까지 확장되며 보통 (다음 장에서 살펴볼 수 있듯이) 그 이후까지 지속되지만, 인식론적 발달의 정점에 이른 것은 아니다. 확장된 발달적 진전에 대해 살펴본 후, 나는 그러한 진전을 설명하는 발달적 과정에 대해 논의하면서 이 장을 마무리할 것이다.

이전 장에서 소개한 두 가지 추가적인 발달 관련 문헌은 이번 장에서 가볍게 언급하고 지나갈 것이다. 그중 하나는 6장의 토대가 되는 아동기 이후의 인식론적 발달에 관한 문헌이다. 또 다른 하나는 아동기 동안 실질적인 발달로 나타나는 메타논리적 이해에 관한 문헌이다. 이 문헌은 논리학의 인식론과 관련하여 7장에서 자세히 논의될 것이다. 그리고 이번 장과 다음 장에서 이루어지는 인식론적 발달에 대한 논의를 보완하고 확장하는 제3부(7장~9장)에서 인식론적 영역에 대한 보다 일반적인 논의를 시작할 것이다.

거짓 믿음의 발견

3장에서 살펴본 바와 같이 최소한 인지 심리학자들 사이에서, 가상의 은행원 린다는 부분 집합 및 확률의 논리에 대한 사람들의 이해와 관련하여 오랫동안 회자될 것이다. 이제 곧 살펴보겠지만 적어도 인지 발달 분야에서, 가상의 인물인 맥시Maxi는 대략 4세쯤부터 믿음이 거짓일 수 있다고 인식하는 아동의 이해와 관련하여 린다의 경우와 유사하게 유명해졌다.

맥시는 하인즈 위머Heinz Wimmer와 조세프 페르너Josef Perner가 지어낸 이야기(1983)에서 처음 등장한다. 맥시는 녹색 찬장에 초콜릿을 넣어두고 밖으로 놀러 나간다. 그가 없는 동안 맥시의 어머니는 녹색 찬장에 있던 초콜릿을 파란색 찬장으로 옮겨 놓았다. 집으로 돌아온 맥시는 초콜릿을 찾는다. 그는 무슨 색 찬장을 찾아볼까? 3세 아동의 대부분, 그리고 이제 막 3세에 접어든 거의 모든 아동은 맥시가 파란색 찬장을 찾아볼 것이라고 대답한다. 왜냐하면 아동 자신이 파란색 찬장에 초콜릿이 있다는 것을 알고 있기 때문이다. 반면에 4세 아동의 대부분, 그리고 사실상 모든 5세 아동은 맥시가 녹색 찬장을 찾아 볼 것이라고 대답한다. 비록 맥시의 믿음이 거짓이기는 하지만, 그는 초콜렛이 녹색 찬장에 있다고 믿기 때문이다. 즉 아동은 믿음이 거짓일 수 있다는 것을 이해한다. 더 나아가 믿음이 실제로 진리인지 허위인지와 상관없이, 사람들은 자신의 믿음에 따라 행동한다는 것도 이해한다.

위에서 설명한 연령에 따른 반응 패턴은 한 번의 실험에서만 나타난 결과가 아니다. 맥시 과제Maxi task는 수천 명의 아동에게 수십 가지로 변형되어 제시되었으며, 그 결과 1983년 이래로 수백 편의 논문에 실리게 되었다. 웰먼Wellman, 크로스Cross, 왓슨Watson(Wellman, Cross, & Watson, 2001)은 맥시 과제와 관련된 연구를 체계적으로 검토한 후, 그 결과를 정리한 그들의 논문에 "거짓 믿음에 대한 진리"라는 제목을 붙였다(Miller, 2012; Pillow, 2012를 참고). 그 진리는 거짓 믿음에 대한 개념이 아동의 네 번째 생일을 전후한 몇 달의 기간 내에 등장한다는 것이다.

우리가 분명히 해야 할 이 연구의 요점은 4세 미만의 어린이는 자신이 가진 모든 믿음이 참이라고 믿는다는 것이다. 만약 허위라는 개념이 없다면, 우리가 어떻게 진리에 대한 개념 혹은 진리에 대한 믿음을 가질 수 있는지 분명하게 설명하기 어렵다. 보다 정확하게 말하자면, 4세 미만의 어린이는 자신의 믿음이 진리 혹은 허위일 것이라는 믿음이 전혀 없다. 그리고 진리 혹은 허위에 대한 개념이 없다면, 우리가 과연 정당화에 대한 개념을 가질 수 있는지 확실하지 않다. 또한 믿음이 거짓일 수 있다는 인식이 없다면, 진리 혹은 정당화에 대한 쟁점도 있을 수 없다. 따라서 다루어져야 할 인식론적 질문이 없기 때문에, 인식론적 인지에 대한 기반 역시 없다. 약 4세 정도에 나타나는 거짓 믿음에 대한 인식은 명백하게 인식론적 인지를 향한 진보를 보여 주는 중요한 성취이며, 의심의 여지없이 인식론적 인지의 기원을 보여 준다.

미취학 아동의 마음 이론

거짓 믿음에 대한 이해가 중요하다고 생각하는 사람은 나뿐만이 아니다. 1980년대 이래로 어떤 사람이 거짓 믿음 과제를 통과했다는 것은 그 사람이 "마음 이론"theory of mind을 가지고 있다는 증거로 여겨져 왔다.

누가 마음 이론을 가지고 있는가? 이 질문은 인지 심리학 문헌에서 "침팬지에게도 마음 이론이 있는가?"(Premack & Woodruff, 1978)라는 제목의 논문에서 다루어진 바 있다. 얼마 지나지 않아 미취학 아동에 대해서도 이와 동일한 질문이 제기되었다. 인간 이외의 유기체가 마음 이론을 가지고 있는지에 대한 질문, 그리고 어린 아동이 언제 마음 이론을 발달시키는지에 대한 질문은 여전히 해답이 나오지 않은 채 남아 있다. 이는 아마 부분적으로, 마음 이론을 정확히 어떻게 정의하고 어떻게 평가할 것인지에 따라 대답이 달라질 것이기 때문이다. 그러나 표준적인 거짓 믿음 과제를 수행하기 위해 마음 이론이 필요하다는 점에 대해서는 학자들 간에 어느 정도 의견일치를 보이고 있다. 맥시를 비롯한 다른 가상의 인물들이 어디를 뒤질 것이며 무엇을 찾을 것이라고 기대하는지를 예측하는 4세 아동의 능력은 우리 종의 구성원들이 일반적으로 4~5세 이전에 마음 이론을 발달시킨다는 점을 명백히 보여 준다. 마음 이론의 출현에 관한 논쟁은 주로 진정한 마음 이론이 4세 미만의 아동이나 다른 종에서도 확인될 수 있는지에 관한 것이다.

인간의 마음 이론이 보다 일찍 발달한다는 점을 보여 주는 사례를 만들어 내기 위해서는 (1) 어린 아동이 마음에 대해 무엇을 이해하고 있는지를 명시해야 하고, (2) 그들이 이해하고 있는 이 지식을 이론이라고 부를 수 있을 만큼 그것이 충분히 조직적이고 설명적이라는 것을 보여 주어야 하며, (3) 이 초기 마음 이론의 어떤 한계점이 어린이로 하여금 거짓 믿음 과제를 통과하지 못하도록 하는지를 설명해야 한다. 예를 들어 헨리 웰먼Henry Wellman(1990)은 일반적으로 3세 어린이의 경우, 행동을 인도하는 욕망desire의 역할(맥시는 초콜릿이 먹고 싶기 때문에, 그것을 찾고자 한다)을 인식하는 마음 이론을 가지고 있지만, 믿음의 역할을 인식하는 데는 실패한다고 주장한다. 그리고 대략 4세 정도가 되어서야 아동의 이론은 행동을 초래하는 믿음의 분명한 역할을 통합할 수 있을 만큼 확장되고, 그 결과 아동들은 거짓 믿음 과제를 통과할 수 있게 된다. 믿음과는 대조적으로, 욕망은 참도 거짓도 아니다. 만약 믿음이 정당화될 수 있고 참이라면 그것은 지식이 될 수 있지만, 진리로서의 지위를 갖지 못하는 욕망은 지식이 아니고 지식이 될 수도 없다. 따라서 마음 이론이 인식론적 질문을 제기하는 수준에 도달하는 나이는 대략 4세 정도인 것으로 보인다.

표준적인 관점의 마음 이론, 즉 약 4세 정도가 되면 마음 이론을 갖게 된다는 주장에 대한 주요 도전은 아주 나이 어린 유아를 대상으로 한 연구 결과에서 비롯된다. 이러한 연구들은 유아조차도 믿음이 거짓일 수 있다는 점을 이해하고 있으며, 더 나아가 마음 이론을 가지고 있다는 점을 보여 주는 거짓 믿음의 심리를 그들이 충분히 이해하고 있다고 주장한다. 이와 관련된 최초의 연구로는 오니시Onishi와 바일라르게온Baillargeon(2005)의 연구를 들 수 있다. 이 연구에서 그들은 불과 15개월 된 유아를 전통적인 마음 이론 연구에서 사용한 것과 유사한 거짓 믿음 시나리오에 노출시켰다. 좀 더 구체적으로 살펴보자면, 유아들은 실험에 등장한 배우가 장난감 수박 조각을 두 장소 중 한 곳에 숨기는 모습을 관찰하였다. 그 후 유아들은 장난감이 놓여 있는 위치에 영향을 주거나 혹은 영향을 주지 않는 변화를 관찰했고, 장난감을 숨긴 배우가 이 변화를 보았거나 혹은 보지 못한 상황도 관찰했다. 따라서 유아들은 장난감 수박 조각이 놓여 있는 위치에 대한 배우의 믿음에 대해, 그리고 그 배우가 장난감을 찾기 위해 어느 곳을 살펴볼 것인가에 대해 추리할 수 있었다. 성인(또는 약 4세의 아동)은 비록 그 배우가 거짓 믿음을 가지고 있을지라도, 장난감이 있을 것으로 배우 자신이 믿는 곳을 찾아볼 것이라고 기대할 것이다. 배우의 행동을 지켜보는 시간을 정밀하게 측정한 결과, 유아는 이러한 기대에 부응하는 경우보다 이를 위반하는 경우를 훨씬 더 오랫동안 지켜보았다. 오니시와 바일라르게온은 이와 같은 결과가 15개월 정도의 어린 유아도 충분히 진보된 마음 이론을 가지고 있다는 점, 즉 이미 그들도 거짓 믿음과 그에 따른 행동에 대하여 성인이 갖는 기대 수준과 동일한 수준의 이론을 가지고 있다는 점을 보여 준다고 해석하였다. 이 연구를 변형하여 수행한 2005년 이후의 여러 연구들은 이와 같은 결과를 반복적으로 확인했다(Buttelmann, Over, Carpenter, & Tomasello, 2014; 이에 대한 검토 및 분석은 Liszkowski, 2013; Miller, 2012; Sodian, 2011 참고).

유아의 마음 이론에 대한 연구는 1980년대 이후 유아의 인지에 대한 연구에 큰 영향력을 발휘해 온 방대한 양의 신생득론neonativist과 관련된 문헌의 일부이다. 이 문헌은 독창적인 연구 방법론, 특히 (일반적으로 관찰 시간을 측정하는) 비언어적인 방법을 사용했으며, 그에 따른 연구 결과들은 거의 모든 발달론자들에게 이전의 많은 이론가들이 주장했던 것보다 유아가 인지적으로 훨씬 더 유능하다는 확신을 주게 되었다. 그러나 유아의 인지에 관한 연구 결과가 적절하게 해석된 것인지에 대해서는 논쟁이 계속되고 있다(일반적인 비평에 대해서는 Allen & Bickhard, 2013 참고; 유아의 마음 이론에 대해서는 Liszkowski, 2013; Miller, 2012; Sodian, 2011 참고).

연구 결과의 해석과 관련하여, 두 가지 극단적인 견해가 존재한다. 한 극단에는 유아가 이미 인간의 기본적인 마음 이론을 갖고 있다는 견해가 있다. 이 견해에 따르면, 우리는 아마도 진화의 과정을 통해 선천적인 마음 이론 모듈이나 혹은 생애 첫해쯤 필연적으로 마음 이론을 생성하는 게놈genome을 제공받은 채 태어난다. 그리고 15

개월 이후에 나타나는 발달은 일반적으로 정보 처리 능력이나 언어 능력뿐이며, 이러한 능력은 나이가 많은 아동으로 하여금 유아기부터 갖고 있던 마음에 대한 지식을 적용하고 실제로 입증하도록 한다. 즉, 약 4세 정도의 아동이 거짓 믿음 과제를 통과하는 모습은 이전부터 가지고 있던 마음 이론을 언어 능력을 통해 보여 주는 것에 불과하다는 것이다. 또 다른 극단에는 유아의 능력에 대한 발견이 단일 척도(관찰 시간)에 너무 강하게 의존해 있고, 더 나아가 발견된 것에 대한 해석이 데이터가 보여 주는 것 이상의 것을 추리하고 있는 인위적인 결과라는 견해가 있다. 이 견해에 따르면, 유아가 다른 것보다 어떤 것을 더 오래 쳐다본다는 사실 그 자체는 그들이 무엇을 이해하는지에 대해 우리에게 알려주는 것이 아무 것도 없다.

보다 그럴듯한 중간 지점의 견해는 유아가 마음과 지식에 대한 순수하면서도 인상적인 지식을 가지고 있지만, 신생득론 지지자들이 주장하는 수준만큼 그 지식을 이해하지는 못한다는 것이다. 유아들이 가진 초기의 역량과 그 이후의 발달 모두를 지지하는 경험적 증거들이 있다. 이 견해에 따르면, 마음 이론은 유아기와 종의 진화에 중요한 뿌리를 두고 있을 뿐만 아니라, 유아기 이후의 주요 발달적 전환을 보여 주는 개념적 이해 구조이다. (이 장의 뒷부분에서 다시 설명하겠지만) 이 견해와 관련하여 특히 그럴듯한 설명 방식은, 발달이란 이전에는 자신의 행동에서 암묵적이었던 것을 명시적인 지식으로 생성해 내는 지속적인 성찰의 과정이라는 것이다. 유아는 마음에 대한 직관적 통찰을 토대로 행동할 수 있으며, 이는 통계적으로 감지할 수 있는 관찰된 행동의 차이로 이어진다. 그러나 마음에 대한 그들의 지식은 몇 년이 지나서야만 비로서 거짓 믿음과 같은 정신적 현상을 이해하고 설명할 수 있으며, 아직 충분히 명시적이지 않을 수 있다. 즉, 유아의 행동을 설명하는 마음 이론은 그 행동을 연구하는 심리학자들의 마음속에서만 명시적일 수 있다. 아동은 일정 시간이 흐른 후에야 자신의 행동과 다른 사람의 행동을 설명하는 데 사용할 수 있는 마음 이론을 갖게 되며, 이 명시적인 이론은 4세가 되어서야만 거짓 믿음이라는 현상을 포괄하게 된다.

그러나 명시적 이론은 어디선지 모르는 곳에서 나오는 것이 아니고, 아동의 외부에서 나타나는 것도 아니다. 그것은 이전에는 암묵적이었던 것들에 대한 성찰의 결과이다.

3세 아동이 보여준 역량과 유아기 연구에서 발견한 놀랍고도 흥미로운 증거들에도 불구하고, 표준적인 마음 이론을 지지하는 이론가들은 '마음 이론은 4세까지는 아직 충분히 성숙하지 않는다'라는 주장을 성공적으로 유지해 왔다. 그러나 유아의 초기 역량에 대한 여러 주장에 맞서 전통적인 견해를 유지하고자 하는 지속적인 노력은 아마 '마음 이론은 근본적으로 4세에 최종 성숙의 상태에 도달한다'라는 의심스러운 가정을 강화하는 데 일조했을 것이다. 신생득주의자들의 주장과는 대조적으로, 이들에게 있어 4세까지의 진전은 진정한 개념적 발달이지만, 이후의 진전은 대부분 4세까지 성취한 이해를 적용한 것으로 간주된다.

그러나 이 가정에는 의문의 여지가 있다. 비록 4세 아동이 대부분의 3세 아동은 인식할 수 없는 성숙의 상태에 보편적으로 도달한다고 하더라도, 그게 전부일까?

구성주의자적 마음 이론

마음 이론 관련하여 앞으로 발전 가능성이 인정되는 연구로는 2차적 거짓 믿음second-order false belief에 대한 연구가 있다. 2차적 거짓 믿음이란 '사람들은 타인의 믿음에 대해 거짓 믿음을 가질 수 있다'는 것을 이해하는 것을 의미한다. 4세의 아동은 다양한 실재(예: 초콜릿이 놓여 있는 위치 등)에 대한 믿음이 거짓일 수 있음을 인식할 수 있다. 하지만 그들은 5~6세가 되어서야 2차적 거짓 믿음에 대해 이해하게 된다(Miller, 2012). 2차적 거짓 믿음에 대한 연구는 마음 이론 문헌을 확장하는 중요한 연구이다. 하지만 아동기 이후의 인지 발달에 관심이 있는 발달론자들은 2차적 거짓 믿음에 대한 연구만으로는 충분하지 않다고 생각한다. 많은 사람들은 4세 이상의 아동들이 단순히 거짓 믿음에 대한 자신의 이해를 정교하게 설명하는 것에서 그치는 것만은 아니라고 주장해 왔다. 그들에 따르면, 어린이들은 구성주의자적 마음 이론constructivist theories of mind을 발달시키고 있다.

미취학 아동기 이후 구성주의자적 마음 이론의 발달에 관한 문헌이 마음 이론 관련 문헌과 뚜렷하게 구별되는 것은 아니나, 문헌 간의 일관성은 매우 떨어진다. 이러한 문헌들을 서로 통합하려는 노력, 그리고 거짓 믿음 관련 문헌과 통합하려는 최근의 노력에도 불구하고(Miller, 2012; Pillow, 2012), 사실 양자는 각각 별개의 문헌으로 간주될 수 있다. 이번 장의 목적을 위해 나는 이 문헌의 인식론적 측면에 초점을 맞출 것이고, 더 나아가 아동기에 대한 관심을 유지할 것이다(청소년기에 대한 관심은 다음 장을 위해 남겨 두고자 한다).

아마도 아동기 후기의 인식론적 발달에 관한 가장 중요한 연구 프로그램은 아동의 주관성subjectivity에 대한 지식의 발달 및 해석적 다양성interpretive diversity에 대한 인식의 증가에 관한 마이클 챈들러Michael Chandler와 동료들의 연구일 것이다(Carpendale & Chandler 1996; Lalonde & Chandler, 2002). 예를 들어 카펜데일Carpendale과 챈들러(1996)는 표준적인 거짓 믿음 과제를 통과한 5~8세 사이의 아동을 대상으로, 아동기 초기의 마음 이론을 넘어서는 발달을 평가했다. 이 아동들에게는 새로운 과제가 주어졌는데, 그 과제에는 해석의 문제와 관련하여 서로 의견이 일치하지 않는 두 인형이 등장했다.

그리고 세 가지 종류의 주요 과제가 제시되었다. 첫 번째 과제 모음에는 오리나 토끼임을 쉽게 알 수 있지만 분명하지는 않은 모호한 형상이 등장했다. 두 번째로 제시된 과제 모음에는 "wait for a ring"과 같이 전화 벨소리ring나 반지ring 착용으로 해석될 수 있는 어휘적으로 모호한 표현이 포함되어 있었다. 세 번째 과제 모음에는 하나의 조건을 제거하면 두 가지 가능성이 남는 모호한 참조적 의사소통referential communication 과제가 포함되어 있었다. 더 나아가 두 가지 종류의 통제 과제가 아동들에게 제시되었다. 그중 하나에서는 두 인형 외의 또 다른 인형이 등장하여 오리와 토끼를 코끼리라고 해석하는 것과 같은 비정상적인 해석이 제시되었다. 또 다른 통제과제에서는 해석의 문제에 대한 의견 불일치가 아닌, 수프의 맛이 "좋은지" 아니면 "좋지 않은지"와 같은 맛의 문제에 대해 의견이 일치하지 않는 상황이 주어졌다.

이 연구의 결과는 미취학 아동기 이후, 진리와 정당화의 문제와 관련된 마음 이론의 인식론적 측면의 발달을 보여 주었다. 5세와 6세의 아동은 취향의 차이에 대해서는 어느 정도 인식하고 설명할 수 있었다. 하지만 그들 대부분은 여러 과제에 부여된 다양한 해석의 정당성을 이해하지는 못하는 것처럼 보였다. 이와는 대조적으로 7세와 8세의 어린이들은 일반적으로 상황의 모호한 특성을 고려하여 두 가지 해석이 모두 합리적이라는 점, 그리고 새롭게 등장한 인형의 반응의 경우 예상하기 어렵다는 점을 인식하고 설명했다. 더 나아가 그들은 새롭게 등장한 인형이 제시한 비정상적인 해석이 합리적이지 않다는 점도 인식했다. 아동들이 보여준 이러한 설명은 해석의 문제가 해석 대상에 관한 증거와 이유에 기초해야 하며, 따라서 이러한 방식으로는 정당화될 수 없는 취향의 문제와 해석의 문제는 다르다는 인식이 7세와 8세 어린이들에게 새롭게 출현한다는 점을 보여 준다.

이와 관련된 또 다른 연구(Pillow & Henrichon, 1996; Rowley & Robinson, 2007; 검토를 위해서는 Chandler et al., 2002; Miller, 2012; Pillow, 2012 참고)들을 함께 고려해 볼 때, 위의 연구 결과는 아동기 후기의 구성주의자적 마음 이론의 발달이 '믿음은 참일 수도 있고 거짓일 수도 있다'는 점을 이해하는 4세 때의 인식을 넘어 두 단계의 순서를 포함한다는 점을 시사한다. 먼저 빠르면 5세부터 '취향의 문제에 대한 주관적 선호는 참도 거짓도 아니다'라는 인식이 시작된다. 그리고 약 7세부터 '해석의 문제에서 정당화가 완전히 개인적이거나 자의적이지 않으며, 또 확정적이지 않을 수 있다'는 인식이 점점 더 커진다. 마음의 구성주의적인 본성을 고려해 볼 때 해석의 다양성이 예상되지만, (어린이들이 점차 이해해 가는) 그러한 다양성이 궁극적이면서도 협상 불가능한 주관성과 반드시 연관될 필요는 없다. 이와는 반대로 순수한 상상의 행위가 아닌 해석으로서의 자격을 갖추기 위해, 어떤 대상에 대한 해석은 어떠한 방식으로든 그 대상에 대해 참이어야 한다. 해석은 능동적인 마음에 의한 동화라는 주관적인 측면도 있지만, 실재를 수용하기 위한 조절이라는 객관적인 측면도 있다. 아동기 후기의 발달은 주관성에 대한 인식이 증가하는 것뿐만 아니라, 주관성과 객관성의 조정이 증가하는 것도 포함된다.

아동기 후기의 구성주의자적 마음 이론의 출현에 관한 또 다른 연구 프로그램으로는 폴라 슈와넨플루겔Paula Schwanenflugel, 윌리엄 파브리시우스William Fabricius, 그리고 그 동료들이 수행한 연구가 있다(Schwanenflugel, Fabricius, & Alexander, 1994; Schwanenflugel. Fabricius, & Noyes, 1996; Schwanenflugel, Henderson, & Fabricius, 1998; 검토를 위해서는 Fabricius & Schwanenflugel, 1994; Miller, 2012; Pillow, 2012 참고). 슈와넨플루겔과 파브리시우스는 인지의 조직과 다양한 인지 활동의 상호 관계에 대한 지식의 발달을 연구했다. 이를 위해 그들은 어린이들에게 다양한 인지 활동을 비교하도록 요청한 후, 그들의 반응을 통계적으로 분석하여 인식된 유사점과 차이점의 패턴을 식별하였다. 그들이 내린 결론은 구성주의자적 마음 이론을 향한 진전, 즉 마음을 정보의 능동적인 처리자로 점점 더 이해하고, 해석의 다양성 및 확실성의 정도에 마음이 미치는 영향을 점차 인식하는 것이 아동기 후기에 일어난다는 것이다.

특히 6세쯤 추리를 지식의 원천으로 인식하는 것부터 시작되는(Rai & Mitchell, 2006; Sodian & Wimmer, 1987) 추리와 추론의 인식론적 측면에 대한 어린이의 지식 발달과 관련된 연구로는 피아제가 수행한 중요한 연구, 최근에 수행된 스콧 밀러Scott Mille와 브래드포드 필로우Bradford Pillow의 연구, 그리고 그 밖의 연구들이 있다(Miller, 1986; Miller, Custer, & Nassau, 2000; Piaget, 1941/1965a, 1987, 2001; Piéraut-Le Bonniec, 1980; Pillow, 2002; Pillow & Anderson, 2006; Smith, 1993). 이 연구들의 주요 관심사는 진리와 정당화의 개념과 관련하여 과학과 구별되는 논리적 필연성에 대한 이해의 발달에 대한 것이다(Moshman, 1990, 2014). 이 연구들은 인식론적 영역에 대한 체계적인 고찰을 시작하는 7장에서 자세히 논의할 것이다.

세실리아 웨인립Cecilia Wainryb과 동료들은 아동기 초기부터 인식론적 영역들을 구별하는 것이 가능하다는 점을 보여 주는 연구를 제시한 바 있다(Wainryb et al., 2004). 그들은 4세에서 9세 사이의 어린이들에게 취향, 사실, 그리고 도덕성의 문제가 내포된 질문과 관련하여 나타나는 의견의 차이를 제시하였다. 모든 연령대의 어린이들은 사실(예: 연필을 놓았을 때, 연필은 "위로 올라갈까?" 아니면 "아래로 떨어질까?")에 대한 질문과 도덕성(예: 친구를 때리고 발로 차는 것은 "해도 괜찮은 행동일까?" 아니면 "잘못된 행동일까?")에 대한 질문에는 하나의 정답이 있다고 주장했다. 그러나 초콜릿 아이스크림이 "맛있다" 혹은 "구역질 난다"와 같은 맛의 문제의 경우, 일부 나이 어린 아동들은 두 가지 의견이 모두 타당하다고 보았으며 취향의 주관성을 토대로 자신의 생각을 정당화했다. 취향의 다양성이 정당하다는 생각을 기초로 주관성을 인정하는 모습은 연령이 높아짐에 따라 증가했다. 즉, 어린이들은 점차 취향의 문제와 사실 및 도덕의 문제를 구별하였다. 이 연구는 인식론적 영역에 대한 연구를 논리의 영역을 넘어 보다 확장시키고, 발달론적 그림을 더욱 복잡하게 한다. 이 문제에 대해서는 제3부(7~9장)에서 다시 다룰 것이다.

그렇다면, 아동은 청소년기에 접어들면서 일반적으로 구성주의자적 마음 이론과 인식론적 영역에 대한 차별화된 개념화를 이루었거나, 아니면 적어도 그것들에 대한 상당한 진전을 이루었음이 분명하다. 아동기에 걸친 이 확장된 발달의 그림을 살펴보면서, 우리는 이러한 발달을 설명하는 변화의 과정에 대해 무엇을 말할 수 있는가? 이제 우리는 발달적 과정에 대한 근본적인 질문으로 돌아가고자 한다.

인식론적 발달의 과정

인식론적 발달을 포함하는 인지 발달에 관한 연구는 일반적으로 인지 과제 수행에 있어 연령에 따른 차이를 설명하고자 한다. 발달적 변화가 직접적으로 다루어지는 정도에 따라, 이러한 연구는 일반적으로 변화와 상관관계가 있는 요인, 그리고 변화에 영향을 미치는 요인을 식별하는 데 중점을 둔다. 그러나 인지의 변환을 보여 주는 인지적·사회적 과정에 관한 연구나 이론은 매우 적고, 인식론적 인지의 발달 과정과 직접적으로 관련이 있는 연구나 이론은 거의 없다(그러나 메타인지 발달의 일반적인 과정에 대해서는 Pillow, 2012 참고).

인지 발달 과정과 관련하여 가장 잘 알려진 이론으로는 피아제의 평형화equilibration 이론이 있다. 이 이론은 그의 초기 저술에서 중요한 부분을 차지했으며, 그의 연구 전반에 걸쳐 지속적으로 정교화되고 보완되었다(이론의 최종 형태에 대해서는 Piaget, 1985 참고). 일반적인 수준에서, 피아제의 평형화 이론은 인식론적 발달을 설명하는 데 쉽게 적용된다. 아동들은 타인의 행동에 대한 관찰 및 자신의 정신 활동에 대한 현상학적 인식을 포함하여, 정신적 설명이 요구되는 현상을 설명하기 위해 마음 이론을 구성한다(Pillow, 2012). 대체로 우리가 지닌 이론은 우리가 관찰한 것을 결정한다. 따라서 우리의 관찰은 일반적으로 우리의 이론과 일치하여 우리를 평형 상태equilibrium에 있게 한다. 그러나 때때로 우리의 행동과 환경은 우리로 하여금 우리의 이론과 일치하지 않는 피드백을 받도록 한다. 이 상황을 마음 이론을 토대로 설명하자면, 믿음이 거짓일 수 있다는 인식을 포함하지 않는 이론은 어린 아동의 사회적 환경 속에서 설명할 수 없는 행동에 대한 당혹감을 필연적으로 초래할 수밖에 없다. 예를 들어 우리가 더 이상 존재하지 않는다는 것을 알고 있는 무언가를 다른 아이가 찾고 있는 것처럼 말이다. 이러한 비평형 상태disequilibrium는 이를 설명하고 초월할 수 있는 새로운 정신 이론을 구성하도록 동기를 부여한다. 참된 믿음과 거짓 믿음 간의 구별이 가능하도록 새롭게 내 마음 이론을 수정하면, 그것은 나의 이전 이론이 설명할 수 있는 모든 것, 그리고 (예를 들어 왜 사람들이 때때로 명백하게 잘못된 위치에서 무언가를 찾는지와 같은) 그 이상을 설명할 수 있는 보다 적절한 이론으로 변모하게 된다. 따라서 이론을 수정하는 과정은 평형 상태를 회복할 뿐만 아니라, 그 이론을 더 높은 수준으로 끌어올리는 평형화의 과정이라고 말할 수 있다. 하지만 그 수준은 고작 4세 수준에 불과하다. 더 많은 인지적·사회적 행동과 경험은 이론의 추가적인 재구성을 요구하는 새로운 비평형을 가져올 것이다. 주관성에 대한 더 많은 인식, 주관성과 객관성의 더 나은 조정, 정당화에 대한 보다 더 큰 이해, 그리고 진리의 재개념화를 포함하도록 말이다. 그리하여 우리는 평형화를 통해 발달적 진보를 이룬다.

보다 구체적인 수준에서, 평형화 이론은 인식론적 발달에 중요한 것으로 고려되는 성찰, 조정, 사회적 상호작용의 과정을 강조한다. 이제 나는 각각을 차례대로 설명할 것이다.

먼저 성찰reflection은 추상화와 의식적인 자각consciousness이라는 메타인지적이면서도 발달적인 과정으로, 이전에는 암묵적이었던 것을 명시적으로 만든다(Moshman, 1990; Piaget, 2001). 우리는 인식론적 인지가 유아기부터 나타난다고 함부로 말하는 것을 경계해야 하지만, 그렇다고 해서 유아의 행동이 타인의 관점에 대한 민감한 기대 반응을 보여 준다는 점을 부정할 이유도 없다. 이러한 기대 반응에 대한 성찰은 마음 이론의 초기 구성을 가능하게 하며, 마음 이론에 대한 추가적인 성찰은 이후 그 마음 이론의 수정을 가능하게 할 수 있다. 우리는 7장에서 우리의 추리에 암묵적으로 내재되어 있는 논리적 연결에 대한 아동기의 성찰이 어떻게 논리적 필연성에 대한 명시적 개념의 기초가 될 수 있는지, 그리고 논리적 필연성에 대한 추가적인 성찰이 어떻게 가설적 추리의 타당성에 대한 이해의 기초가 될 수 있는지에 대해 살펴볼 것이다.

조정coordination은 이전의 구조를 보다 고차적인 구조로 만들어 내는 발달적 과정이다. 인식론적 발달과 관련된 핵심적인 과제는 주관성과 객관성을 차별화하는 것,

그리고 그 이후의 조정이다. 앞서 살펴본 바와 같이, 이는 아동기에 나타나는 해석에 대한 이해의 발달에 반영되어 있다. 즉 아동은 해석이 하나 이상의 정당한 결과를 가져올 수 있지만, 그럼에도 불구하고 어떤 의미에서는 해석이 해석 대상에 대해 참이어야만 하는 주관적인 과정임을 이해하게 된다. 그러나 다음 장에서 살펴보겠지만, 아동기 후기에 달성되는 평형 상태는 청소년기와 그 이후의 삶의 경험으로 인해 종종 동요하게 된다.

사회적 상호작용social interaction은 아마 성찰과 조정, 그리고 이에 따른 평형화의 맥락에서 인식론적 발달에 매우 중요할 것이다. 우리는 다른 사람들과 교류하면서 다양한 주장과 정당화를 접하게 된다. 이때 우리는 그들에게 자신의 생각을 표현하고 옹호해야 한다. 그리고 이 과정에서 다양한 관점을 조정해야 한다고 느끼게 된다. 이는 주관성, 정당성, 그리고 진리에 대한 더 많은 성찰로 이어질 수 있다.

동료 상호작용peer interaction, 즉 동료들 간의 사회적 상호작용은 인식론적 인지에 특히 중요할 것으로 보인다. 왜냐하면 동료들 간의 의견 차이는 권위에 대한 존중이나 권력 행사를 통해 해결되지 않으며, 따라서 능동적인 관점의 조정 및 정당화와 진리에 대한 성찰을 필요로 하기 때문이다. 아동들이 상호작용할 때, 성인은 상호작용을 규제하고 유용한 정보를 제공하는 데 도움을 줄 수 있다. 전문가의 지도와 의견, 예컨대 아동들에게 전문적인 인식론자가 과업을 수행하는 과정을 참고할 수 있는 기회를 제공하는 것은 보다 진보된 인식론적 발달에 도움을 줄 수 있다. 그러나 어떤 수준에 위치한 사람이든 간에, 인식론적 발달은 단순히 부모나 교사, 철학자가 가르친 인식론적 진리를 내면화함으로써 이루어지는 것이 아니다. 우리는 사회적 상호작용, 특히 동료 상호작용의 과정에서 인식론적 인지를 구성한다.

이와 같이 구성주의자적 개념은 인식론적 인지가 단순히 전문가로부터 배움으로써 발달하는 것이 아니라는 점을 일깨워 준다. 인식론적 인지는 자기규제적인 발달적 과정이다. 또한 인식론적 발달은 단순히 선천적으로 이미 형성되어 있는 성숙의 상태를 생성해 내는 성숙의 과정이 아니라는 점을 말해 준다. 구성주의자적 관점은 아동기 이후에 보다 더 발달할 수 있는 가능성을 열어 두고 있다. 하지만 아동기 이후의 진전이 불가피하다던가, 혹은 그러한 진보가 필연적으로 향하는, 누구나 보편적으로 달성하는 완숙의 상태가 있다고 가정하지는 않는다. 다음 장에서 살펴보겠지만, 발달에 대한 이와 같은 생각은 청소년과 성인의 인식론적 인지를 이해하는 데 매우 중요하다.

결론

마음 이론은 첫돌을 갓 넘긴 유아들을 대상으로 활발히 연구되어 왔다. 연구자들은 거짓 믿음 과제에 대한 유아들의 반응에서 우리가 선천적으로 마음 이론을 가지고 태어난다는 점을 확인하는 데 성공했다고 주장한다. 즉 마음 이론의 기원과 발달에 관한 많은 논쟁은 그것이 본질적으로 선천적이어서 유아의 행동에서도 드러나는지, 아니면 생후 4년에 걸쳐 마음 이론이 발달하여 약 4세쯤에 성인 수준의 마음 이론이 등장하는지에 초점이 맞추어져 있다. 하지만 주관성, 해석, 정당화, 필연성, 진리와 관련하여 나이가 많은 어린이를 대상으로 수행된 연구는 취학 전 아동기 이후를 넘어 오랜 기간 동안 진행되는 중요한 발달적 변화를 보여 준다. 마음의 해석적이면서도 구성적인 본질을 이해하는 것은 아동에게 있어 지속적인 도전이다. 즉 정신적 과정 및 그 산물에 대한 주관적 이해의 진전은 아동기 내내 이루어진다. 아동기 후기에는 해석의 문제가 비록 주관적이지만 해석 대상에 대해 참이어야 한다는, 해석에 대한 이해의 진전이 나타난다. 참인 해석이 단 하나만 존재하지는 않더라도(내가 보기에는 이 그림이 토끼처럼 보이지만, 오리라고 볼 수 있는 합리적인 이유가 있다), 모든 것이 참이지는 않는다(그러나 이 그림을 코끼리라고 부를 만한 정당한 이유는 없다). 게다가 6살 정도가 되면, 아동은 논리적 필연성과 불가능성을 점점 더 인식하고 이해하게 된다.

미취학 아동의 인식론적 인지와 비교하여 볼 때, 10세 어린이는 매우 정교한 이해 수준을 보여 준다. 이는 우리가 인식론적 인지와 관련하여 무엇을 더 발달시켜야 할지에 대한 궁금증을 불러일으킨다. 앞으로 살펴보겠지만, 인식론적 발달을 위한 여지는 충분하다. 더 나아가 인식론적 인지는 아동기 이후에도 오랫동안 계속해서 발달한다는 많은 증거들이 존재한다.

6 아동기 이후의 인식론적 발달

발달 심리학의 여러 분야에서 나타나는 바와 마찬가지로, 아동기의 인식론적 발달을 진지하게 살펴보면 아동의 인식론적 이해가 매우 정교하게 진전되어가는 인상적인 그림을 확인할 수 있다. 이는 다음과 같은 질문을 불러일으킨다. 인식론적 인지와 관련하여, 우리는 무엇을 더 발달시켜야 하는가?

그러나 우리가 앞서 살펴본 바와 같이, 인식론적 인지에 대한 연구는 윌리엄 페리(1970/1999)가 대학생을 대상으로 수행한 연구에서 시작되었으며, 이는 청소년과 성인을 대상으로 한 매우 흥미롭고 유용한 여러 연구 프로그램으로 이어졌다. 이번 장에서 나는 페리의 독창적인 연구 외에도 킹과 키치너, 맨스필드와 클린치, 챈들러, 쿤의 연구를 살펴볼 것이다.

다행스럽게도 이 다섯 가지 연구 프로그램은 서로를 잘 보완하고 있고, 더 나아가 진보된 인식론적 발달의 표준적인 3단계로 수렴된다. 페리의 연구를 살펴보면서, 우리는 인식론적 발달이 아동기 이후 오랫동안 계속된다는 점을 수용할 것이다. 그리고 킹과 키치너의 연구를 통해, 우리는 인식론적 인지의 개념을 보다 넓은 메타인지의 맥락에서 성찰적 인지reflective cognition로 받아들일 것이다. 또한 우리는 맨스필드와 클린치의 연구로부터 인식론적 발달의 중요한 이론적 개념, 즉 주관성에 대한 인식, 그리고 이에 따른 주관성과 객관성의 조정을 확인할 것이다. 뿐만 아니라 우리는 챈들러의 연구를 토대로 청소년 발달이라는 보다 넓은 맥락에서 진보된 인식론적 발달에 대한 관점을 살펴볼 것이다. 그리고 끝으로 쿤의 연구를 살펴보면서, 추론의 중심에 위치한 인식론적 인지와 그 발달에 대한 개념을 확인할 것이다. 지금까지 언급한 것들을 종합하면, 우리는 지식과 정당화에 대한 객관주의자적 개념에서 주관주의자적 개념으로, 그리고 메타주관주의자적 개념으로 진전되어 가는 진보된 인식론적 발달에 대한 풍부한 그림을 확인할 수 있다.

그러나 위와 같은 설명은 즉시 다음과 같은 문제를 제기한다. 이 순서는 우리가 아동기의 인식론적 발달에서 확인하였던 것과 동일한 순서가 아닌가? 나이 많은 어린이들은 이미 주관성에 대한 이해를 획득하였지 않은가? 그렇다면 나이 어린 청소년들이 주관성에 대한 이해를 이제 막 발달시키고 있다고 말할 수 있는가? 이에 나는 인식론적 발달의 반복되는 패턴에 대한 우려를 해결하기 위해, 챈들러(2002)의 주장을 따라 일련의 두 순환기를 제안하면서 이번 장을 마무리하고자 한다.

대학생을 대상으로 한 페리의 연구

윌리엄 페리(1913－1998)는 1947년 하버드 대학교 연구 위원회를 설립하고 수년간 책임자로 재직하면서 하버드 대학교 학생들의 상담을 담당하는 직원들을 지도했다. 그는 대학생의 발달을 연구하고 촉진하는 주요 인물이었으며, 그의 연구는 여전히 대학생 발달 연구 분야에 큰 영향력을 미치고 있다. 그의 연구 성과는 우리에게 매우 중요하다. 왜냐하면 그가 대학생의 발달과 관련하여 알아낸 상당 부분의 것들이 인식론적 발달과 관련이 있기 때문이다. 하지만 그는 정작 자신의 연구에서 인식론적 발달이라는 용어를 사용하기 않았고, 인식론을 직접 언급한 경우도 거의 없었다.

페리의 주요 연구는 1968년에 연구 보고서로 발표되었고, 1970년에 책으로 출판

되었으며, 이후 1999년에 크네펠캠프L. Lee Knefelcamp의 새로운 서문이 추가되어 재발행되었다(Perry, 1970/1999). 1954년부터 1963년까지 페리와 그의 동료들은 140명의 학생(4년 동안 대학에 다녔던 84명 포함)을 대상으로 연례적으로 최대 4번 인터뷰를 실시했다. 인터뷰 대상자는 대부분 하버드 대학교 출신의 젊은 남성이었지만, 래드클리프 대학교 출신의 젊은 여성도 일부 포함되어 있었다. 학생들은 의도적으로 구조화되지 않은 개방형 인터뷰에 참여하였고, 대학에서의 교육 경험에 대해 이야기하도록 요청받았다. 인터뷰 진행자는 주로 학생들이 자신의 경험을 자세히 설명하도록 유도하는 역할을 수행하였다. 인터뷰 내용을 분석한 결과, 페리와 동료들은 자연스러운 진전을 형성하고 있는 것으로 보이는 아홉 가지의 "입장"positions을 확인하였다. 즉 학생들은 서로 다른 속도와 서로 다른 정도로 각각의 입장들을 통과하였으며, 발달을 중단하거나 이전 수준으로 회귀하기도 했다.

처음 세 가지 입장은 점점 더 복잡해지는 이원론의 형태로 나타났다. 입장 1을 지닌 "학생은 양극단의 관점(우리−옳다−좋다 vs. 타인−그르다−나쁘다)에서 세상을 바라본다. 그들은 모든 것들에 대한 정답이 권위자에게 알려진 절대적인 것 안에 존재한다고 생각한다"(p. 10). 입장 2를 지닌 "학생은 의견의 다양성과 불확실성을 인식하며, 이를 자격을 갖추지 못한 권위자들 간의 불필요한 혼란이나 혹은 '우리가 스스로 답을 찾는 법을 배울 수 있도록' 권위자가 정해 놓은 한낱 연습에 불과한 것으로 설명한다"(p. 10). 입장 3을 지닌 "학생은 권위자가 '아직 답을 찾지 못한' 영역에서의 다양성과 불확실성은 적법한 것이지만, 그것 역시 여전히 **일시적인 것**이라고 생각한다"(p. 10). 경험적 증거에 따르면, 거의 모든 (적어도 하버드 대학교의) 학생들은 최소한 입장 2에 도달해 있으며, 대부분은 입장 3 혹은 그 이상에서 대학 생활을 시작한다. 그러나 대학생들이 가장 단순한 의미에서의 이원론자는 아닐지라도, 많은 사람들이 이원론적 입장에서 대학 생활을 시작한다.

입장 4를 지닌 학생은 입장 2에서 입장 3으로 전환되는 과정에서 나타나는 다양성을 더 이상 무시하거나 고려의 대상에서 제외하지 않으며, 그것들에 대해 대충 둘러대지도 않는다. 그들이 보이는 일반적인 반응은 두 가지 인식론적 영역을 구별하는 것이다. "학생은 적법한 불확실성(그렇기 때문에 나타나는 의견의 다양성)이 광범위하다는 점을 인식하며", "여전히 옳고 그름을 지배하는 권위자의 영역"과 이와는 구별되는 "'누구나 자신의 의견을 가질 권리가 있는' … 구조화되지 않은 인식론적 영역"(p. 11)을 상정한다. 또한 입장 4의 대안적인 방식으로 "학생은 권위자의 영역 안에서 '자신이 원하는 것'의 특별한 경우인 질적이고 맥락적인 상대주의적 추론을 발견한다"(p. 11).

입장 5는 "과격한 혁명"으로 나타나는데, 학생들은 "모든 지식을 맥락적이고 상대적인 것으로 급진적으로 재인식한다"(p. 121). 옳음과 그름, 진리와 허위의 이원론적 구별은 이제 특별한 맥락의 특별한 경우에만 적용된다. "상대주의는 모든 사고, 모든 지식, 인간과 세계와의 모든 관계에서 공통된 특성으로 인식된다"(p. 123).

입장 6~9는 헌신, 책임, 믿음, 선택의 문제가 포함되며, 에릭슨(1968)에 의해 논의된 개인적 정체성의 형성으로 끝을 맺는다. 입장 6을 지닌 "학생은 어떤 형태의 개인적 헌신을 통해 상대론적인 세계에서 자신을 정향해야 할 필연성을 이해한다." 이는 입장 7로 이어지는데, 입장 7을 지닌 "학생은 어떤 영역에서 초기의 헌신을 만들어 낸다." 그 후, 입장 8을 지닌 학생은 그러한 헌신과 관련된 "책임의 문제를 탐구"하는데, 이는 "정체성에 대해 확언"하는 입장 9를 이끌어 낸다.

책 제목에서 알 수 있듯이, 페리의 관심사는 "윤리적·지적 발달"이었다. 그가 말하는 지적 발달은 단순히 지적 능력(일반 지능, 작업 기억, 실행 기능 등)의 양적 증가를 의미하는 것이 아니다. 오히려 페리는 피아제와 같이 지적 발달을 질적인 측면에서 개념화했다. 피아제와는 대조적으로, 페리의 아홉 가지 입장은 논리적 단계가 아니며, 따라서 일종의 형식 논리로 끝나지 않는다. 그러나 피아제처럼, 그도 사고에 대해 사고하는 것, 즉 우리가 메타인지라고 부르는 것에 관심을 가졌다. 페리는 인간을 유인원과 구별하는 것은 "이성"이 아니라 "개념에 대해 개념화하고 자신의 생각에 대해 사고하는" 능력인 "메타이성"metareason이라고 제안했다(p. 37).

페리가 제시한 처음 다섯 가지의 입장은 단순히 메타인지적인 것만은 아니다. 비록 페리가 인식론적 인지나 인식론적 발달을 구체적으로 언급하지 않았고 인식론이란 용어를 전혀 언급하지 않았지만, 그가 제시한 처음 다섯 가지의 입장은 분명히 구별되는 인식론적 인지의 수준을 나타낸다. 페리가 "윤리적·지적 발달"이라는 평범한 제목하에서 무엇을 찾으려고 했든, 그가 발견한 것은 대학생들이 인식론적 문제에 깊은 관심을 가지고 있었고, 더 나아가 대학교에서의 경험에 대한 개방적인 토론을 통해 자발적으로 진리와 정당화의 문제를 제기했다는 것이다. 따라서 대학생의 발달에 관한 문헌에 인식론적 인지를 도입한 건 페리의 연구에 참가한 대학생들이라고 말할 수 있다.

하지만 마지막 네 가지 입장은 전혀 인식론적인 것처럼 보이지 않는다. 오히려 이 네 가지 입장은 타인에게 정당화할 필요가 없는 헌신, 책임, 믿음, 선택과 같은 개인적인 문제를 수반하는 정체성의 진전을 보여주고 있다. 그리고 자신에게 참인 정체성을 형성한다는 개인적인 의미를 제외하고는, 진리에 대하여 의문을 제기하지 않는 것 같다(정체성의 인식론에 대한 자세한 내용은 9장을 참고). 그렇다면 페리의 기획에서 인식론적 인지는 입장 5인 맥락적 상대주의에서 끝나게 되는데, 이는 페리가 학문적 토대를 두고 있는 존 듀이John Dewey 및 그 밖의 학자들(p. 226)의 현대 맥락주의적 실용주의pragmatism, 그리고 이에 상응하는 인식론과 연관된다(pp. 227–228). 페리가 제시한 입장 5 이후의 발달은 인식론적이라기보다는 실존적이다.

따라서 페리에게 인식론적 발달의 종점은 맥락적 상대주의contextual relativism이다. 그러나 맥락적 상대주의는 인식론, 그리고 인식론적 발달의 종점이 되기에는 심각한 문제점을 안고 있다. 인식론적인 측면에서 볼 때, 대부분의 철학자들은 급진적인 형태의 상황주의와 상대주의가 역설적이라는 점에서 이것들을 거부한다. 왜냐하면 상황주의와 상대주의에서의 진리는 일반적인 방식 혹은 보편적인 방식으로 상황주의와 상대주의의 기본 가정을 약화시키기 때문이다(Siegel, 1987). 그리고 이제부터 살펴보겠지만, 페리 이후의 연구는 페리의 다섯 번째 입장인 맥락적 상대주의를 넘어 진정한 인식론적 발달을 보여 주었다(West, 2004).

성찰에 대한 킹과 키치너의 연구

페리의 연구는 1970년대와 1980년대, 청소년기와 성인기의 인식론적 발달에 관한 여러 연구로 이어졌다. 특히 페리의 아홉 가지 입장에 영감을 받은 연구들은 발달적 순서를 공식화하는 이론으로 이어졌는데, 이 이론들은 순차적인 단계의 개수와 각각에 대한 설명에서 차이를 보였다(Baxter Magolda, 1992, Belenky et al. 1986; Broughton, 1978; Kitchener & King, 1981; King & Kitchener, 1994). 이와 같은 초기 연구 프로그램 중 가장 체계적이고 지속적으로 수행된 연구는 1970년대 중반 대학원생이었던 카렌 키치너Karen Kitchener와 패트리샤 킹Patricia King이 페리 이론의 전문가인 클라이드 파커Clyde Parker와 협업하여 시작한 이론적·경험적 프로젝트였다.

키치너와 킹(1981; King & Kitchener, 1994)은 자신들이 연구하고 있는 것이 철학자 존 듀이(1910/1997b)의 "성찰적 사고"reflective thinking 개념에 뿌리를 두고 있는 "성찰적 판단"reflective judgment이라고 언급했다. 성찰적 판단은 보다 일반적으로 사용되고 있는 "비판적 사고"critical thinking라는 용어와 밀접한 관련이 있는데, 이 용어는 그 자체로 다양하게 사용되고 있다. 성찰적 판단은 최소한 비판적 사고의 일부 개념과 상호 연관된 두 가지 방식으로 구별된다. 한 가지 차이점은 성찰적 판단이 주로 잘 구조화되지 않은 문제들ill-structured problems, 즉 높은 수준의 동의와 확실성으로 해결될 수 없는 문제에 적용되는 반면에, 비판적 사고는, 적어도 일부 형식에서는, 논리적으로 올바른 결론을 내릴 수 있는 잘 구조화된 문제들과 관련이 있다. 또 다른 차이점은 성찰적 판단에는 인식론적 가정, 즉 지식과 정당화에 대한 가정이 포함되어 있는 반면에, 비판적 사고는 보통 문제 해결에 활용할 수 있는 일련의 기술들이나 원칙으로 간주된다는 것이다. 따라서 성찰적 판단의 상당 부분은, 키치너에 의해 유래된 용어인(1983), “인식론적 인지”이다(King & Kitchener, 1994, p. 12).

성찰적 판단의 발달은 일련의 7단계로 제시되는데, 각각의 단계는 구조화되어 있고 내적 일관성을 갖추고 있다. 즉, 첫 번째 단계 이후의 단계는 이전 단계보다 인식론적 문제를 더 잘 다룰 수 있다. 이 이론의 초기 버전(Kitchener & King, 1981)에서 7단계 각각은 (1) 실재에 대한 가정, (2) 지식에 대한 가정, (3) 정당화에 상응하는 개념을 기반으로 정의되었다. 실재에 대한 가정은 (1) 알 수 있고 직접적으로 알려진 객관적 실재를 가정하는 것부터, (2) 우리의 주관성 외부의 실제 존재를 거부하는 것, (3) 우리의 주관성과 구별되는 실재를 가정하는 것까지 7단계를 거치는 전환을 보여준다. 이 이론의 1994년 버전에서도 이와 같은 전환 방식을 유지하지만, ‘실재에 대한 가정’을 단계를 구분하는 별개의 기준으로 사용하지는 않는다. 최신화된 이론은 “지식에 대한 관점”과 “정당화에 대한 개념”이라는 두 측면에서 각 단계를 정의한다. 왜냐하면 실재에 대한 가정은 인식론적이라기보다는 존재론적 가정이기 때문이다. 따라서 이후의 버전은 인식론적 측면에 보다 배타적으로 주목하고 있다.

처음 세 단계는 “성찰 이전 사고”pre-reflective thinking의 수준을 보여 주는 것으로 간주된다. 1단계에서 “지식은 절대적이고 구체적으로 존재한다고 가정”되며 “직접적인 관찰을 통해 확실하게 획득될 수 있다.” 믿음은 실재와 절대적으로 일치하기 때문에 정당화는 불필요한 것으로 간주된다. 2단계에서 인식자는 지식이 즉시 이용 가능하지 않을 수 있다는 점을 인식하며, 권위를 지식의 원천이자 믿음을 정당화하는 기초로 인정한다. 3단계에서는 “일시적인 불확실성의 영역”이 인정되고, 확실성을 획득하기 전까지는 “개인적 의견”으로서 존중되어야 하는 정당화되지 않은 믿음이 정당화의 영역을 보완한다(King & Kitchener, 1994, p. 14).

다음 두 단계는 “준–성찰적 사고”quasi–reflective thinking의 수준으로 지정된다. 4단계는 지식이 본질적으로 불확실하며, 앎의 필연적인 오류와 모호성으로 인해 믿음은 항상 “개인에게 특유하다”고 가정한다. 논증과 증거 또한 특유하며, 따라서 정당화도 확고한 결과에 이를 정도로 결정적이지 못하다. 이러한 생각이 정교화되면서, 5단계에서는 지식을 “사람의 지각과 판단 기준을 통해 여과된” 결과로서 “맥락적이며 주관적인 것”으로 해석한다. “오직 해석만을 알 수 있다”고 가정되며, 정당화는 가능하다면 항상 “특정한 맥락”으로 제한된다(p. 14).

마지막 두 단계에 이르러서야 비로소 “성찰적 사고”reflective thinking의 수준이 나타난다. 6단계에서 인식자는 지식이 “구성된다”는 점을 계속해서 인식하지만, 이제 “맥락을 초월한 증거에 대한 평가”가 더 나은 해석을 위한 기초를 제공한다고 간주한다. 마찬가지로 다양한 관점과 맥락에 대한 조정은 보다 일반적인 형태의 정당화를 가능하게 한다. 인식론적 발달의 정점인 7단계는 지식을 “합리적인 탐구 과정의 결과”로 해석하며, 그 결과는 논리적으로 필연적인 결과가 아니라 합리적인 구성임을 인식한다. “믿음은 증거의 비중, 해석의 설명적 가치, 잘못된 결론의 위험성, 대안적인 판단의 결과, 이러한 요소들 간의 상호관계 등 다양한 해석적 고려 사항을 토대로 확률적으로 정당화된다.” 결론은 사실로 입증되지 않는다. 결론은 “활용 가능한 증거를 토대로 쟁점에 대한 가장 완전하고, 그럴듯하며, 설득력 있는 이해를 나타내는 것으로 옹호된다”(p. 14).

성찰적 판단의 발달에 관한 연구는 수십 건의 연구에서 수천 명의 청소년과 성인을 대상으로 수행되었으며, 이 연구들 중에는 동일한 개인을 최대 10년에 걸쳐 여러 번 평가한 종단 연구도 있다. 이들 연구에서 주로 활용된 측정 도구는 ‘성찰적 판단 인터뷰(이하 RJI)’Reflective Judgment Interview였다. RJI는 특정 쟁점에 대해 반대하는 간단한 주장으로 시작된다. RJI에서 제시하고 있는 다섯 가지 표준적인 쟁점은 이집트 피라미드의 기원, 뉴스 기사의 객관성, 인간의 신화적 또는 진화론적 기원, 화학 첨

가물의 안정성, 원자력의 안정성이었다. 연구 참여자들은 개별 인터뷰 과정에서 반대 주장에 대해 어떻게 생각하는지, 즉 그들이 어떻게 그런 관점에 이르렀는지, 그 관점의 근거는 무엇인지, 그들은 자신의 관점이 올바른지를 확실히 알 수 있는지, 어떻게 알 수 있는지 혹은 왜 알 수 없는지, 의견이 옳을 수도 있고 틀릴 수도 있는지, 만약 그렇다면 "옳다"는 것이 의미하는 바는 무엇인지, "더 좋다"는 것의 의미는 무엇인지, 전문가들 간에도 상반된 견해가 존재할 수 있는지 등에 대해 질문을 받았다.

이 연구는 위와 같은 질문에 대한 응답이 앞서 살펴본 일곱 가지 단계로 확실하게 분류될 수 있으며, 사람들은 이론에서 가정된 순서대로 이러한 단계를 통과한다는 것을 보여 주었다(King & Kitchener, 1994, 2002). 그러나 이 말은 사람들의 판단이 각 단계에 깔끔하게 들어맞는다는 것을 의미하지는 않는다. 즉, 사람들의 판단은 대부분 인접한 두 개 혹은 세 개의 단계에 걸쳐 있다. 발달적 진전은 한 단계가 다음 단계로 대체되는 것이 아니라, 가장 진보된 통찰력의 사용이 점진적으로 증가하고 이에 상응하여 가장 덜 진보된 통찰력의 사용은 점차 감소하는 것을 의미한다. 어린 청소년들도 일반적으로 1단계를 넘어 추론하고, 성인들이라고 해서 일관되게 6단계 추론을 하는 것도 아니다. 7단계 추론은 대체로 박사과정 대학생과 같은 특수한 집단에서 주로 보인다. 이러한 발견은 아동기 이후에도 오랫동안 진보가 가능하지만 항상 필연적으로 일어나는 것만은 아니며, 연령보다는 오히려 경험과 더 밀접하게 연관되어 있다는 구성주의적 관점을 일관되게 보여 준다.

성찰에 대한 킹과 키치너의 강조는 메타인지에 강하게 초점을 맞춘 페리의 기획을 계승하고 있다. 그러나 페리와 비교해 볼 때, 그들은 정당화와 관련된 메타인지를 강조하고 있고, 더 나아가 마지막 두 단계를 정체성 및 헌신으로의 실존적 전환이 아닌 인식론적 인지의 진보와 관련하여 정의함으로써 인식론적 인지에 더욱 집중했다. 1990년대까지 그들의 이론은 아동기를 넘어선 인식론적 발달을 설명하는 가장 중요한 연구였다.

객관성과 주관성에 대한 맨스필드와 클린치의 연구

애닉 맨스필드Annick Mansfield와 블라이스 클린치Blythe Clinchy(2002)는 종단 연구를 통해 연령에 따른 인식론적 인지의 변화를 확인하고자 했다. 이를 위해 그들은 약 10세 어린이의 인식론적 인지를 평가한 후, 3년 단위로 동일한 개인을 약 3회에 걸쳐 다시 평가했다. 이 연구에서는 충분한 질적 데이터를 생성하기 위해 개별 인터뷰 방식을 활용하였다. 평가에 참여한 사람들은 "즉시 해결이 가능한 사실의 문제부터 잠재적으로 해결이 불가능한 취향의 문제에 이르기까지 다양한 쟁점들에 대해 이견을 보이는 주인공들이 등장하는 짧은 글"(p. 231)을 듣거나 혹은 읽었다. 그 후 참여자들은 "당신은 왜 그들이 이 쟁점에 대해 이견을 보인다고 생각하는가?"라는 질문을 시작으로, (1) 그들이 옳다고 생각하는 사람은 누구이며, 그 이유는 무엇인가?, (2) "확실히 알아내는 것", 즉 "확실히 아는 것"이 가능한가?, (3) 주인공들이 "동시에 둘 다 옳을 수 있는가?", 혹은 한 사람은 반드시 옳고 다른 사람은 틀린 것인가? 등과 같은 일련의 질문을 받았다(p. 233). 인터뷰가 끝나면, 그들은 참여자들에게 여덟 개의 짧은 글들을 분류하고 그렇게 분류한 이유에 대해 설명하도록 요구했다.

맨스필드와 클린치는 세 가지 "인식론적 입장"epistemological positions, 즉 "객관적objective 입장", "주관적subjective 입장", "통합적integrated 입장"을 구별할 수 있는 체계적이고 신뢰할 수 있는 코딩 체계를 개발하였다. 또한 참여자가 제시한 정당화 근거를 (각각 하위 범주를 포함하고 있는) "개인적 경험", "개인적 의견", "이유", "권위"의 범주로 코드화하였다. 코딩 결과를 정량적으로 분석한 결과, 연령 및 글의 내용 모두에서 통계적으로 유의미한 효과가 나타났으며, 여러 가지 유의미한 상호작용도 나타났다. 또한 짧은 글에 대한 반응의 차이는 대부분 짧은 글이 지닌 인식론적 측면의 차이에 의해 발생했다. 이러한 결과는 우리에게 인식론적 영역의 중요성을 다시 한번 상기시킨다.

그럼에도 불구하고 페리의 문헌, 그리고 킹과 키치너가 제시한 세 가지 수준과 일관되게, 이 연구에서도 연령에 따라 객관적 입장에서 주관적 입장, 그리고 통합적 입장으로 나아가는 일반적인 경향이 발견되었다. 에밀리(실제 연구 참여자이지만 실명은 아님)의 응답이 그 원형으로 제시될 수 있을 것이다. 10살인 에밀리는 "주주"라고 불리는 생소한 동물이 과연 좋은 반려동물이 될 수 있을지에 대해 이야기 속 두 주인공이 이견을 보이는 짧은 글을 접하였다(p. 225). 에밀리는 '이 쟁점에는 단 하나만의 정답이 있는가?'라는 질문에 다음과 같이 말했다.

> 하나는 옳고 다른 하나는 틀려야 해요. 왜냐하면 반려동물이 집안 여기저기를 뛰어다니며 모든 가구를 긁고, 소변을 보고, 집 여기저기를 항상 엉망으로 만든다면, 그 반려동물은 좋은 반려동물이라고 말할 수 없기 때문이에요. 하지만 최대한 깨끗한 상태를 유지하고, 먹이 그릇을 다 비우고, 집 밖에서 대소변을 보도록 길들여진 동물이라면 나쁜 반려동물이라고 말할 수 없지요. (p. 226)

또한 에밀리는 이를 확인하기 위해 "사육사에게 물어보면 된다"고 연구자들에게 조언해 주었다(p.226).

3년 후, 다시 같은 질문을 받게 된 에밀리는 "옳고 그름은 없다," "왜냐하면 그건 단지 취향이 다를 뿐이고, 취향은 인정될 수 있다"라고 응답하였다. 맨스필드와 클린치가 관찰한 바와 같이, "10세에는 엄연히 사실의 문제였던 쟁점이, 13세에는 의견의 문제가 되었다"(p. 226).

그러나 16세가 되던 해의 에밀리는 (예컨대 동물학자에게 과연 주주를 가축화할 수 있는지 물어보는 등) "주주에 관한 더 많은 정보를 알아내야 한다"라고 주장했다. 그리고 비록 주주를 길들일 수 없더라도 누군가는 "반려동물로 주주를 원할 수 있다. 왜냐하면 그 사람이 바로 그런 사람일 수도 있기 때문이다."라고 말했다. 여기에서 예시된 통합된 입장의 수준에서 볼 때, "그것은 판단의 문제이다. 그렇다면 이 반려동물에 대한 이와 같은 상반된 판단은 양립할 수 있는가?" 이에 맨스필드와 클린치는 "사실도 중요하지만, 개인적 선호 역시 중요하다"라고 말한다(p. 226).

> 우리의 조사 표본 중, 10세에서 16세 사이의 어린이들은 객관적인 "실재"라는 외부 세계, 그리고 개별 인식자의 내면 세계 모두의 복잡성에 대한 인식이 증가하는 모습을 보였다. 그리고 지식을 창조함에 있어 두 세계가 교차하는 방식에 대한 보다 깊은 이해를 보였다. 앎의 행위가 반응이 감소하고 보다 구성적인 것이 되면서, "사실"과 "의견"의 쟁점은 보다 덜 첨예하게 분화되었다. 세계의 모호함, 그리고 자신의 선행 지식과 경험의 부적절함에 점점 더 민감해진 참여자들은 더 이상 토론 중인 대상을 단순히 보는 것만으로 진리를 즉각적으로 "알 수 있다"고 가정하지 않았으며, 권위자의 말이나 검토되지 않은 직관의 설득을 의심 없이 받아들일 수 없었다. 대신에 그들은 일상적으로 다양한 원천에서 정보를 동시에 선택하고, 자신의 아이디어를 생성하며 타인의 아이디어를 평가하기 위해 수집한 데이터를 통합하는 등 앎을 위한 숙고의 절차를 발달시켜 가기 시작했다. (p.253)

맨스필드와 클린치의 발견은 16세 이후의 인식론적 발달에 대해 많은 여지를 남겨 두고 있다. 하지만 그들은 주관적 인식론이 13세 혹은 그 이전에 가능하다는 증거, 그리고 "(인식론 간의) 통합"이 16세 혹은 그 이전에 가능하다는 증거를 보여주었다. 이는 그들이 제시한 인식론적 발달 기준이 킹과 키치너(1994), 그리고 페리의 전통에서 대학생을 대상으로 연구를 수행한 그 밖의 연구자들이 제시한 기준보다 덜 까다로울 수 있다는 점을 시사한다.

맨스필드와 클린치의 연구 작업에서 가장 중요한 점은 인식론적 발달을 객관주의에서 주관주의로의 전환으로, 그리고 주관주의의 실재를 계속 인정하면서도 일종의 객관주의를 재통합하는, 즉 주관주의를 넘어서는 어떤 것으로의 전환으로 개념화했다는 것이다. 그들은 이전 이론가들이 제시한 여러 단계를 킹과 키치너가 제시한 것처럼 세 가지 수준으로 단순화하고, 각 수준에 대한 근거를 객관성과 주관성의 지속적인 조정 속에서 탐색함으로써 인식론적 발달의 내적 논리를 확립하였다. 지금부터 살펴보겠지만, 챈들러와 쿤 역시 대체로 이 접근 방식을 고수해 왔다.

청소년에 대한 챈들러의 연구

마이클 챈들러Michael Chandler와 동료들(Chandler, 1975, 1987; Boyes & Chandler, 1992; Chandler, Boyes, & Ball, 1990)은 맨스필드와 클린치의 주장과 일치하는 증거, 즉 페리의 문헌에서 일반적으로 대학생 시절과 관련이 있는 것으로 제시된 발달적 추세는 청소년기에 볼 수 있으며, 따라서 그것은 아동기 이후 인식론적 발달의 기본적인 추세라는 주장과 일치하는 실질적 증거를 제공했다(Chandler et al. 2002). 챈들러의 연구는 아동기 이후 정체성 형성과 같이, 청소년의 행동 및 발달의 다른 측면과 인식론적 발달 간의 관련성을 구체적으로 보여 주었다.

챈들러(1990)는 "절대주의"absolutism, "방어적 실재주의"defended realism, "회의주의"skepticism, "교조주의"dogmatism, "탈회의주의적 합리주의"postskeptical rationalism로 구분되는, 다섯 가지 "인식론적 태도"epistemic postures를 제시하였다. 일반적으로 아동기에 국한되어 나타나는 **절대주의**는 어린이가 자신의 지식을 "마음이라는 기록 장치에 직접적으로 새겨진 완전한 진리의 일부"라고 해석하는 순진한 실재주의를 의미한다. 미취학 아동 이상의 어린이는 "서로 다른 사람들이 접근할 수 있는 입력물의 유형이 상대적이라는 의미에서 지식이 주관적이라는 점을 이미 잘 알고 있다." 그러나 나이가 많은 어린이들도 "이른바 동일한 사실이 다른 사람들에 의해 다르게 이해될 수 있다는 가능성을 … 여전히 인식하지 못할 수 있다"(p. 377).

하지만 아동기를 거치면서, "순진한 실재주의적 견해"는 삶이 "불일치로 가득 차 있다"는 사실로 인해 반복적으로 도전을 받는다. 어린이들은 "소위 '사실'과 '의견' 간의 실질적인 구별"을 고안해 낼 것을 요구하는 **방어적 실재주의**라는 인식론적 태도를 취함으로써 (적어도 일시적으로) 이 문제를 해결한다. 이러한 구별을 통해 어린이는 "해석의 차이"를 허용하지 않는 사실의 영역으로서의 지식이 지닌 인식론적 핵심을 보존할 수 있다. "분할과 정복"이라는 이러한 인식론적 전략을 통해, "정보 접근의 차이로는 이유를 찾을 수 없는 모든 논쟁 중인 지식에 대한 주장을 개인적 선호나 취향과 같이 해결할 수 없는 문제로 치부함으로써 간단히 무시할 수 있다"(p. 377). 지식은 여전히 "객관적인 진리에 도달하는" 문제로 남아 있다(p. 378).

시간이 지나 어린이는 피아제가 제시한 발달 단계 중 가장 진보된 단계인 형식적 조작기에 도달한 청소년이 된다. 비록 어린이 역시 특정 믿음의 진리를 의심할 수 있지만, 챈들러와 동료들(1990)은 이러한 의심이 "사례－특수적"이기 때문에 "일부"retail에 불과하다고 설명했다. 어린이와는 달리 청소년은 "신뢰할 수 있는 모든 종류의 지식에 대한 전망 그 자체에 근본적인 질문을 제기함으로써 궁극적으로 확실성이라는 우물 전체를 오염시키는, 진정되기 어려운 전체적인 의심wholesale brand"에 직면한다(p.378). 그 결과 청소년은 **회의주의**, 즉 우리가 페리의 이론 및 그 이후의 이론가들에게서 반복적으로 확인한 중간 정도 수준의 주관주의와 일치하는 인식론적 입장을 갖게 된다. 회의론자 역시 때로는 행동을 취해야만 한다. 그러나 그들은 진리의 모든 가능성을 부인하며, 믿음과 행동이 결코 정당화될 수 없다고 주장한다.

이러한 의심에 직면할 수 없는 일부 청소년은 회의주의 대신 **교조주의**라는 인식론적 자세를 취한다. 챈들러와 동료들(1990)은 그들이 "교조주의－회의주의 축" dogmatism－skepticism axis이라고 부르는 것에 따라, 청소년들이 회의주의에 대한 대안으로 교조주의 입장을 채택한다고 주장했다(p. 379). 교조주의자들은 지식의 한계가 인간의 취약함 때문이라고 생각하며, "알아야 할 더 나은 이유가 있다고 생각되는 전지전능한 권위자의 품에 맹목적으로 믿음을 도약시킴으로써 그러한 필멸의 불확실성을 피하려고 노력한다"(pp. 379－380).

마지막으로 챈들러와 동료들(1990)은 **탈회의주의적 합리주의**를 "절제되지 않은 상대주의에 내재된 문제에 대한 (최선의) 해결책"으로 제시했다. 절대적인 확실성 및 진리가 없더라도, 우리는 "합리적 기반을 지닌 진리에 대해 주장"할 수 있다. 탈회의주의적 합리주의자는 "다른 행동 방침보다 어떤 행동 방침을 선택하는 데 있어 틀림없이 합당한 이유"를 찾는다(p. 380). 회의주의에 대한 인식론적 진보를 보여 주는 탈회의주의적 합리주의라는 개념은 킹과 키치너(1994)가 제시한 성찰적 판단의 세 가지 수준 중 가장 진보된 성찰적 사고, 그리고 맨스필드와 클린치(2002)가 주장한 주관성과 객관성의 진보된 통합과 대체로 일치한다.

챈들러와 동료들(1990, 연구 1)은 일련의 세 가지 형식적 조작 과제에 응답한 110명(8~12학년)의 표본 중, 70명을 대상으로 자신이 제시한 발달 모형을 검증해 보고자 하였다. 세 가지 과제에 대한 수행 능력을 기준으로 70명 중 9명의 학생이 구체적 조작기로 분류되었고, 61명의 학생이 형식적 조작기로 분류되었다(110명 중 나머지 40명은 과도기로 간주되어 연구에서 제외되었다). 그들은 70명의 학생들과 개별적으로 두 가지 이야기에 대한 인터뷰를 진행하였다. 이야기의 내용은 16세 청소년이 운전할 수 있는 충분한 자격을 갖추고 있는가에 대한 학생과 학부모의 논쟁, 그리고 원주민과 비원주민 간의 관계에 대한 지역 현지의 논쟁을 담고 있었다.

결과는 연구진의 기대와 일치했다. 학생들의 응답은 방어적 실재주의(수준 1), 회의주의-교조주의(수준 2), 탈회의주의적 합리주의(수준 3)로 확실하게 분류될 수 있었다. 연령에 관계없이 수준 2의 응답이 가장 일반적이었지만, 연령이 증가할수록 방어적 실재주의 응답은 감소하고 탈회의주의적 합리주의 응답은 증가했다. 또한 피아제의 발달 이론과 관련하여, 구체적 조작기에 위치한 9명의 학생은 어느 누구도 방어적 실재주의 이상으로 나아가지 못한 반면에, 형식적 조작기에 위치한 61명의 학생 중 90%는 그 이상으로 나아갔다. 더 나아가 챈들러와 동료들은 이 연구를 확장한 또 다른 연구(Chandler et al., 1990, 연구 2; Boyes & Chandler, 1992)를 통해 인식론적 발달이 정체성의 구성과 관련이 있음을 보여 주었다(9장 참고).

추론에 대한 쿤의 연구

지난 40년 간 아동기 이후의 사고 및 추론의 발달과 관련하여 가장 중요한 이론가이자 연구자를 꼽으라면 디에나 쿤Deanna Kuhn을 들 수 있다(Kuhn, 1991, 2005, 2009; Kuhn, Amsel, & O'Loughlin, 1988; Kuhn et al., 2000; Kuhn & Franklin, 2006; Kuhn & Weinstock, 2002). 쿤이 이론적으로 접근한 핵심 주제는 사고와 추론이 인지적 측면과 동기화 측면 모두에서 그녀가 '인식론적 이해'epistemological understanding라고 부르는 것에 뿌리를 두고 있다는 것이다. 쿤에 따르면, 인식론적 이해는 **실재주의자**realist 수준에서 **절대주의자**absolutist 수준, **다원주의자**multiplist 수준, **평가주의자**evaluativist 수준으로 이어지는 일련의 네 단계로 발전한다(Kuhn, 2005, p. 31).

실재주의자는 "자신이 알고 있는 것을 자신의 외부에 있는 것에 대한 즉각적인 독해로 간주한다. 믿음은 실재를 충실히 반영한 사본이며 … 외부 세계로부터 직접 부여받은 것이다"(Kuhn, 2005, p. 30). 따라서 실재주의자는 실수라는 개념 혹은 상충하는 믿음이라는 개념을 허용하지 않는다.

이전 장에서 살펴보았듯이, 약 4세가 되면 아동은 정신적 표상을 실재와 구별하고 믿음이 거짓일 수 있다는 것을 인식할 수 있게 해 주는 마음 이론을 갖게 된다. 이는 쿤이 제시한 다음 단계로의 인식론적 전환을 가능하게 한다. 이제 믿음을 인간 정신의 산물, 즉 잠재적인 거짓으로 해석할 수 있게 된 **절대주의자**는 이러한 인식론적 전환에도 불구하고 잘못된 믿음을 항상 "부적절하거나 부정확한 정보"의 결과로 바라보면서 "외부의 실재를 참고하여 쉽게 수정할 수 있다"고 주장한다. 사람들 간의 불일치는 누가 옳고 누가 그른지를 판단함으로써 해결된다. 우리가 실수를 바로잡는다면 사실은 확실한 것으로 여겨지고 "지식은 특정 사실의 축적된 집합으로 간주된다"(p. 31).

그러나 아동기를 지나 청소년기에 접어들면서, "모든 사람이 다 … 옳다고 여겨진다." 모든 사람이 절대주의를 넘어서는 것은 아니지만, 대부분의 청소년은 "지식은 사실이 아닌 의견으로 구성되며, 의견은 개인적 소유물로서 자유롭게 선택한 것이므로 도전받을 수 없다"는 **다원주의자**(또는 상대주의자) 수준에서 기능한다. 이것이 바로 "어떠한 것이라도 괜찮다"의 인식론이다. 이제 지식은 알려진 것의 인과적 결과라기보다는 인식자의 주관적인 기능으로 간주된다.

전부는 아닐지라도, 다원주의자 수준의 인식론적 이해를 달성한 많은 사람들은 결국 인식론적 이해를 **평가주의자** 수준으로 더 진보시킨다. "앎의 객관적 차원을 재통합한 사람들은 '모든 사람은 자신의 의견을 가질 권리가 있지만 실제로 어떤 의견은 주장과 증거에 의해 더 잘 뒷받침되며 따라서 다른 의견보다 더 옳다'라는 이해를 얻게 된다." 의견으로서의 지식이라는 다원주의자 개념을 받아들이기 위해 사실로서의 지식이라는 절대주의적 개념을 거부한 바 있는 평가주의자는 이제 지식은 "대안, 증거, 논증의 개념 틀 내에서 뒷받침이 필요한 판단"(p. 32)이라는 이해를 받아들이기 위해 다원주의자 개념을 세 번째로 거부한다.

쿤과 동료들(2000)은 절대주의자에서 다원주의자, 평가주의자로 이어지는 인식론적 발달을 평가하기 위해 간단하지만 효과적인 방법론을 개발하였다. 이 방법론은 연구 참여자에게 특정 사안에 대해 이견을 보이고 있는 두 인물을 제시한 후, 그들 중 한 명만 옳은지 아니면 둘 다 "어느 정도 옳은지"를 묻는다. 단 한 명만이 옳을 수 있다는 반응은 절대주의자로 분류된다. 둘 다 어느 정도 옳은 수 있다고 응답한 경우, 연구 참여자는 두 번째 질문, 즉 한 견해가 다른 견해보다 더 낫거나 더 옳을 수 있는지 질문을 받게 된다. 이 두 번째 질문에 부정적인 응답(아니요. 어느 관점도 더 나을 수 없습니다. 등)을 한 참여자는 다원주의자로 분류되고, 긍정적인 응답(예. 어느 쪽도 절대적으로 옳거나 그르지는 않지만, 하나의 관점이 더 나을 수 있습니다. 등)을 한 사람은 평가주의자로 분류된다.

이러한 방법론은 페리 전통의 초기 이론가들이 활용한 방법론, 즉 광범위한 인터뷰와 정교한 코딩 체계를 포함하고 있는 방법론보다 훨씬 간단하다. 그럼에도 불구하고 쿤과 동료들(2000)이 발견한 결과는 아동기 이후의 발달적 추세를 연구한 여타의 연구 프로그램들에서 제시한 증거와 일치한다. 더 나아가 맨스필드와 클린치(2022), 챈들러와 동료들(1990)이 내놓은 결론, 다시 말해서 절대주의를 넘어서는 인식론적 발달은 일반적으로 대학 시절 훨씬 이전부터 시작된다는 결론을 강화한다. 그러나 영역 간의 강력하면서도 체계적인 차이가 확인되어, 인식론적 발달을 보여주는 큰 그림은 더욱 복잡해졌다. 이에 쿤과 동료들(2000)은 발달의 속도와 범위가 인식론의 영역에 따라 다양할 것이라고 제안했다. 또 다른 가능성은 인식론적 발달이 영역 간의 인식론적 차이를 깨닫는 것, 그리고 그러한 깨달음을 증가시키는 것과 관련이 있다는 것이다. 우리는 제3부(인식론적 영역)에서 이와 관련된 쟁점을 다룰 것이다.

그러나 지금 우리가 주목해야 할 점은 쿤이 제시한 4가지 단계 중 뒤의 3가지 단계, 즉 절대주의자, 다원주의자, 평가주의자 단계가 킹 및 키치너(1994)가 제시한 주요 수준들, 그리고 맨스필드와 클린치(2002), 챈들러와 동료들(1990)이 제안한 기본 단계들과 유사하다는 것이다. 또한 쿤은 인식론적 인지와 그 발달에 있어 객관성과 주관성의 중심성을 강조했다. 맨스필드와 클린치, 챈들러와 일관되게, 쿤은 "인식론적 이해의 진보는 주관적인 앎의 요소와 객관적인 앎의 요소를 조정하는, 확장된 작업으로 특징지어질 수 있다"라고 논평하였다(2005, pp. 31－32). 즉 유년기 이후의 인식론적 발달을 연구하는 이론가들 간에는 '진보된 인식론적 발달은 일종의 객관주의에서 일종의 주관주의로, 더 나아가 일종의 메타주관적 합리주의로의 전환을 포함한다'는 합의가 있는 것으로 보인다.

인식론적 인지의 발달적 추세는 그 자체로도 흥미롭다. 하지만 여기에서 더 나아가 쿤(Kuhn, 1991; Kuhn & Pearsall, 1998; Warren, Kuhn, & Weinstock, 2010)은 인식론적 이해가 탐구와 논쟁의 핵심이고, 따라서 그것의 발달은 광범위한 파급 효과를 갖는다고 주장하면서 관련 증거를 제시해 왔다. 정당화와 진리에 대한 더 나은 이해는 지식을 생성하고 믿음을 옹호하는 데 있어 합리성을 촉진한다. 이 견해는 추론을 인식론적인 자기규제적 사고로 개념화한 나의 개념과 일치한다(3장 참고).

또한 쿤은 인식론적 이해를 지적 가치의 핵심으로 보고 있으며, 따라서 그것이 사고와 추론이라는 노력을 요구하는 과정에 참여하도록 동기를 부여하는 데 중요한 역할을 한다고 본다.

> 특정 지식에 대한 절대주의자의 믿음이나 혹은 개인적 선호를 따르는 다원주의자의 지식 방정식을 결코 넘어서지 못하는 청소년들은 지적 탐구에 지속적으로 참여해야 할 충분한 이유를 갖지 못한다. 절대주의자가 이해하고 있는 것처럼, 사실이 확실하게 확인될 수 있는 것이자 그것을 찾는 사람이라면 누구라도 쉽게 이용할 수 있는 것이라면, 혹은 다원주의자가 이해하고 있는 것처럼 그 어떤 주장도 다른 주장과 동일하게 타당하다면, 그것들을 평가하기 위해 정신적 노력을 쏟을 필요는 거의 없을 것이다. 사고와 추론은 오직 평가주의자 수준에서만 믿음과 행동을 뒷받침하기 위해 필수적인 것으로 인식된다.
>
> (2005, pp. 32–33)

쿤은 인식론적 발달이 청소년기 훨씬 이전에 시작된다는 점을 인정한다. 위에서 이미 살펴본 바와 같이 그녀의 가장 최근 이론은 3단계가 아닌 4단계로 제시되고 있다. 즉, 쿤은 자신이 주장한 주요 3단계(절대주의자, 다원주의자, 평가주의자)에 실재주의자 단계를 추가하여 보완한다. 그리고 실재주의자 단계는 믿음이 거짓일 수 있다는 점에 대한 이해를 요구하지 않는, 미취학 아동기 초기에 나타난다고 주장한다. 그러나 5장에서 자세히 살펴본 바와 같이, 미취학 아동의 마음 이론을 넘어 주관주의자와 합리주의자의 통찰을 수반하는 아동기의 극적인 성취를 떠올려 보면, 아동기와 관련된 단일한 단계를 추가하는 것이 아동 발달을 정당하게 설명하는 것인지에 대해서는 의문의 여지가 있다. 지금까지 우리는 아동기 이후의 인식론적 발달에 대한 주요 이론을 살펴보았고, 각각에서 일반적으로 나타나는 큰 그림도 확인하였다. 이제 우리는 아동기의 인식론적 발달과 관련하여 5장에서 검토한 문헌을 고려하면서, 아동기 이후와 관련된 문헌들에 대해 다시 숙고해 보아야 한다.

인식론적 발달의 패턴

4장에서 논의한 바와 같이, 인식론적 인지에 관한 문헌에는 대체로 서로의 존재를 무시하거나 혹은 서로의 데이터를 폄하하는 여러 발달론적 문헌들이 포함된다. 물론 쿤(2005)과 키치너(2002)가 이러한 문제를 인식하고 해결하려 시도했으나, 내가 생각하기에 현재까지 가장 상세하고 설득력 있는 분석은 챈들러와 동료들(2002)이 제공했다. 그들은 문헌 검토를 통해 여러 연구자들이 여섯 개의 연령대에서 나타나는 인식론적 인지의 진전, 즉 (1) 미취학 아동기, (2) 아동기 후기, (3) 청소년 이전기, (4) 청소년기, (5) 대학생기(학부), (6) 이후의 성인기를 조사해 왔다고 언급했다. 연령대와 상관없이, 그리고 가장 나이가 많은 참여자가 4세인지 혹은 가장 나이가 어린 참가자가 대학생인지와 상관없이, 여러 연구 프로그램들은 객관주의, 주관주의, 합리주의라는 동일한 인식론적 발달의 배열을 보여 주고 있다.

> 가장 나이가 어린 … 피험자들은 … 마음속으로는 순진한 실재주의자이자 객관주의자로서 왼쪽에 있는 단계에 들어가지만, 얼마 지나지 않아 허무주의가 기다리고 있는 구덩이에 설명할 수 없을 정도로 끌려 들어가는 자신을 발견하게 된다. 상황이 복잡해지고 회의적인 의심이 점점 더 그들을 사로잡으면서, 이전에는 헌신적이었던 이 근본주의자foundationalists들은 이성에 기초하여 행동하는 능

> 력을 상실하고, 그래서 한동안은 맹목적인 직관주의나 혹은 단순히 완료된 일을 수행하는 것만이 선택의 전부인 방향성 없는 활동 중단 상태moratorium에 빠져 어리둥절해하고 길을 잃은 채로 남아 있다. 결국 오른쪽에 있는 단계로 빠져나가기 직전에 일시적으로 낙심한 이 집단 중, 가장 우수하고 총명한 사람들은 새롭게 "탈회의주의적" 통찰, 즉 어떤 믿음은 다른 신념들에 비해 더 나은 근거를 가지고 있다는 것을 인식하고 합리적 선택의 조심스러운 가능성을 성공적으로 회복하는 새로운 통찰을 얻게 된다.
>
> (Chandler et al., 2002, p. 145)

챈들러와 동료들(2002)은 반복적인 "인식론적 무결함epistemic innocence의 상실"에 대한 이러한 다양한 이야기를 "반복적으로 첫사랑에 빠지는 것"(p. 145)에 비유했다. 그리고 키치너(2002)는 인식론적 인지와 관련된 문헌들을 "'모든 사람이 이겼으므로 모두가 상을 받게 될 것이다'라고 주장하는 이상한 나라의 엘리스에 등장하는 도도새"(p. 310)에 비유했다.

이 상황을 해결할 수 있는 한 가지 가능성은 모든 사람이 실제로 상을 받아야 한다고 주장하는 것이다. 주관주의자와 탈주관주의자postsubjectivist의 통찰은 아마 발달의 과정에서, 아마도 더 높은 수준에서 재구성되기 위해 예전에 이미 성취한 것으로 되돌아가는 발달적 나선developmental spiral 속에서 여러 번 구성되고 또 재구성될 것이다. 아마도 아동기 초기에 일어나는 주관주의로의 진전, 그리고 그 다음에 나타나는 합리주의로의 진전은 발달적 나선에 따른 반복을 통해, 아동기 후기에 더 높은 차원의 주관주의와 합리주의의 구성으로 이어질 것이다. 즉 아동기를 넘어서면서 다양한 수준에서 동일한 주기가 추가적으로 반복될 것이다. 아마도 생애 여러 부분에 걸쳐 반복되는 발달적 변화의 패턴은 이러한 반복적인 발달 패턴을 반영하고 있는 것 같다.

쿤(2005)과 키치너(2002)의 주장에는 이러한 내용이 포함되어 있지 않다. 문제를 잘 알고 있음에도 불구하고, 쿤과 키치너는 (각자가 선호하는 단계의 수에서는 계속 차이를 보이지만) 단일한 계열을 계속 주장해 왔다. 쿤은 인식론적 영역에 따른 차이를 강조하면서, 일부 영역에서는 다원주의로의 진전이 청소년기 훨씬 전부터 시작될 수 있고 일부 영역에서는 다원주의를 넘어서는 진전이 무기한 지연될 수 있음을 제안하면서 이 문제를 해결하려고 노력해 왔다(Kuhn et al., 2000). 반면 키치너(2002)는 일반적인 수행과 최적의 조건 하에서의 수행 간에는 항상 격차가 있다는 점을 지적하면서, 다양한 연령대의 역량에 관한 인식론적 발달 문헌 간의 명백한 불일치는 측정 문제에 보다 관심을 가짐으로써 해결될 수 있다고 주장했다.

챈들러와 동료들(Chandler et al., 2002; Hallett et al., 2002)은 인식론적 영역 및 측정에 대한 관심이 왜 다양한 연령대에서 동일한 수준의 통찰력이 나타나는지를 설명할 수 있다는 점에 동의한다. 그러나 그들은 이러한 관심만으로는 주관주의를 넘어선 아동들이 있는 반면에, 아직 그것을 달성하지 못한 청소년 및 대학생이 있음을 보여주는 증거를 설명하기에 충분하지 않다고 믿는다. 그리하여 그들은 실제로 이러한 현상을 설명하는 순환의 과정이 있다는 결론을 내린다. 그렇다면 이러한 순환의 과정은 얼마나 반복되는가? 그들의 대답은 분명하다. 두 번 반복된다. 한번은 아동기이고, 또 한번은 아동기 이후이다. 아동은 특정한 상황에서, 그리고 합리적으로 해결될 수 없는 실제적인 불일치 상황에서 해석의 진정한 차이를 인정하는 "부분적인"retail 주관주의로 발달해 간다. 그러나 그들은 "이러한 국지적이고 사례-특수적인 의심들 속에서, 의견의 다양성이 어떤 식으로든 앎의 과정에 내재되어 있다는 위험한 전망을 깨닫지 못한다"(p. 162). 오직 청소년기에만 그들은 "지식의 기준이 애매하고 모호하다는 자신의 초기 통찰을 전체적으로 획득하여wholesale out", "인식론적 확실성이라는 그들 자신의 우물을 오염시킨다"(p. 163).

> 상대주의라는 구덩이의 가장 깊은 부분을 처음으로 들여다보는 것, 그리고 그에 따른 근거 있는 신념을 위해 투쟁하는 것은 … 청소년과 청년들의 삶에서 결정적인 사건을 구성할 수 있지만, 그들은 구상주의적representational 다양성과 처음으로 조우한 것은 아니다. 이 만남은 두 번째 만남이다.
>
> (p. 163)

정확히 두 번 반복되는 순환적인 발달적 나선에 대한 챈들러의 주장은 나에게는 일반적인 인식론적 발달에 관한 지금까지의 발달적 데이터 중 가장 간결한 종합인 것으로 보인다. 두 번 순환되는 인식론적 발달의 패턴에 따르면, 아동기 과정을 거쳐 구성되는 구성주의자적 마음 이론은 이후 몇 년 동안, 다양한 정도로 실현된 지식에 대한 합리주의자적 이론의 잠재적 구성으로 이어진다.

결론

다양한 연구 프로그램이 동일한 결론으로 수렴되는 것은 행복한 일이다. 페리의 연구 이후, 일종의 객관주의에서 일종의 주관주의로, 그리고 일종의 메타주관적 합리주의로 수렴되는 3수준의 배열은 인식론적 발달의 근본적인 패턴에 대한 진정한 통찰로 보인다.

이와 같은 발달적 패턴이 지닌 문제는 그 존재에 대한 증거가 부족하다는 것이 아니라, 우리가 도처에서 이에 대한 증거를 발견한다는 사실이다. 즉 미취학 아동기, 아동기 후기, 청소년 이전기, 청소년기, 대학생기, 성인기, 그리고 다양한 인식론적 영역에서, 발달을 설명하기 위해 이 3단계가 제안되었다.

일반적인 발달과 관련하여, 챈들러와 동료들(2002)은 3단계의 순서가 실제로 근본적이며, 두 번 반복되고, 처음에는 아동기에, 그 다음에는 청소년기와 그 이후에 발생한다고 설득력 있게 주장하고 있다. 제2부의 결론을 내리자면, 5장과 6장에서 제시한 인식론적 발달의 그림은 두 번 순환되는 발달의 개념을 뒷받침하고, 3장에서 제안되며 4장의 문헌에 적용된 인식론적 인지에 대한 일반적인 개념을 입증한다.

그러나 인식론의 영역에 대한 질문은 여전히 해결되어야 할 문제로 남아 있으며, 발달적 그림을 상당히 복잡하게 만든다. 증명에 의존하는 논리는 경험적 증거와 이론적 해석에 열려 있어야 하는 과학과 인식론적으로 다르다. 나이가 많은 어린이들은 이러한 차이를 이해한다. 논리라는 영역 내의 인식론적 발달이 과학이라는 영역의 인식론적 발달과 평행을 이루거나 병행해야 하는지는 분명치 않다. 게다가 이제부터 살펴보겠지만, 추가적인 인식론적 영역이 있을 수도 있다.

III

인식론적 영역

7. 과학과 논리의 인식론
8. 도덕성과 사회적 관습의 인식론
9. 역사와 정체성의 인식론

III
인식론적 영역

우리가 이전의 두 장에서 살펴본 것처럼, 일반적으로 인식론적 인지는 이론적으로 의미를 갖는 순서, 즉 일종의 객관주의에서 일종의 주관주의로, 그리고 일종의 메타주관적 합리주의로 발달한다. 이 순서는 특정 지식에 대한 주장을 이해하고 대응하는 데 있어 아동기 전반에서 나타나는 보편적인 변화의 패턴이며, 보통 아동기를 넘어 오랫동안 확장되는 발달적 변화의 두 번째 주기에서도 나타난다.

그러나 이러한 발달적 그림은 인식론적 인지의 영역-특수성으로 인해 복잡해진다. 그리고 인식론적 영역-특수성에 대한 이론적 이해는 인식론적 인지가 그것에 특유한 방식으로 영역-특수적이라는 사실로 인해 복잡해진다.

우리는 다음 세 장에 걸쳐, 여섯 가지 잠재적인 인식론적 영역, 즉 과학, 논리, 도덕성, 사회적 관습, 역사, 정체성에 대해 살펴볼 것이다. 나는 우리가 영역의 구별을 진지하게 고려하지 않으면 인식론적 인지를 이해할 수 없지만, 그렇다고 해서 모든 영역의 구별을 열린 마음으로 받아들이는 것 역시 인식론적 인지를 이해하는 데 실패를 가져올 것이라고 주장할 것이다. 이러한 논의의 과정에서 나는 인식론적 영역을 식별하기 위한 기준을 제안하고, 이러한 기준을 토대로 제안된 여섯 가지 영역에 대하여 자세히 살펴볼 것이다.

7 과학과 논리의 인식론

많은 연구자와 이론가들은 적어도 부분적으로 인식론적 인지가 영역-특수적이라는 점을 주장해 왔다. 그러나 4장에서 논의했듯이, 무엇이 영역으로 간주되어 구분될 수 있는지에 대해서는 합의된 바가 없다. 우리는 이번 장과 다음 장에서 인식론적 영역, 즉 인식론적 근거에 따라 구분되는 영역에 초점을 맞출 것이다. 어떤 두 영역이 인식론적으로 구분되기 위해서는 각각이 진리와 정당화에 대한 명확한 개념에 토대를 두어야 하며, 더 나아가 이에 따른 명확한 추론의 형식을 수반해야 한다(Moshman, 2014).

경험 과학과 형식 논리 간의 구분은 가장 널리 받아들여지고 있는 인식론적 영역 간의 구분이다. 비록 일부 경험론자들이 이러한 구분에 의문을 제기한 바 있지만(Quine & Ullian, 1978), 거의 모든 인식론자들은 이러한 구분의 변형된 형식을 받아들이고 있다(Audi, 2011; 2장 참고). 피아제의 발달적 인식론은 그가 (물리적 혹은 경험적인 지식과 구분되는) 논리수학적logicomathematical 지식이라고 부르는 것의 논리적 필연성을 설명하는 데 중점을 두고 있다(Piaget, 1971b, 1972; Smith, 1993, 2002, 2006, 2009). 그리고 이러한 설명과 일관되게, 그의 인지 발달 이론은 경험적 지식과 논리수학적 지식을 점점 더 명확하게 구분해 가는 아동의 인지 구성을 설명하는 데 관심을 가지고 있다(Moshman, 1990; Moshman & Timmons, 1982; Piaget, 1941/1965a, 1987; Inhelder & Piaget, 1964).

과학은 물리과학, 생명과학, 행동과학, 그리고 사회과학을 포함한다. 이러한 학문 분야 간에는 많은 차이점이 있다. 하지만 이것들은 모두 증거를 토대로 세상의 다양한 측면을 설명하고, 더 나아가 새롭게 수집된 증거들에 맞서 자신의 설명을 검증하고 개선해 가는 것을 목표로 삼고 있다. 반면에 논리와 수학은 증거에 의존하지 않는다. 논리수학의 영역 안에서 우리는 반드시 참이거나 거짓이기 때문에, 우리는 미래에 수집 가능한 증거들에 맞서 우리의 설명을 검증할 필요가 없다. 즉, 우리는 이 영역 안에서 증거를 통해 검증할 수 없는 주장을 다룬다. 그렇다면 우리는 어떻게 그러한 지식을 갖게 되었을까?

대부분의 사람들은 과학자도 아니고 논리학자도 아니지만, 그럼에도 불구하고 경험적 지식과 논리수학적인 지식을 모두 가지고 있다. 곧 살펴보겠지만, 경험적 영역에서의 정당화와 진리에 대한 우리의 지식은 4장과 5장에서 설명한 인식론적 발달의 일반적인 패턴을 따라 발달한다. 이는 과학에 대한 개념이 본래적이고 기초적인 인식론적 영역임을 시사한다. 이 책의 전반부에서 다룬 내용의 대부분은 과학의 인식론과 관련이 있지만, 과학적 지식에 대한 가정이 항상 다른 유형의 지식에 적용될 수 있는 것은 아니다. 우리는 이번 장의 뒷부분에서 과학의 인식론에 대해 살펴볼 것이다. 하지만 우리는 먼저 일반적인 인식론적 발달의 과정, 즉 객관주의자, 주관주의자, 그리고 합리주의자적 인식론이라는 3단계에 따라 발달하지 않는 것 같아 보이는 논리의 인식론에 대해 살펴볼 것이다.

메타논리적 이해

메타논리적 이해metalogical understanding는 논리에 대한 개념적 지식이며, 특히 논리적 정당화와 진리의 본질과 관련되어 있다. 메타논리적 이해는 (1) 전제로부터 결론을 생성해 내는 과정으로서의 추리에 대한 인식, (2) 어떤 추리와 그에 따른 결론은 다른 것들보다 더 정당화될 수 있다는 것에 대한 이해, (3) 연역추리의 논리적 필연성과 함께, 명제, 추리, 논증의 논리적 속성에 대한 이해, (4) 독립적인 인식론적 영역으로서의 논리에 대한 개념화를 포함한다. 따라서 메타논리적 이해는 논리라는 인식론적 영역에서 작동하는 인식론적 인지라고 말할 수 있다. 이번 장에서 살펴볼 것이지만, 인식론적 인지는 메타논리적 이해의 네 가지 측면 모두와 관련하여 극적인 발달적 진전을 보인다.

메타논리적 이해를 연구할 때에는 확실성certainty과 필연성necessity, 즉 일반적으로 좋은 감정을 포함하는 심리적 상태(확실성)와 아동의 발달 과정 및 그 이후에 점차 높은 수준의 이해로 진전되어 가는 논리의 속성(필연성)을 구분하는 것이 중요하다. 우리가 연역추리와 연결시키는 확실성이라는 특별한 감정은, 연역추리의 결론이 전제로부터 필연적으로 도출되었다는 우리의 지각과 관련이 있다. 확실성은 다양한 형식의 메타인지와 관련된 심리적 상태이다. 반면에 필연성은 논리적으로 필연적인 진리를 가리킨다. 그러므로 필연성에 대한 지식은 논리의 영역에서 작동하는 인식론적 인지의 한 형태이다. 나는 논리의 엄격한 필연성을 의심하지 않고서도, 어떤 복잡한 논리적 추리를 100% 확신하지 않을 수 있다. 왜냐하면 나는 내가 실수했을 수도 있다는 것을 알기 때문이다. 사람들은 때때로 그들이 해야 하는 것보다, 더 확신하거나 덜 확신한다. 하지만 피아제에서 시작된 연구들은 논리적 필연성에 대한 개념이 체계적으로 진전되어 감을 보여 주어 왔다(1941/1965a, 1987, 2001; Inhelder & Piaget, 1958, 1964; Smith, 1993, 2002, 2006, 2009).

일반적으로 철학자들은 수학을 과학의 영역보다는 논리의 영역에 속한 것으로 여겨 왔다(그러나 Quine & Ullian, 1978을 참고). 수학적 진리는 경험적으로 개연적이거나 증거를 통해 검증되는 것이 아니라, 논리적으로 필연적이고 증명되는 것이기 때문이다. 이와 일관되게 피아제(1971b, 1972; Smith, 1993, 2006, 2009)는 경험적 지식과 논리수학적 지식을 구분한다. 논리와 수학은 모두 규칙 기반의 추론rule-based reasoning을 사용하며(Moshman, 1995a, 1998), 객관적인 진리로 널리 받아들여지는 것을 생성해 낸다.

초기의 수학적 발달은 숫자, 계산, 그리고 간단한 산술의 논리를 점차 이해해 가는 과정과 관련이 있다(Cauley, 1992; Gelman & Gallistel, 1979; Piaget, 1941/1965a; Smith, 2002). 6살 정도가 되면, 아동은 수학적 진리를 경험적 사실 및 사회적 관습과 구별하고 논리적 진리처럼 취급한다(Miller, 1986; Miller et al., 2000; Nicholls & Thorkildsen, 1988). 물론 수학의 영역에서도 덧셈의 결과를 세로식에서 위가 아닌 아래에 위치시키는 것과 같은 관례가 존재하며, 이러한 관례는 변경 가능한 것으로 인식된다. 하지만 수학의 논리적 측면과 관습적 측면을 조정하는 것은 초등학교 시기 내내 어려운 문제로 남아 있다(Laupa & Becker, 2004). 구성주의자적인 수학 교육은 논리에 대한 이해를 높여 수학적 인지를 구성하도록 장려하는 것을 목표로 한다.

메타논리적 이해의 발달

논리의 발달에서 시작점은 없으며, 적어도 이 책에서 우리가 관심을 가져야 할 만한 시작점은 없다. 논리는 생물학적 자기규제의 규범 안에 내재해 있다(Piaget, 1971a). 세 아이의 유아기에 대한 고전적인 종단 연구에서, 피아제(1936/1963)는 점점 더 조정되어 가는 감각운동 행동sensorimotor action에 내재된 논리의 형식이 순차적으로 출현함을 발견하였다. 이 연구를 확장한 랭거(1980/1986)는 생후 2년 동안 출현하는 감각운동 논리에 대해 상세하게 기록했다. 이러한 논리는 인간의 게놈 안에 내재된 것이라기보다는, 세상과의 감각운동적 상호작용 과정에서 적극적으로 구성되는 것이다. 심지어 우리의 유전자가 논리를 시작 및 구성 가능하게 한다고 하더라도, 유전자 자체는 수천 세대에 걸친 진화적 과정의 산물이기에 논리의 기원이라고 말할 수 없다.

아동이 말을 하기 시작하면, 그들의 추리를 기록하는 것이 가능해진다. 미취학 아동은 일상적으로 연역추리 규칙에 완벽하게 일치하는 추리를 하게 된다(Braine &

O'Brien, 1998; Scholnick & Wing, 1995). 하지만 그들의 추리는 자동적이고 직관적이다. 미취학 아동은 추리 과정에 대한 (메타인지적) 의식을 보이지 않으며, 자동적 추리에 내재된 논리에 관한 (메타논리적) 지식도 보이지 않는다.

인지 심리학은 인간의 인지가 자동적 추리 과정을 포함하고 있으며, 더 나아가 이에 크게 의존한다는 사실을 오랫동안 알고 있었다(3장 참고). 연령에 상관없이, 우리는 데이터를 훨씬 넘어서는 지식의 구조를 구성한다. 종종 성인조차 추리의 과정, 즉 그들 지식의 일부가 다른 지식에 의해 생성되었다는 점을 의식하지 못하며, 또 전제와 결론을 구분하는 데도 실패한다.

그러나 미취학 아동과는 달리, 성인은 자신의 추리에 대해 잠재적으로 의식하고 있으며, 전제와 결론 간의 구분에 대한 지식을 가지고 있다. 성인의 경우, 자신이 어떤 유형의 추리를 하고 있다는 점을 알지는 못한다 할지라도, 자신이 추리를 한다는 것, 그 자체에 대해서는 의식하고 있다. 심지어 그들이 전제와 결론을 구별하는 데 실패한다 할지라도, 그들은 원칙적으로 양자의 차이를 이해한다. 반면에 미취학 아동은 특정한 유형의 추리를 알지 못할 뿐만 아니라, 자신이 추리하고 있다는 것 그 자체에 대해서도 의식하지 못하는 것으로 보인다. 즉 성인들도 무엇을 무엇으로부터 추리했는지 추적하지 못할 수 있지만, 미취학 아동은 다른 어떤 것으로부터 어떤 것을 추리하였다는 사실을 의식하지 못하며 전제와 결론을 구분하지도 않는다.

여기서 중요한 점은, 성인과 미취학 아동 간의 차이가 미취학 아동은 추리를 하지 못하고 성인보다 추리를 할 가능성이 낮다는 것을 의미하는 것이 아니라는 점이다. 미취학 아동과 성인 간의 차이는 미취학 아동이 자신은 물론 타인이 수행하는 추리의 과정을 의식하지 못한다는 점이고, 따라서 추리 과정에서 입력 값과 출력 값을 구분하지 못한다는 것이다.

그러나 만 6세가 되면, 아동은 자신과 타인 모두에게 추리가 지식의 잠재적인 원천임을 인지하게 된다. 소디안Sodian과 윔머Wimmer(1987)가 수행한 고전적인 연구에 따르면, 4~6세 아동은 추리가 지식의 잠재적인 원천임을 이해하기 시작한다. 그들이 수행한 가장 기본적인 연구를 살펴보자. 그들은 먼저 빨간 공이 담긴 용기를 아동에게 보여 준다. 그리고 공 하나를 용기에서 꺼내어 다른 가방에 옮겨 담는다. 아동은 어떤 공이 가방으로 옮겨졌는지 알지 못하고, 그 공을 볼 수도 없다. 그러나 이 상황에서 4세 아동은 가방 속에 빨간 공이 들어 있을 것이라고 올바르게 추리했다. 하지만 6세 이상의 아동만이 타인도 자신과 동일하게 추리했을 것이라는 점, 즉 타인 역시 가방 속을 보지 않더라도 그 안에 빨간 공이 들어 있다고 추리할 것이라는 점을 이해했다. 더 나아가 6세 이상의 아동은 용기 안에 동일한 색의 공이 들어 있지 않을 경우, 타인이 가방 속으로 옮겨진 공의 색깔을 추리할 수 없다는 점을 이해하고 있었다. 이후에 수행된 연구들은 일반적으로 6세의 아동이 추리를 지식의 잠재적인 원천으로 바라보는 반면에, 이보다 어린 아동은 비록 그들이 올바르게 추리할 수 있는 능력을 지니고 있음에도 불구하고, 추리가 지식의 잠재적인 원천임을 이해하지 못한다는 점을 보여 주었다(Miller, hardin, & Montgomery, 2003; Pillow, 1999, 2002; Pillow, Hill, Boyce, & Stein, 2000; Rai & Mitchell, 2006; 그러나 추리에 대한 초기 이해에 대해서는 Keenan, Ruffman, & Olson, 1994를 참고, 그리고 Keenan et al., 1994에 대한 비판은 Pillow, 1999를 참고).

추리에 대한 의식은 어떤 추리의 경우 다른 추리들에 비해 더 정당화될 수 있음을 이해하도록 하고, 따라서 보다 나은 정당화된 결론을 도출하도록 할 가능성을 열어 준다. 필로우Pillow(2002)는 추리를 요하는 과제를 5~10세 아동 112명 및 대학교 학부생 16명에게 제시하는 일련의 두 가지 실험 연구를 수행한 바 있다. 그들에게 제시된 과제에는 연역추리, 귀납추리, 정보에 입각한 (특히 부분적 정보에 기반한) 추측, 그리고 순수한 추측을 요하는 과제들이 포함되어 있었다. 모든 연령대의 참가자들은 연역추리의 경우 결론에 대해 매우 확신했고, 나머지 추리의 경우 덜 확신하는 경향을 보였다. 심지어 가장 어린 아동(5~6세) 조차도 추측보다 연역추리에 따른 결과에 더 강환 확신을 보였고, 제시된 전제를 언급하면서 연역적 결론을 정당화하였다. 8~10세의 아동은 귀납추리보다 연역추리에 훨씬 더 강한 확신을 보였고, 순수한 추측보다는 귀납추리에 더 큰 확신을 보였다. 성인의 경우에는 연역추리, 귀납추리, 정보에 입각한 추측, 순수한 추측 순으로 강한 확신을 보였다. 즉 성인은 아동에 비해 확실성에 대한 분명한 위계 구조를 나타냈다.

다른 연구에서도 유사한 결론이 도출되었다. 아동은 적어도 5세나 6세 정도가 되면, 연역추리가 지닌 특별한 확실성에 대한 직관을 가지고 있다. 그러나 다양한 유형의 추리 및 추측 간의 미묘한 차이를 구분하도록 하는 충분한 이해의 발달은 아동기 이후로 오랫동안 지속된다(Galotti, Komatsu, & Voeltz, 1997; Pillow, 2012; Pillow & Pearson, 2012; Pillow et al., 2000).

밀러Miller, 커스터Custer, 그리고 낫소Nassau(2000)는 7세, 9세, 그리고 11세 아동 100명을 대상으로 논리적 필연성(예: 전등은 켜져 있거나 꺼져 있어야 함), 수학적 필연성(예: 3은 2보다 큼), 정의에 따른 필연성definitional necessities(예: 삼각형은 세 변을 가지고 있음), 물리적 법칙(연필을 놓으면 결국 떨어짐), 사회적 관습(예: 학생은 학교에서 신발을 신음), 그리고 임의적 사실(어떤 상자에 분필이 있거나 없음)에 대해 인터뷰를 진행했다. 참가자들에게는 다양한 참인 진술이 어디에서나 참인지 아닌지(공간적 보편성), 이러한 진리가 변화될 수 있는지 없는지(변화 가능성)에 대한 질문이 주어졌다. 더 나아가 그들에게 "세 변을 가지고 있지 않은 삼각형"과 같은 대안을 그려 보도록 하고, 그러한 대안을 과연 상상할 수 있는지 질문했다. 어린 아동조차도 논리적, 수학적, 정의에 따른 필연성이 보편적이고 변하지 않는다는 점을 어느 정도 알고 있었다. 나이가 들면서, 아동은 그러한 필연적 진리를 위반하는 것이 문자 그대로 상상할 수조차 없다는 것을 점차 알게 되었고, 그러한 필연성을 다른 종류의 지식과 점점 더 구별했다.

이와 관련된 또 다른 연구 결과들은 메타논리적 이해의 발달에 대한 그림을 확인시켜 주고 풍부하게 만든다. 아동은 6세 정도부터 논리적 필연성, 일관성, 그리고 불가능성에 대한 어느 정도의 이해를 보인다(Miller, 1986; Ruffman, 1999; Somerville,

Hadkinson, & Greenberg, 1979; Tunmer, Nesdale, & Pratt, 1983). 메타논리적 발달은 필연성, 가능성, 충분성, 불확정성, 그리고 관련된 개념들에 대한 이해가 증가함에 따라 아동기의 나머지 기간 동안 계속 이어진다(Byrnes & Beilin, 1991; Morris & Sloutsky, 2001; Moshman, 1990; Moshman & Timmons, 1982; Piaget, 1987; Piéraut-Le Bonniec, 1980; Ricco, 1997; Ricco, McCollum, & Wang, 1997). 교육은 메타논리적 이해의 증진을 목표로 할 수는 있지만, 이런 종류의 메타논리적 개념을 배우는 능력은 연령에 따른 제약이 있는 것으로 나타난다(Klahr & Chen, 2003). 아동이 청소년기에 접어들면, 그들은 메타논리적 이해에서의 진전을 보인다. 약 11세가 되면, 그들은 심지어 거짓된 전제나 결론을 포함한 논증의 사례에서도, 거짓된 혹은 가정적인 명제들 간의 논리적 상호 연결을 인식하고 평가하도록 해주는 형식[form]에 근거하여 논리적으로 타당한 주장이 무엇인지를 인식한다(Efklides, Demetriou, & Metallidou, 1994; Franks, 1996, 1997; Markovits & Bouffard-Bouchard, 1992; Markovits & Nantel, 1989; Markovits & Vachon, 1989; Moshman & Franks, 1986).

요약하면, 아동은 6~7세 정도가 되면 논리적 진리와 경험적 진리를 구분하기 시작하며, 이러한 구분은 논리적 진리의 논리적 필연성에 대한 이해에 토대를 두고 있다. 더 나아가 그들은 논리적 지식과 경험적 지식의 구분에 대한 보다 성찰적인 이해를 구성하게 된다(Inhelder & Piaget, 1958, 1964, Miller, 1986; Miller et al., 2000; Moshman, 1990, 2004b, 2009b, 2014; Moshman & Franks, 1986; Moshman & Timmons, 1982; Piaget, 1941/1965a, 1987; Piéraut-Le Bonniec, 1980; Pillow, 2002; Pillow & Anderson, 2006; Ricco, 출판 중; Ricco & Overton, 2011; Smith, 1993, 2006, 2009). 그러므로 논리와 과학의 영역은 능동적으로 구성되고, 점차 인식되어 간다.

그렇다면 우리는 메타논리적 지식을 어떻게 갖게 되는가? 만일 메타논리적 이해가 발달의 결과라면, 그러한 발달은 어떻게 진행되며, 어떻게 가장 잘 설명될 수 있는가?

메타논리적 이해의 구성

논리는 처음에 행동에 내재되어 있다. 즉 최초에는 감각운동적 행동에 내재되어 있고(Langer, 1980, 1986; Piaget, 1936/1963), 그 후에는 분류 및 순차 배열과 같은 정신적 활동에 내재되어 있다(Inehlder & Piaget, 1964). 메타논리적 이해의 발달은 점점 더 명확해지는, 인지의 초기 형태에 내재된 논리와 필연성에 대한 지식의 발달을 의미한다(Moshman, 1990, 2004b; Moshman & Timmons, 1982). 그러한 발달은 4단계의 순서로 기술 및 설명될 수 있다(Moshman, 1990). 각 단계는 (1) 이해 대상의 명시성과 (2) 사고 주체의 추리에 내재된 지식과 관련하여 정의된다. 일련의 순차적인 단계의 구성은 성찰의 과정을 수반하며, 그리하여 이전 단계에서 암묵적이었던 것이 이후 단계에서 명시적인 성찰의 대상이 된다.

1단계(명시적 내용/암묵적 추리)에서, 아동은 (논리학자들이 말하는) 전제로부터 (논리학자들이 말하는) 결론을 추리한다. 하지만 아동은 논증의 내용에만 집중한다. 아동은 그가 사고하고 있는 것에 대해 알고 있지만(예를 들어, 다양한 동물의 상대적인 크기), 자신이 추리하고 있다는 것은 알지 못하며, 따라서 전제와 결론을 구분하지 못한다. 이 단계는 6세 이하 아동에게서 전형적으로 나타난다.

2단계(명시적 추리/암묵적 논리)는 아동이 지식의 원천으로서 추리를 인식하면서, 즉 새로운 지식이 이전 지식으로부터 도출된 추리의 결과라는 점을 인식하면서 시작된다. 이전에는 암묵적이었던 추리를 성찰하면서, 아동은 형식과 필연성이라는 새로운 지식을 얻게 된다. 이전에 논의하였듯이, 아동은 6세 정도에 추리를 지식의 원천으로 인식하게 되고(Sodian & Wimmer, 1987), 그 이후에는 점차 논리적 필연성에 반응한다. 2단계는 초등학교 학생들에게서 전형적으로 나타난다.

3단계(명시적 논리/암묵적 메타논리)에서 추론자는, 전제와 결론에 포함된 내용의 경험적 진리와는 관계없이 전제와 논증의 형식에 의해 도출된 결론의 필연성에 근거하여 타당한 논증과 부당한 논증의 구분을 가능하게 하는, 논리적 형식에 대한 명시적 인식을 얻게 된다. 형식과 필연성에 대한 성찰을 통해, 청소년들은 경험 과학과는 구분되는 인식론적 영역으로서의 논리에 관한 메타논리적 이해를 얻게 된다. 추리의 타당성에 대한 이해는 11세 또는 12세 정도부터 시작된다(Moshman & Franks, 1986). 3단계는 청소년과 성인에게서 전형적으로 나타난다.

마지막으로 4단계(명시적 메타논리)는 형식 논리 체계의 본질과 상호 관계, 그리고 인간의 자연어와 같은 또 다른 체계와의 상호 관계에 대한 성찰을 수반한다. 이것은 논리학자의 단계이지만, 많은 사람들이 다양한 맥락에서 4단계의 통찰을 얻는 것이 가능하다.

각 단계에서 다음 단계로의 전환을 설명하는 발달의 과정은 생득주의자적이나 경험주의자적이기보다는 구성주의자적이다. 유전자와 환경 모두 발달에 필수적이지만, 그중 어느 것도 압도적이지 않다. 논리는 우리 유전자에 새겨진 것도 아니고, 환경으로부터 배우는 것도 아니다. 오히려 그것은 지속적인 성찰을 통해 합리적으로 구성되며, 각 단계는 이전 단계에 대한 메타논리적 이해의 진전을 나타낸다.

메타논리에 대한 이해는 언제 시작되는가? 아마도 논리에 대한 이해 이후가 되겠지만, 구성주의자적 분석은 정확한 시작점에 대한 모든 질문을 복잡하게 만든다. 자신의 논리적 추리를 성찰하고 있는 2단계 아동은 이미 논리에 대해 성찰하고 있다고 말할 수 있으며, 따라서 메타논리적 이해를 획득해 가고 있다. 그러나 그 아동이 성찰하는 추리의 과정은 논리의 본질과 이후의 발달 과정을 이해하고자 하는 연구자가 지닌 외부적 관점에서만 논리적일 수 있다. 아동의 2단계 관점은 아직 형식과 필연성에 대한 핵심적인 논리적 개념을 포함하고 있지 않다. 아마도 진정한 메타논리는 3단계까지는 나타나지 않을 것이다. 하지만 3단계의 메타논리적 이해조차도 단순히 추론의 틀만을 제공할 뿐이며, 그 자체로는 명시적인 관심의 대상이 아니다. 오직 4단계만이 메타논리의 단순한 사용이 아닌, 진정한 이해를 보여 준다.

그러므로 메타논리적 이해를 규정하는 우리의 기준에 따르면, 메타논리적 이해의 기원은 2단계, 3단계, 혹은 4단계에 위치할 수 있다. 따라서 메타논리적 이해는 6세에 나타나거나, 청소년과 성인에게만 국한되거나, 대부분 논리학자의 영역이라고도 말할 수 있다. 하지만 구성주의자적 분석은 메타논리적 이해가 어느 나이 대에 나타나는지를 (만일 가능하다면) 결정하기 위해, 메타논리의 적절한 기준을 두고 소란을 피우지 않는다. 대신 구성주의자적 분석은 발달이 점점 더 명시적이고 강력해지는 메타논리적 이해의 수준을 거쳐 점진적으로 진행되며, 각 단계는 이전 단계를 초월하여 추가 발달의 가능성을 열어 준다는 점을 상기시켜 준다.

과학의 인식론

과학이라는 영역에서의 인식론적 인지는 과학의 인식론에 대한 이해를 수반한다. 과학의 인식론은 두 가지 중복되는 철학 분야, 즉 인식론과 과학철학의 교차점에 놓여 있다. 양자의 접점은 매우 크고, 심지어 중복되는 것의 밖에 남아 있는 것보다 더 클 수 있다. 왜냐하면 과학의 인식론은 두 분야 모두에서 핵심적이기 때문이다. 즉, 인식론은 대체로 과학적 지식과 관련이 있다(Audi, 2011). 반면 과학철학은 과학의 인식론, 즉 과학적 주장의 진리 및 정당성 그리고 과학적 지식의 진전과 이를 확인할 수 있는 가능성에 주로 관심을 두고 있다(Rosenberg, 2012).

과학의 인식론에서 핵심은 과학적 지식의 경험적 기초이다(Rosenberg, 2012). 지각을 과학에서 핵심적인 것으로 간주하기 위해, 우리가 반드시 경험주의자가 되어야 하는 것은 아니다. 과학의 영역에서 지식에 대한 주장이 과학적이려면, 지각을 통해 도출된 증거를 필요로 하는 경험적 검증을 거쳐야 한다. 과학 이론은 또한 정합성이나 간결함parsimony과 같은 다른 기준에 의해서도 평가된다. 그러나 경험적 증거는 과학적 정당화의 원천으로서 특별한 역할을 하며, 따라서 과학적 지식에 있어서도 특별한 역할을 한다.

인식론자와 철학자만이 지각을 지식의 원천으로 보는 것은 아니다. 거의 모든 사람이 4세 정도부터, 아니면 그보다 더 일찍부터, 지각을 지식의 원천으로 인식한다(Pillow, 1989). 하지만 이번 장에서 살펴본 것처럼, 대부분의 아동은 6세가 되어서야 추리를 지식의 원천으로 인식한다. 추리를 지식의 원천으로 인식하는 지식의 구성은 과학과 논리를 암묵적으로 분리하며, 따라서 과학을 논리와는 구별되는 잠재적인 인식론적 영역으로 인식하도록 한다. 또한 이미 살펴본 바와 같이, 과학과 논리에 대한 성찰적 차별화는 점점 더 명확해지는 수준을 거치면서 유아기를 넘어 오랫동안 지속된다.

과학은 믿음이 아닌 지식을 목적으로 한다. 과학자들은 일반적으로 그들의 이론과는 충분히 다른 실재reality가 있다고 가정하며, 따라서 이론은 거짓일 수 있다고 생각한다. 이에 그들은 진리와 정당화에 대한 인식론적 질문을 제기한다. 그러나 과학은 단순히 실재를 가능한 한 최선을 다해 기술describe하는 데 만족하지 않는다. 과학은 설명explain을 목표로 한다. 비록 양자역학의 확률적 형이상학을 고려한다 할지라도, 과학적 설명은 인과적 설명causal explanation을 이상으로 삼는다(Koslowski, 1996, 2013; Koslowski, Marasia, Chelenza, & Dublin, 2008; Rosenberg, 2012; Zimmerman, 2000).

인과적 설명에 초점을 맞추게 되면, 과학이라는 인식론적 영역은 논리수학적 영역과 더욱 구별된다. 스위치를 켜는 원인은 불이 들어오는 결과를 야기한다. 하지만 2 더하기 2는 4를 야기하지 않는다. 논리적이고 수학적인 관계는 인과적이지 않다. 그들은 동일한 의미를 내포하는 함축관계이지, 인과관계가 아니다(Smith, 1993, 2006).

인과관계는 분명 복잡하고 미묘한 문제이다(Hewitson, 2014; Koslowski, 1996; Piaget, 1974; Rosenberg, 2012; Witherington, 2011). 생물학적 체계는 물리학에서 볼 수 없는 자기규제적인 형식의 인과관계를 보여 준다. 이러한 방식으로 출현하는 자기규제는 물리 법칙과 양립할 수 있지만, 물리 법칙으로 환원되지는 않는다. 보다 높은 수준의 출현emergence으로 인해, 행동과 사회적 조직은 인과적 설명을 더욱 복잡하게 만든다. 점점 더 복잡하고 순환적인 형식의 인과관계를 나타내는 복잡하고 역동적인 체계가 출현했음에도 불구하고, 인과적 설명은 물리학, 생물학, 행동 및 사회과학 전반에 걸쳐 여전히 중요하다(Witherington, 2011).

과학이라는 학문 분야에는 다양한 인과론이 존재한다. 그러나 이러한 다양한 분야가 정당화 또는 진실에 대한 차별화된 개념, 혹은 근본적으로 구별되는 다른 형식의 추론을 필요로 하는 것으로 보이지는 않는다. 따라서 다양한 형식의 인과적 설명을 지닌 다양한 학문 분야가 존재함에도 불구하고, 과학은 하나의 인식론적 영역으로 간주되는 것이 최선이다. 과학은 세계에 대해 경험적으로 설명하는 지식의 영역이다.

과학 인식론의 발달

태어난지 몇 달 안 된 유아조차도, 세계와 그것을 통제하는 자신의 힘을 점점 인과적인 측면에서 구성해 나간다. 따라서 그들은 경험적 실재를 다루는 어린 과학자로 불릴 만하다(Piaget, 1937/1954). 그러나 발달적 연속선상의 반대편 끝에 위치한 대학생이나 대학원생조차도 종종 과학 인식론의 중요한 측면, 즉 과학 이론의 본질과 역할을 이해하는 데 실패한다(Thoermer & Sodian, 2002). 그럼에도 불구하고 양자 사이에서는 극적인 발달적 변화가 일어나며, 이러한 변화를 조사하고자 시도한 상당히 많은 연구들이 존재한다.

수잔 캐리Susan Carey와 캐롤 스미스Carol Smith는 과학의 인식론에 대한 학생들의 이해를 조사한 연구와 이론을 검토한 후, 다음과 같은 세 가지 수준을 정리하여 제시하였다(1993; 또한 Carey et al., 1989; Smith et al., 2000을 참고). 수준 1에서 "학생들은 아이디어와 아이디어 생성, 특히 실험을 명시적으로 구분하지 않는다. 과학자는 '그것'이

제대로 작동하는지 확인하기 위해, '그것'을 시도한다." 연구의 실용적인 측면에서 볼 때, 구체적으로 명명되지 않은 "그것은 아이디어, 사물, 발명, 혹은 실험일 수 있다(p. 249)." 이와는 대조적으로 수준 2의 학생들은 "아이디어와 실험을 명시적으로 구분"하며, 실험을 "아이디어가 옳은지 확인하기 위해 검증"하는 것이라고 이해한다(p. 249). 그러나 아이디어는 단순한 추측으로 간주된다. 수준 2의 학생들은 아이디어가 증거에 의해 수정되거나 포기되어야 할 수도 있다는 것을 인식하지만, 가설이 일반 이론에 토대를 둔 예측prediction임을 이해하지는 못한다. 오직 수준 3의 학생들만이 이론의 본질, 가설을 생성하는 데 있어 이론의 역할을 이해한다. 더 나아가 반증 증거에 직면했을 때 가설은 물론, 이것의 토대가 되는 이론 역시 재고되어야 한다는 점을 이해한다. 이 가장 높은 수준에 위치한 과학 인식론자들은 "과학의 순환적이며 누적적인 본질을 인식하고, 과학의 목표를 자연 세계에 대한 보다 깊은 설명의 구성으로 설명한다"(p. 250). 일반적으로 중등학교의 학생은 처음 두 수준에서 추론을 한다. 비록 그들이 "가설 검증의 논리"를 이해하고 적용하는 데 실패할 수도 있지만, 과학적 추론에서 그들이 겪는 어려움은 논리적인 것이 아니라 대체로 인식론적인 것이다.

> 학생의 어려움은 부분적으로 이론, 특정 가설, 그리고 증거를 명확히 구분하지 않는 자신의 순진한 인식론을 반영한 것일 수 있다. 그들이 지닌 인식론은 가설과 실험 사이에 존재하는 것보다 더 직접적인 관계를 기대하게 하고, 가설을 검증함에 있어 보조적인 가정을 간과하게 하며, 실제로 데이터가 허용하는 것보다 더 확실한 결론을 데이터로부터 도출하도록 한다.
>
> (p. 240)

캐리와 스미스(1993)가 관찰한 바에 따르면, 대부분의 과학 교육은 학생들을 수준 2 이상으로 끌어올리는데 거의 도움을 주지 못한다. 즉 이론의 역할에 거의 관심을 기울이지 않고, 신중한 관찰과 실험 기술에만 초점을 맞추고 있다. 그 결과, 과학 교육은 학생들에게 "가설은 비판적인 실험에서 도출된 데이터에 의해 특별한 문제 없이 간단한 방식으로 검증되며, 과학적 지식은 실험에 의해 검증된 가설들의 집합이 꾸준하게 축적된 것"(p. 236)이라는 경험주의자적 인식론을 전달하게 된다. 이에 캐리와 스미스(1993)는 과학 교육이 학생들에게 "과학에 대한 보다 구성주의자적 인식론"을 제시하고, 학생들로 하여금 "과학자들이 특정 가설과 이를 검증하기 위한 실험을 생성 및 해석하는 토대로서 이론을 지니고 있다는 점에 대한 이해를 발달"(p. 236)시킬 수 있도록 도움을 주어야 한다고 주장한다.

윌리엄 샌도벌William Sandoval(2005; Sandoval & Reiser, 2004도 참고) 역시 과학 교육의 핵심이 과학의 인식론을 이해하는 것이라고 보면서, 과학의 구성적 본질을 강조한다.

> 아마도 학생이 이해해야 할 가장 중요한 인식론적 개념은 과학적 지식이 단순히 세상에서 발견되는 것이 아니라, 사람들에 의해 구성된다는 점이다. 실제로 과학은 자연 세계의 관찰을 설명하려는 노력으로서 가장 잘 특징지어질 수 있다. 이 개념의 핵심은 이론과 관찰 사이에 변증법적 관계가 있다는 것이다.
>
> (p. 639)

즉 이론과 관찰은 서로에게 지속적인 영향을 미치며, 어느 것도 우선권을 지니거나 다른 한쪽을 결정하지 않는다. 또한 샌도벌은 학생들 자신의 탐구가 과학에 대한 "형식적인 인식론"보다는 보다 나은 이해를 보여 주는 "실용적인 인식론"에 의해 인도된다고 주장한다. 그는 두 인식론이 서로 연결되어 있으며, 우리는 두 가지 모두의 발달에 관심을 가져야 함을 주장했다.

개일 시나트라Gale Sinatra와 클락 친Clark Chinn(2012)도 과학적 추론에 있어서 인식론적 인지의 역할을 강조했다. 그들은 과학 교육이 과학의 인식론을 포함하는 과학의 본질에 대한 이해를 촉진해야 한다고 주장했다. 이러한 주장이 과학적 추론에 담겨 있는 전문적인 내용 지식의 중요성, 그리고 더 큰 전문성을 향한 개념적 변화를 촉진하는 과학 교육의 역할을 부정하는 것은 아니다. 그러나 개념적 변화를 촉진함에 있어, 과학 교육은 인식론의 개념적 변화의 중요성을 간과해서는 안 된다.

과학의 인식론에 대한 이해의 발달적 변화는 6장에서 강조하였던 인식론적 발달의 표준적인 3단계 모형과 일치한다. 핵심적인 내용을 살펴보면 다음과 같다. 먼저 객관주의자는 적절한 방법론이 진리를 산출한다고 생각한다. 그리고 가설 검증을 변수를 통제하는 객관적인 문제로 바라본다. 과학은 이러한 진리의 축적물이며, 가끔씩 오류 수정이 이루어진다. 주관주의자는 과학적 지식이 이론으로 구성되어 있고, 이론은 사람들이 구성하는 것이며, 과학자들이 바로 이 사람들이라고 생각한다. 주관주의자들은 우리의 이론이 우리가 찾는 데이터를 결정하고, 무엇이 증거로 간주되는지를 결정하며, 증거의 해석을 이끈다고 주장한다. 우리가 과학자이든 일반인이든 간에, 지식으로 간주되는 것은 우리의 다양한 견해일 뿐이라고 주관주의자들은 결론을 내린다. 합리주의자는 지식의 본질적인 주관성을 충분히 인정한다. 그럼에도 불구하고 그들은 지식의 진보가 관점, 이론, 그리고 데이터의 반성적 조정을 통해 가능하다고 주장한다.

주관주의자적 통찰은 보다 쉽게 출현할 수 있으며, 그 결과 주관주의자적 인식론은 "자연" 과학(즉 객관적 과학)으로 인식되는 것보다는 "사회" 과학(즉 주관적 과학)으로 인식되는 것과 관련하여 더 오랫동안 지속될 수 있다. 따라서 세 가지 수준을 통해 발달해 가는 정도는 과학의 분야별로 다를 수 있다. 이는 주요 교육적 함의를 지닌 중요한 심리학적 문제이다.

그러나 경험적 영역과 논리수학적 영역 사이의 깊은 구분은 과학 분야 간의 구분보다 더 근본적이다. 다양한 과학 분야에 인식론적 통찰을 적용하는 데 있어 우리가 이룬 발달적 진보가 무엇이든 간에, 인식론적 발달은 경험 과학의 설명적이고 인과적인 본질과 논리 및 수학의 형식적 필연성 간의 구분을 포함한다.

논리적 추론과 과학적 추론

추론reasoning은 인식론적인 자기규제적 사고epistemologically self-regulated thinking이다. 사고thinking는 자신의 목적을 달성하기 위해 자신의 추리inference를 메타인지적으로 조정하는 것이다. 추론의 목적은 진리와 정당화를 극대화하는 것이다. 하지만 진리란 무엇이며, 우리는 어떻게 진리에 대한 주장을 정당화하는가? 논리와 과학은 이러한 질문에 대해 서로 다른 답을 제공하고, 따라서 서로 다른 형식의 추론을 제공한다. 논리와 과학에서의 인식론적 발달은 대체로 각각을 구분하는 문제, 즉 진리와 정당화에 대한 특유의 개념을 지닌 별개의 영역으로 구분하는 문제이다. 그리고 이 문제에는 동등하게 구별되는 추론의 형식을 인식하는 것이 포함된다(Moshman & Tarricone, 출간 예정).

논리적 추론은 본질적으로 규칙 기반이다. 즉 규칙을 따른다면, 진리는 보장되고 정당화는 절대적이다. 논리적 추론은 증거를 얻는 문제가 아니므로, 증거에 의존하지 않는다. 오히려 논리적 추론은 필연성, 가능성, 불가능성 그리고 증명을 포함한다(Gauffroy & Barrouillet, 2011; Ricco, 1997, 출판 중).

로버트 리코Robert Ricco와 윌리스 오버튼Willis Overton(2011; 또한 Ricco를 참고, 출판 중)은 수십 년 동안 수행되어 온 연구와 일치하는, 그들이 연역 추론의 "역량 ↔ 절차적 처리 과정 모형"Competence ↔ Procedural processing model이라고 부르는 것을 제시한 바 있다. 이 이중 처리 모델에서 시스템 1은 영역 특수적이며, "추산적heuristic, 암묵적, 자동적인 처리 과정"을 포함한다. 그리고 이는 "문제의 내용에 크게 의존하는 맥락적 표현"에 대해 "실시간"으로 작동한다(p. 124). 시스템 2는 영역 일반적이며, "보편적,

지속적, 조직적인 마음의 작동"을 포함한다. 그리고 "탈맥락화되어 있고 분리되어 있으며 이차적 혹은 메타적 표현"에 대해 작동한다(p. 124). 케이스 스타노비치Keith Stanovich(2011)가 이론적으로 제안한 바를 바탕으로, 그들은 역량 시스템을 두 개의 하위 시스템, 즉 알고리즘적 하위 시스템과, 성찰적 하위 시스템으로 구분한다. 규칙과 연산의 알고리즘적 하위 시스템은 정신 논리나 자연적 연역 체계를 제공한다. 반면 "성찰적 시스템은 실제적이고 인식론적인 자기규제를 제공하며, 인식론적인 혹은 메타논리적인 규범의 출현을 포함한다"(p. 119). 메타논리적 이해의 발달적 진전은 시스템 2인 성찰적 하위 시스템의 발달에 핵심적이다. 그러므로 우리는 논리적 추론의 발달과 관련된 여러 측면 중, 논리의 영역에서 작동하는 인식론적 인지의 발달을 중요하게 고려한다.

논리적 추론은 과학에서 핵심적이다. 가정적인 명제들 사이의 논리적 관계성을 인식하고 평가하는 청소년과 성인의 능력은, 그들로 하여금 다양한 가능성의 잠재적인 상호관계를 고려할 수 있도록 하며, 따라서 명시적인 이론들을 형식화하고 검증하도록 한다(Inhelder & Piaget, 1958; Kuhn, Amsel, & O'Loughlin, 1988; Moshman, 2011a; Zimmerman, 2000). 과학적 추론은 논리와 관련된 곳에서는 반드시 논리적이어야 한다.

그러나 과학에는 논리보다 더 중요한 것이 있다(Carey & Smith, 1993; Koslowski, 1996, 2013; Rosenberg, 2012). 과학적 추론은 단순히 경험적 증거에 논리를 적용하는 것이 아니다. 과학적 결론은 논리적으로 필연적이지 않다. 이론은 단순한 가설이 아니며, 가설이 확인되지 않는다 하더라도 즉시 포기해야만 하는 것도 아니다(Chinn & Brewer, 1993; Koslowski, 2013; Rosenberg, 2012).

클락 친과 윌리엄 브루어William Brewer(1993)는 사람들이 비정상적인 데이터에 반응하는 7가지 방식을 보여 주었다. 때때로 우리는 데이터를 가볍게 무시한다. 때때로 우리는 데이터를 거부할 근거를 찾는다. 때때로 우리는 우리가 가진 이론의 영역에서 데이터를 제외할 이유를 찾는다. 때때로 우리는 지금 당장 데이터를 보류하기로 결정한다. 때때로 우리는 우리의 이론을 유지할 수 있는 방식으로 데이터를 재해석한다. 때때로 우리는 주변적인 수준에서 우리의 이론을 변경한다. 그리고 자주는 아니지만, 때때로 우리는 우리의 이론을 크게 변경한다. 이러한 모든 반응은 모든 연령대의 일반인뿐만 아니라 과학자들 사이에서 발견되며, 때때로 이 모든 반응이 정당화되기도 한다. 과학 이론의 진보는 단순히 논리적 가설 검증의 문제가 아니다. 하지만 이러한 다양한 방식으로 데이터로부터 이론을 보호하는 것은 보통 과학적 진보를 훼손한다. 친과 브루어가 주장했듯이, 자신의 근본적인 인식론이 중요하다. 만약 학생들이 이론과 데이터의 본질 및 상호관계에 대해 이해하고, "과학은 정적인 지식의 집합이 아닌 진화하는 이론에 대한 지속적인 논쟁 과정"(p. 33)이라는 점을 인식한다면, 이론의 성찰적 변화가 일어날 가능성은 가장 높아진다.

디에나 쿤(1989, 2005, 2009; Kuhn & Franklin, 2006; Khun, Amsel, & O'Loughlin, 1988)은 이론과 증거의 차별화 및 조정이 과학적 추론 발달의 핵심이라고 지속적으로 강조해 왔다. 아동조차도 이론을 가지고 있고 증거에 근거하여 이론을 수정한다. 쿤의 관점에서 볼 때, 발달은 대체로 메타인지적이다. 이 메타인지는 "단순히 이론을 가지고 사고하는 것이 아니라 이론에 대해 사고하고, 단순히 증거에 영향을 받는 것이 아니라 증거에 대해 사고하는 것"이다(1989, p. 688). 이러한 진보는 보다 엄격한 논리적 가설 검증을 가능하게 한다. 하지만 가설 검증의 논리적 엄격성만으로는 과학을 충분하게 설명할 수 없다. 이론과 증거의 성찰적 조정은 미묘한 인식론적 쟁점을 제기하는데, 쿤은 (우리가 6장에서 살펴본 바와 같이) 이를 추론의 핵심으로 여긴다.

바바라 코슬로스키Barbara Koslowski(1996; Koslowski et al., 2008)는 과학철학의 고려 사항을 바탕으로 한 일련의 연구를 수행하면서, 과학적 가설 검증에 대한 연구의 범위를 확장하였다. 그녀는 청소년과 대학생이 일상적으로 가설을 인과관계로 해석한다는 것을 발견했다. 그러므로 과학적 추론의 핵심은 인과적 가설 검증이라고 할 수 있다. 데이터의 타당성은 인과적 메커니즘을 가정하느냐에 달려 있다. 따라서 인과적 가설 검증은 오직 논리에 근거해서만 이루어지는 것이 아니라, 이론에 토대를 둔 예상에 따라 합리적인 방식으로 안내된다. 데이터로부터 과학적 진리를 얻는 알고리즘은 없다. 과학적 추론은 이론과 데이터를 모두 포함하는 일종의 독력(獨力) 과정bootstrapping process이며, 그것들의 상호 의존성에 대한 분명한 인식을 필요로 한다. 과학 사상가는 "이론이나 메커니즘에 대한 고려가 데이터를 제약하고, 데이터가 이론을 다시 제약, 정련, 정교화한다"는 점을 이해해야 한다(Koslowski, 1996, p. 86).

과학이라는 인식론적 영역에서 진리와 정당화에 대한 질문은 우리가 가진 이론과 관련된 경험적 증거를 찾는 경험 연구로 이어진다. 따라서 경험적, 특히 인과적 가설 검증은 과학에서 가장 중심적인 추론의 형식이다. 과학자는 다른 형식의 다양한 추론을 사용할 수 있다. 하지만 가설 검증은 진리라는 경험적 목표의 핵심이며, 인과적 가설의 검증은 설명과 이해라는 이론적 목표의 핵심이다. 따라서 인과적 가설 검증은 과학적 추론의 핵심이다.

그러나 인과적 가설 검증은 연역deduction이나 귀납induction이 아니다. 오히려 그것은, 종종 귀추abduction라고 알려진, 최선의 설명을 위한 추리를 포함한다(Koslowski, 2013). 연역은 논리적이고, 귀납도 논리를 지닌다. 그러나 최선의 설명을 위한 추리는 합리적이기는 하지만 논리적 규칙을 따르지 않는다. 그러므로 논리적 추론과 과학적 추론의 중요한 상호작용에도 불구하고, 양자는 인식론적으로 구분된다.

결론

많은 사람들이 인식론적 영역에 관한 질문을 다루어 왔다(Alexander, 2006; Hofer, 2000, 2006; Kuhn et al., 2000; Muis et al., 2006; Schommer & Walker, 1995; Wainryb et al. 2004). 이 질문을 이해하려면, 인식론적 영역이 그저 어떤 인지 영역cognitive domains 중 하나가 아니라는 점을 분명하게 이해해야 한다. 오히려 우리가 살펴보았듯이, 인

식론적 영역은 진리와 정당화에 대한 특유의 개념과 이에 상응하는 (전형적인) 추론 형식을 수반한다(Moshman, 2014). 이러한 기준을 염두에 두고, 많은 심리학자와 철학자는 논리와 수학을 모두 포함하는 논리수학적 영역, 그리고 물리학, 생물학, 행동학, 그리고 사회과학을 포함하는 경험과학의 영역을 구분해 왔다.

아마 과학은 우리가 지식이란 무엇인가를 생각할 때 가장 먼저 떠올리는 가장 기초적인 영역일 것이다. 과학 인식론에서 발달적 진보는 일반적으로 객관주의자에서 주관주의자로, 그리고 합리주의자적 인식론으로 나아가는 인식론적 발달의 표준적인 3단계 순서를 따른다. 비록 주관주의가 "자연" 과학(즉 객관적 과학)으로 인식되는 것 보다는 "사회" 과학(즉 주관적 과학)으로 인식되는 것과 관련하여 더 쉽게 출현하고 더 오래 지속되지만 말이다. 그러나 논리의 인식론에서 발달적 변화는 전혀 다른 패턴을 따르는 듯하다. 논리와 과학 외에도, 추가적인 인식론적 영역이 있을까? 나는 그렇다고 생각한다. 하지만 많지는 않다. 이제 우리는 도덕적 지식이라는 것이 있는지, 만약 있다면 도덕성이 특유의 인식론을 가지고 있는지에 대한 질문으로 넘어가고자 한다.

8 도덕성과 사회적 관습의 인식론

사회 세계에 대한 경험적 연구는 물리 세계에 대한 경험적 연구와 크게 다르며, 따라서 분명하게 다른 종류의 이론을 필요로 한다. 그럼에도 불구하고 7장에서 논의한 바와 같이, 다양한 종류의 과학이 엄격한 의미에서 인식론적으로 구별되는지, 즉 별개의 추론 형태를 뒷받침하는 별개의 인식론에 기초하여 작동하는지는 분명하지 않다.

그러나 사회 세계에 대한 우리의 관심은 사람들이 무엇을 하고 사회가 어떻게 기능하지에 대한 연구에만 국한되지는 않는다. 우리는 또한 (우리 자신을 포함한) 사람들이 무엇을 해야 하는지ought to do, (우리가 속한 사회를 포함한) 사회가 어떻게 기능해야 하는지ought to function에 대해서도 관심을 가지고 있다. 이는 우리가 도덕성과 사회적 관습에 대한 지식을 가지고 있는지, 그리고 어떠한 방식으로 가지고 있는지에 대한 의문을 제기한다.

나는 이번 장에서 우리가 두 가지 지식 모두를 가지고 있다고 주장할 것이다. 그러나 사회적 규범의 정당화와 진리에 대한 질문은 우리에게 과학과 논리의 인식론을 넘어설 것을 요구한다. 더욱이 우리는 사회적 규범과 관련하여 도덕성과 사회적 관습을 구별해야 한다. 나는 도덕성이 그 자체의 인식론을 가지고 있고, 미취학 아동기부터 시작되는 발달적 과정을 띠고 있으며, 이는 발달 심리학 문헌을 통해 상당한 지지를 얻고 있는 입장이라는 점을 주장할 것이다. 나는 또한 사회 관습적 지식이 선례precedent에 대한 존중과 관련된, 그 자체의 인식론을 갖는다고 주장할 것이다.

도덕 인식론

과학은 사람들이 무엇을 하고 사회가 어떻게 기능하는지에 대해 연구하는 행동 과학과 사회 과학을 포함한다. 그러나 도덕성에 대한 연구는 사람들이 무엇을 해야 하고, 사회가 어떻게 기능해야 하는지에 대해 초점을 맞춘다. 과학은 경험적이며, 실재에 관심을 갖는다. 하지만 도덕성은 규범적이며, 이상에 관심을 갖는다(Carpendale, 2009; Dworkin, 1996, 2011; Gibbs, 2014; Habermas, 1990; Kant, 1785/1959; Killen & Rutland, 2011; Kohlberg, 1981, 1984; Moshman, 2011a; O'Neill, 2003; Piaget, 1932/1965b; Rawls, 1971, 2001; Smetana, 2011; Turiel, 2008, 2014; Wren, 1990; Zimmerman, 2010).

그렇다면 도덕성은 아마 과학보다는 논리의 문제일 것이다. 왜냐하면 논리 역시 규범적이기 때문이다. 인간의 추리 과정에 대한 심리학적 연구와는 달리, 논리학은 사람들이 실제로 어떻게 생각하는지가 아니라 사람들이 어떻게 추론해야 하는지에 관심이 있다. 심리학 연구는 일반적으로 인간의 추론이 논리의 규범을 따르는지, 어떤 상황에서 그러는지에 대해 다룬다. 하지만 규범은 정보나 자료에 의해 결정되지 않는다. 사람들이 체계적으로 논리적 규범을 위반한다 하더라도, 그러한 현상은 그들의 추론 능력이 부족하다는 것을 보여줄 뿐 논리의 규칙이 틀렸다는 것을 의미하지는 않는다. 이와 마찬가지로 도덕 심리학은 추론과 행동이 도덕성의 규범에 부합하는지, 어떤 상황에서 그러는지에 대해 연구하지만, 도덕적 규범은 자료나 정보에 의해 결정될 수 없다. 즉 사람들이 여러 대안들 중 어떤 특정 대안을 선택한다는 사실이, 그 대안이 도덕적으로 가장 좋거나 혹은 도덕적으로 허용될 수 있다는 것을 보여주지는 않는다.

칸트(1785/1959; 1797/1996)는 도덕 인식론에 대한 가장 현대적인 개념 기반을 제공했다. 칸트의 학문적 전통을 계승한 대표적인 신칸트주의자들로는 롤스Rawls(1971, 2001), 드워킨Dworkin(1996, 2011), 하버마스Habermas(1990), 그리고 센Sen(2009)과 같은 정치 사상가들이 있다. 칸트의 지적 영향력은 피아제(1932/1965b)는 물론, 피아제의 학문적 전통을 따르는 발달 심리학자들, 즉 콜버그Kohlberg(1981, 1984), 깁스Gibbs(2014), 그리고 튜리엘Turiel(2008, 2014 출판 중)을 위시한 사회영역 이론가들social domain theorists에게까지 영향을 미쳤다. 칸트의 주장에 따르면, 도덕성은 합리적 존재의 자율성에 뿌리를 둔 종합적 선험 지식synthetic a priori knowledge이다. 칸트는 "자유와 관련하여 이성의 실천적 작용"은 "이성적 존재 그 자체의 행위 법칙의 … 절대적 필연성"으로 이어진다고 주장했다(1785/1959, p. 82). 그리고 이성의 실천적 작용은 "자유의 최고 법칙"인 "도덕의 최고 원칙에 대한 연역"을 가능하게 한다(p. 83).

여기서 도덕의 최고 원칙이란 칸트의 그 유명한, 무조건적인 "정언 명령"categorical imperative이다. "나의 준칙maxim이 언제나 동시에 하나의 보편적 법칙이 될 수 있기를 내가 바랄 수 있는 그런 준칙에 따라 행위하라"(1785/1959, p. 39). 즉, 도덕성은 우연히 배우게 된 규칙을 따르는 것이 아니다. 도덕 원칙으로서의 자격을 갖추기 위해서는 준칙이 보편화 가능해야 한다. 보편화 가능성이라는 기준에는 각 개인의 가치와 존엄성에 대한 헌신이 내포되어 있다. 이러한 헌신은 칸트가 위에서 제시한 정식과 그 의미가 동등하다고 생각한 대안적 정식을 통해 더욱 분명하게 들어난다. "자신의 인격이나 다른 모든 사람의 인격에 있어서, 인간성을 항상 동시에 목적으로 대하고 결코 단순한 수단으로 대하지 않도록 행위하라"(p. 47).

도덕 발달에 관한 피아제(1932/1965b)의 고전적인 연구에 따르면, 아동들은 또래들과 상호작용하는 과정에서 사회적 상호작용의 논리를 구성한다. 칸트를 비롯한 다른 도덕 이론가들의 주장에 이어 피아제는 "모든 사람은 논리적 규범과 윤리적 규범의 유사성을 인식하고 있다. 도덕성이 행동의 논리인 것처럼, 논리는 사고의 도덕성이다"(p. 398)라고 주장했다. 즉 피아제에게 있어 도덕성은 합리적으로 구성된 사회적 상호작용의 논리이다.

그러나 과연 도덕성은 논리만큼 객관적일까? 몇몇 철학자를 포함한 대다수의 사람들은 도덕의 영역을 진리 및 정당화에 대한 인식론적 질문과 관련이 없는, 다시 말해서 지식의 영역 밖에 위치한 주관적인 가치의 영역으로 보고 있다. 하지만 대부분의 철학자들은, 완전히 논리적이거나 객관적이지는 않더라도, 도덕성이 '우리는 도덕적 믿음을 가지고 있을 뿐만 아니라, 도덕적 지식도 가지고 있다'라고 주장할 수 있을 만큼의 충분한 합리적 기반을 가지고 있다고 주장한다(Audi, 1997; Dworkin, 1996, 2011; Habermas, 1990; Lemos, 2002; Rawls, 1971, 2001; Sen, 2009; Zimmerman, 2010).

도덕 발달

대부분의 발달 심리학자들은 '도덕성은 합리적인 기반을 가지고 있다'라는 철학적 견해를 공유하고 있다. 발달 생물학과 발달 심리학에서는 일반적으로 발달적 변화를 진전을 보여 주는 변화로 개념화한다. 발달 생물학에서 진전은 종 특유의 해부학적, 생리학적 성숙 상태를 향한 변화로 쉽게 식별할 수 있다. 이에 비해 발달 심리학자들은 일반적으로 진전이라는 개념을 더 넓게 이해한다. 즉 그들은 진전을 개념화함에 있어 성숙의 상태를 식별하거나, 그러한 상태가 보편적으로 달성된다는 증거에 의존하지 않는다(Moshman, 2011a). 그럼에도 불구하고 발달론자는 모든 변화를 발달적인 것으로 보지는 않는다. 사람들의 도덕적 믿음은 다양한 방식으로 변화될 수 있다. 그러나 그러한 모든 변화가 도덕적 이해의 발달적 진전을 보여 주는 것은 아니다. 진전에 관한 관심을 고려하면서, 도덕성 발달을 연구하는 이론가와 연구자들은 일반적으로 도덕성이, 완전히 객관적이지는 않더라도, 합리적인 기반을 가지고 있다는 피아제의 폭넓은 가정을 받아들인다.

피아제의 관점을 지지하는 대표적인 학자로는 로렌스 콜버그Lawrence Kohlberg가 있다(1981, 1984). 콜버그가 주장한 도덕성 발달의 6가지 단계는 각각 이전 단계를 넘어서는 도덕적 합리성과 지식의 수준을 보여 준다. 콜버그 이론에서 1단계는 외적으로 부과된 규칙을 따르는 (자율적인 것과 구별되는) 타율적 도덕성의 단계이다. 보다 더 높은 수준의 사회적 관점 채택을 반영하는 2단계는 좀 더 계몽된 형태의 자기 이익을 보여 주는 개인주의와 교환의 도덕성 단계이다. 하지만 콜버그의 견해에 따르면, 2단계는 타인에 대한 진정한 관심을 보여 주는 도덕성은 아니다. 3단계는 상호 기대의 도덕성으로서, 콜버그는 이 단계가 비록 사회적 역할 및 관계를 중시하는 인습적인 수준의 도덕성conventional morality이지만, 진정한 도덕성을 나타낸다고 간주했다. 4단계는 보다 진보된 형태의 인습적 도덕성으로서 사회적 역할, 규칙, 관계를 정의하는 사회 체제를 강조한다. 인습 이후 도덕성postconventional morality의 첫 번째 단계인 5단계는 합리적인 사회 계약으로서의 사회 개념에 기초한 탈인습적인 도덕 원칙의 도덕성 단계이다. 마지막 6단계는 사회 계약의 도덕성인 5단계를 정당화하는 보편적 윤리 원칙에 대한 칸트주의적인 도덕 인식론을 보여 준다. 최신화된 채점 기준을 활용하여 수행된 콜버그 이후의 연구는 사람들의 도덕 판단이 일반적으로 여러 인접 단계에 걸쳐 있다는 점, 아동기의 경과에 따른 진전을 보인다는 점, 그리고 가정된 단계의 순서를 따르는 것을 넘어서는 진전을 보여 준다는 점을 발견하였다(Gibbs, 2014; Moshman, 2011a). 대부분의 초등학생들은 2단계의 관점 채택이 가능하지만, 진정한 도덕성인 3단계 상호 기대의 도덕성은 일반적으로 청소년기 이전까지는 나타나지 않으며 그 이후에 점차 나타난다. 복잡한 사회 속에서 살아가는 대부분의 사람들은 궁극적으로 4단계 사회 체제의 도덕성에 도달한다. 그러나 이중 소수만이 5단계인 원칙의 도덕성을 구성하며, 5단계를 넘어서는 6단계까지 나아가는 사람은 전문적인 도덕 인식론자를 제외하고 거의 없다.

제임스 레스트James Rest는 진보된 도덕성이 지닌 원칙적 특성을 강조하는 신콜버그주의neo-Kohlbergian 이론을 발전시켰다. 그의 이론은 자신이 개발한 측정 도구인 DITDefining Issues Test와 밀접한 관련이 있다. DIT는 콜버그의 도덕성 발달 단계에 토대를 두고 있지만, 보다 진보된 도덕 추론을 생성하는 능력이 아닌, 그것을 인식하는 능력을 측정하고자 한다. 레스트는 이러한 방법론적 접근을 통해 원칙에 입각한 도덕성이 청소년과 성인에게서 공통적으로 존재한다는 점을 발견하였다(Rest, Narvaez, Bebeau, & Thoma, 1999).

신콜버그주의자인 존 깁스John Gibbs 역시 콜버그 이론의 인지적·발달적 지향을 계승했다. 그가 새롭게 제안한 단계 이론은 1단계에서 4단계로 진행되어 가는 관점 채택의 진전을 강조하고 있다. 깁스는 이를 도덕 발달의 "표준적인"standard 과정으로 간주한다(그리고 5단계 및 6단계와 관련된 관심은 "실존적인"existential 도덕 발달의 과정으로 해석한다).

깁스의 이론에서 가장 주목할 만한 점은 인지에 초점을 맞추고 있는 콜버그의 이론을 정서 및 공감에 초점을 맞춘 이론, 특히 마틴 호프만Martin Hoffman의 이론과 통합하려고 했다는 것이다(2000). 깁스에 따르면, 도덕 발달은 우리의 선천적인 자기 중심적 인지 편향을 극복하는 과정이다. 그리고 이러한 과정은 옳고 그름에 대한 우리의 지식을 포함하여, 객관성을 향상시키는 점점 더 정교화 되어 가는 관점 채택의 형식과 수준의 합리적 구성을 통해 가능하다. 물론 정서는 어떤 경우에 객관성과 도덕성에 장애가 될 수 있다. 하지만 정서는 단순히 객관성을 손상시키는 주관적인 현상이 아니다. 오히려 공감은 타인에게 끼친 해악과 같이, 타인과 관련된 도덕적 측면을 객관적으로 바라볼 수 있는 통찰을 제공한다(Hoffman, 2000). 인지적이고 정서적인 관점 채택은 객관성의 발달과 도덕성의 발달 모두에 도움이 된다. 즉 정서는 인지를 약화시키거나 손상시키지 않는다. 인지적 관점 채택을 보완하는 정서적 관점 채택의 이점, 특히 공감이 지닌 이점을 강조함으로써, 깁스의 이론은 도덕적 지식과 합리적인 도덕적 행동을 위한 인지적·정서적 기반을 동시에 제공한다는 점에서 콜버그의 이론을 뛰어넘는다.

엘리엇 튜리엘Elliot Turiel(2008, 2014, 출판 중)과 그 밖의 사회영역이론가들(Helwig, Ruck, & Peterson-Badali, 2014; Killen & Rutland, 2011; Nucci, 2001, 2014; Smetana, 2011; Smetana, Jambon, & Ball, 2014; Wainryb et al., 2004)은 콜버그(1981, 1984), 그리고 레스트(1999)와 깁스(2014) 등과 같은 신콜버그주의자들과 핵심적인 측면에서 다르기는 하지만, 도덕적 합리성과 도덕 인식론에 대한 피아제의 학문적 전통을 직접적으로 계승하고 있다. 사회영역이론가들은 콜버그가 설정한 단계에 근본적인 문제가 있다고 주장한다. 그리고 이 문제는 레스트와 동료들(1999), 깁스(2014)가 제안한 방식으로는 해결될 수 없다고 생각한다. 그들의 연구는 다음과 같은 콜버그의 주장, 즉 아동들은 일상적으로 도덕 규칙과 관습적 행동을 혼동한다는 점, 그리고 대부분의 성인들조차 원칙화된 도덕성에 도달하지 못한다는 점을 반박하는 것처럼 보인다. 오히려 그들은 자신들이 발견한 증거들이 3~4세 정도의 나이 어린 미취학 아동도 도덕성을 사회적 관습과 구별할 수 있으며, 청소년과 성인은 일반적으로 도덕 원칙에 대한 명시적인 개념을 가지고 있고, 더 나아가 원칙에 입각한 도덕 추론을 할 수 있음을 보여 준다고 해석한다.

피아제, 콜버그, 레스트, 깁스, 그리고 그 밖의 발달론자들과 일관되게, 사회영역 이론가들은 도덕성을 "정의, 복지, 그리고 권리"와 관련된 것으로 바라보면서도, "사회적 제도, 사회 조직, 사회적 규범 및 관습에 대한 관심과는 발달적으로, 그리고 개념적으로 구별된다"(Smetana et al., 2014, p. 24)고 주장한다. 1980년대부터 수행된 광범위한 연구(Turiel, 1983)는 다음과 같은 연구 결과를 보여 주고 있다.

> 미취학 아동기부터, 도덕적 규칙은 상황 전반에 걸쳐 일반화 가능한 것, (개인이 행동을 수행하거나 규칙을 준수해야 할 의무가 있다는 점에서) 의무적인 것, (도덕 규칙은 바뀔 수 없다는 점에서) 변경할 수 없는 것, (어떤 행동은 규칙이 없어도 또는 권위자가 허용한다 하더라도 항상 그른 것이라는 점에서) 규칙 및 권위로부터 독립적인 것으로 간주된다.
>
> (Smetana et al., 2014, p. 24)

예를 들어, 어떤 4살짜리 아동이 어떤 유치원에 다니고 있다고 상상해 보자. 그 유치원에는 줄을 똑바로 서지 않으면 점식 식사를 할 수 없고, 친구를 때리면 안 된다는 규칙이 있다. 이 아동은 이와 같은 유치원의 규칙을 이해하고 있다. 이제 당신은 그 아동에게 점심 식사 전에 줄을 똑바로 서도록 요구하는 규칙이 없는 학교에 대해 이야기한다고 가정해 보자. 그 학교에서는 줄을 똑바로 서지 않고 점심 식사를 해도 괜찮을까? 여느 어른과 마찬가지로, 그 아동 역시 '괜찮다'고 말할 것이다. 이제 다시, 당신은 그 아동에게 친구를 때리면 안 된다는 규칙이 없는 학교에 대해 이야기한다. 그 학교에서는 아무 친구나 때려도 괜찮을까? 역시 여느 성인과 마찬가지로, 아동은 그러한 행동이 잘못된 것이라고 응답할 가능성이 높다. 그렇다면 당신은 그 아동에게 '때리지 말라는 규칙이 없는데, 친구를 때리는 행동이 왜 옳지 않은가?'

라고 물어볼 것이다. 이 질문에 대해 아동은 친구를 때리는 행동이 그 친구에게 상처를 주기 때문이라고 대답할 것이다. 이에 당신은 만약 선생님이 친구들을 때려도 괜찮다고 허락한다면, 그러한 행동을 해도 괜찮은지 그 아동에게 대해 물어볼 것이다. 아마 대부분의 아동은 그 행동이 여전히 옳지 않다고 대답할 것이다. 왜냐하면 제멋대로 타인에게 상처를 입히는 것은 특정 사회적 맥락과 관계없이 본질적으로 잘못된 것이며, 권위자가 허용하든 허용하지 않든 여전히 옳지 않은 것이기 때문이다.

하지만 만약 미취학 아동이 이미 칸트주의적인 도덕 인식론자라면, 이제 그들에게 있어 무엇이 더 발달해야 하는가? 사회영역이론의 가장 일반적인 대답은 유치원 시기 이후의 발달은 주로 도덕 및 도덕과 무관한 것nonmoral을 조정하는 능력을 향상시키는 것과 관련이 있다는 것이다. 특히 도덕과 무관한 것에는 사회적 관습과 개인적 선호(개인의 선택과 사생활)가 있으며, 각각은 도덕과 구별되는 별개의 영역을 형성한다(Nucci, 2014). 그러나 일부 사회영역이론가들은 도덕적 영역 내에서의 발달적 증거를 발견했다. 미취학 아동은 보통 자신의 도덕 판단에 대한 의미 있는 정당화 근거를 제시하지만, 자신의 판단에 내포된 원칙에 대한 명시적인 지식은 아동기와 그 이후에 발달하는 경우가 많다(Helwig et al., 2014). 이에 대해서는 잠시 후 원칙에 입각한 도덕 추론에 대해 논의하면서 다시 다루고자 한다.

도덕 심리학은 1990년대 이후 극적인 성장을 보여 왔다. 그러나 발달 심리학 영역의 밖에서 진행된 논의들은 도덕성의 합리적 기반에 의문을 제기하고, 도덕적 믿음 그 이상의 의미를 갖는 도덕적 지식의 가능성에 의문을 제기하는 연구와 이론이 주를 이루었다. 도덕적 지식의 가능성에 대해 회의적으로 생각하는 이론가 중, 가장 체계적이면서도 가장 널리 알려진 사람은 아마 조너선 하이트Jonathan Haidt(2001)일 것이다. 그는 피해/돌봄harm/care, 공정성/호혜성fairness/reciprocity, 내집단/충성심ingroup/loyalty, 권위/존중authority/respect, 순수함/신성함purity/sanctity을 도덕성의 잠재적인 "기반"foundations으로 제시한 바 있다(Haidt & Graham, 2007; Graham, Haidt, & Nosek, 2009).

하이트에 따르면, 이 다섯 가지 기반은 인간 진화의 과정에 뿌리를 두고 있다. 하지만 문화별로 강조하는 기반이 다르기 때문에 도덕성에 있어 문화적 차이가 발생한다. 하이트의 이론은 우리의 행동과 판단이 자동적인 직관과 감정의 결과이며, 이러한 직관과 감정은 인류의 진화론적 역사 및 우리가 사회화된 특정 문화적 맥락에 뿌리를 두고 있다고 가정하고 있다. 따라서 하이트의 이론은 추론, 합리성, 정당화, 진리, 발달적 과정을 다룰 수 있는 여지가 거의 없다.

하이트가 제시한 기반 중, 처음에 제시한 두 개의 기반과 나머지 세 개의 기반 간에는 중요한 차이점이 있다. 처음 두 가지 기반인 피해/돌봄, 공정성/호혜성은 사실상 모든 이론가와 모든 문화적·종교적 맥락에서 모든 연령대의 사람들이 도덕적 영역에 속한다고 간주하는 것들이다. 이와 극명한 대조를 이루는 나머지 세 가지는 집단에 대한 충성심, 권위에 대한 존중, 혐오감이나 경외를 포함하고 있는데, 이러한 것들은 도덕적인 행동 및 부도덕한 행동 모두의 기초가 될 수 있으며 보통 그러하다. 내집단/충성심, 권위/존중, 순수함/신성함은 행동에 영향을 미치는 중요한 요소이며, 어떤 문화적 맥락에서 특정 발달 수준에 위치한 일부 사람들은 이러한 것들을 도덕성과 관련된 문제라고 간주할 수 있다. 그러나 다섯 가지 기반을 모두 포함하여 도덕성을 광범위하게 정의하려는 시도는 도덕적 합리성과 도덕적 지식의 가능성을 약화시킨다. 도덕성에 대한 보다 엄격한 정의는 도덕적 지식을 가능하게 하고, 그에 따른 도덕 발달도 가능하게 한다(Gibbs, 2014; Kohlberg, 1981; Moshman, 2011a; Turiel, 2014, 출판 중).

토비아스 크레테나우어Tobias Krettenauer(2004)는 13세에서 19세 사이의 독일 학생 200명을 대상으로 도덕 인식론의 발달을 연구하였다. 그는 이 연구에서 도덕 인식론을 "메타-윤리적 인식론"meta-ethical cognition이라고 불렀다. 이 연구에 참여한 학생들은 도덕 딜레마에 대한 판단을 내린 후, 그러한 판단의 원천, 확실성, 정당성, 그리고 동등하게 정당화 가능한 대안들이 있을 수 있는지에 대한 질문을 받았다. 학생들의 응답은 일련의 예비 연구를 통해 사전에 설정된 직관주의intuitionism, 주관주의subjectivism, 초주관주의transsubjectivism라는 세 가지 도덕 인식론을 기준으로 분류되었다.

예상한 바대로, 어린 학생들은 직관주의적 인식론을 보이는 경향이 더 컸다. 직관주의적 인식론에 따르면, 도덕적 옳음이나 그름은 도덕적 직관에 의해 결정된다. 즉 우리의 감각이 경험적(과학적) 지식의 영역에서 진리를 제공하는 것과 거의 동일한 방식으로, 도덕적 직관은 도덕적 영역에서의 진리를 제공한다. 이에 비해 나이가 많은 학생들은 주관주의적 인식론을 보이는 경향이 더 컸다. 즉 이 학생들은 도덕적 판단이 단지 선호나 취향의 문제일 뿐, 옳고 그름의 문제가 아니라고 주장한다. 따라서 이들은 도덕적 영역에서의 진리나 정당화의 가능성에 의문을 제기한다. 하지만 나이 많은 학생 중 일부는 초주관주의적인 도덕 인식론을 보이기도 했다. 이 학생들은 도덕적 판단을 정당화 가능하지만 오류 가능성이 있는 것으로 간주했다. 이는 아동기 이후의 인식론적 발달에 관해 많은 연구자들이 확인한 보다 일반적인 합리주의자적 인식론에 해당한다(6장). 이와 같은 연구 결과를 토대로 크레테나우어는 세 가지 인식론의 발달적 순서를 주장하였다. 또한 그는 도덕 철학에 대한 전문 지식을 갖춘 대학원생들이 대부분 초주관주의 수준에서 응답한다는 점, 그리고 비록 완벽하게 일치하지는 않지만 도덕 인식론이 과학의 인식론과 상관관계를 가지고 있다는 점을 발견하였다.

원칙에 입각한 도덕 추론

추론은 인식론적인 자기규제적 사고, 즉 정당화와 진리를 목표로 하는 사고이다. 나는 7장에서 지식의 논리적 영역과 경험적 영역 간의 표준적인 구분을 제시하면서, 논리적 추론과 과학적 추론을 구별하고자 했다. 여기서 나는 도덕성이 과학 및 논리와 구분되는 제3의 인식론적 영역이라고 주장하면서, 도덕성과 관련된 추론의 형태에 대해 자세히 설명하고자 한다. 앞서 살펴본 바와 같이, 도덕적 영역은 일반적으로 보편적인 도덕 원칙에 기초하여 정의된다. 이제 나는 도덕성이라는 영역과 관련된 추론의 형식이 원칙에 입각한 추론principled reasoning이라고 주장하려고 한다.

원칙에 입각한 추론은 논리 영역의 규칙에 기반한 추론이나 과학 영역의 인과적 추론과는 다르다. 이러한 차이는 논리 및 과학과 도덕성을 구별하는, 정당화와 진리에 대한 뚜렷한 개념 차이와 관련이 있다는 점에서 인식론적이다. 지금부터 각각에 대해 차례대로 살펴보자.

원칙principle은 규칙rule이 아니다. 규칙은 객관적인 측면에서 정답을 제공한다. 이와는 대조적으로 특정 사례에 원칙을 적용하는 것은 사람들이 합리적으로 반대할 수 있는 해석과 판단의 문제를 포함한다. 만약 우리가 6개의 물건을 두 사람에게 똑같이 나누어 주면, 두 사람은 각각 3개의 물건을 가지게 된다. 이것은 수학적 규칙이다. 만약 우리가 6개의 보상을 가지고 있고 보상을 받아야 할 두 사람이 똑같이 일을 했다면, 두 사람은 각각 3개의 보상을 받아야 한다. 이것이 바로 공정성이라는 필연적 논리를 반영하고 있는 도덕적 규칙moral rule이다. 하지만 '모든 사람에게 기회를 평등하게 부여해야 한다'라는 명제는 어떠한가? 이것은 거의 모든 사람이 지지하는 도덕적 원칙moral principle이다. 하지만 이 원칙이 어떠한 방식으로 적용되어야 하는지는 논쟁의 여지가 있다. 기회의 평등이 자원의 평등한 분배를 언제나 요구하거나, 항상 허용하는 것은 아니다. 복잡한 사회적 상황에서, 기회의 평등이 요구하거나 허용하는 것이 무엇인지에 대해서는 합리적인 의견차가 있을 수 있다. 어떤 상황에서는 기회의 평등이라는 '원칙'이 모든 사람을 똑같이 대우할 것을 요구하는 '규칙'을 정당화할 수도 있지만, 어떤 상황에서는 그렇지 않을 수도 있다. 원칙은 규칙보다 더 광범위하게 적용되고 때로는 규칙을 정당화하지만, 원칙이 제공하는 지침은 규칙에 비해 구체적이지 않다(Moshman, 1995b, 1998, 2005).

원칙은 또한 원인도 아니다. 우리를 둘러싼 환경이 우리를 특정한 방식으로 행동하도록 강제하지 않는 한, 우리가 하는 일에 대한 우리의 도덕적 선택 혹은 도덕적 책임에 대해서는 의심의 여지가 없다. 원칙에 입각한 도덕 추론은 심리적 인과관계에 대한 과학적 분석이 아니라, 우리의 도덕 판단과 행동에 대한 지침과 이유를 제공한다(Kant, 1785/1959).

1990년대부터 찰스 헬위그Charles Helwig와 그의 동료들은 다양한 문화적 맥락에서 표현의 자유, 종교의 자유, 민주적 의사결정, 정부의 형태, 학생의 권리에 대하여 어린이와 청소년, 성인들에게서 나타나는 원칙에 입각한 추론을 연구했다(Helwig et al., 2014에서 검토). 연구 참여자들은 다양한 도덕적·사회적 딜레마와 관련하여 체계적인 질문을 받았고, 자신의 답변을 정당화하도록 요구받았다. 연구 결과, 원칙에 입각한 도덕 추론은 청소년과 성인에게서 흔히 나타났으며, 이들은 어린이의 도덕 판단에 내재된 원칙을 명시적으로 이해하고 있었다. 특히 청소년과 성인은 도덕 원칙이 도덕적 의무를 부과한다는 점을 이해하고 있었지만, 그렇다고 해서 언제나 간단하고 올바른 대답을 제공하지는 않는다는 점을 인식하고 있었다. 즉 원칙에 입각한 추론은 규칙을 객관적으로 적용하는 것이 아닌, 맥락에 따른 합리적인 판단의 문제로 이해되고 있었다.

예를 들어, 헬위그(1995)는 청소년과 대학생에게 표현의 자유와 종교의 자유를 제한하는 잠재적 법률들, 그리고 (유해한 종교적 관행이나 인종 비방 등과 관련된) 다양한 상황에서 표현 및 종교의 자유를 행사하는 것에 대해 평가해 보도록 요청했다. 연구 결과, 연령에 상관없이 거의 모든 학생들이 표현과 종교의 자유에 대한 강력한 지지를 표명했다. 그러나 그들은 이러한 자유가 잠재적으로 다른 권리나 가치와 충돌할 때, 제한될 수 있다는 점도 인식하고 있었다. 비록 복잡한 사례를 해결하기 위한 최선의 방법에 대해서는 모든 연령대에서 의견의 차이를 보였지만, 그 의견에 대한 정당화는 시민이라면 보장받아야 할 자유라는 원칙에 토대를 두고 있었다. 요컨대 청소년이 보인 도덕 추론은 규칙에 기반한 추론이 아닌, 원칙에 입각한 추론이었다.

일부 이론가들은 진보된 도덕성의 핵심으로 도덕적 관점 채택moral perspective taking을 강조한다(Carpendale, 2000; Gibbs, 2014). 깁스(2014)는 셀먼Selman(1980)의 연구를 토대로, 도덕 발달을 관점 채택의 진전으로 바라본다. 그에 따르면 관점 채택은 초기에 달성해야 할 발달적 과업으로서 타인의 관점을 채택하는 것에서, 우리와 타인과의 관계를 제3자의 관점에서 바라보는 제3자적 관점 채택Third-party perspective taking으로, 그리고 무수히 많은 관점과 메타적 관점을 사회 체제의 관점에서 바라보는 사회적 관점 채택societal perspective taking으로 이어진다. 즉 깁스에게 있어 진보된 도덕성은 콜버그(1984, p. 636)가 "도덕적 음악 의자"moral musical chairs라고 부른 이상적인 관점 채택을 의미한다. 카펜데일Carpendale 또한 도덕 추론의 핵심이 다양한 관점 간의 조정이라는 점을 보여 주는 강력한 사례를 제시했다.

콜버그가 제시한 단계를 통한 발달 역시, 점점 더 포괄적이고 형식적인 관점을 통한 진전으로 볼 수 있다. 2단계는 상대방의 관점에 대한 고려를 보여 준다. 3단계는 개인을 관계의 관점에서 바라보는 것을 의미한다. 더 나아가 4단계는 사회 체제의 관점에서 인간관계를 바라보는 것을, 5단계는 "사회에 선행하는"prior-to-society 관점에서 실제적인 사회 체제 혹은 있을 법한 사회 체제를 바라보는 것을 의미한다. 그러나 5단계는 원칙에 입각한 도덕 추론의 첫 번째 단계이기도 한다. 보편화 가능성으로서 도덕 원칙을 개념화한 칸트의 주장을 고려해 볼 때, 모든 관점을 고려하는 것은 도덕 원칙의 정의, 그 자체에 내포되어 있다. 원칙과 관점 채택 간에는 어떤 궁극적인 이론이 존재하는 것이 아니다. 우리가 특정 사례에 보편화 가능한 원칙을 적용하는 것은 그 사례와 관련된 모든 실제적 당사자 및 잠재적 당사자의 관점을 암묵적으로 채택하는 것이다. 그리고 우리가 실제적이면서도 잠재적인 모든 관점을 체계적으로 조정하려 노력하는 것은, 도덕성의 원칙화된 개념을 근거로 관점들을 조정하려는 시도이기도 하다.

그렇다면 도덕 원칙은 통상적인 사회적 행동에 대한 경험적 일반화의 결과가 아니다. 오히려 도덕 원칙은 모든 가능한 관점들의 체계적인 상호 조정이라는 합리적인 기반을 가지고 있다. 특히 원칙은 보편화 가능하고, 명시적이며, 형식적이라는 점에서 적어도 네 가지의 근본적인 도덕적 목적에 기여한다. 첫째, 원칙은 특정 상황에서 명확한 도덕적 지침을 제공하는 규칙을 정당화할 수 있다. 둘째, 보편화 가능한 원칙은 모든 실제적 관점 및 잠재적 관점을 개별적으로 고려하지 않으면서도, 모든 관점을 체계적으로 고려할 수 있도록 도움을 준다. 셋째, 명시적인 형식 원칙은 우리로 하여금 우리가 못마땅해 하는 믿음과 사람에게 동조하지 않도록 만드는 자기본위적 편향self-serving biases에 대응하도록 한다. 넷째, 명시적인 원칙은 설명, 토론, 그리고 합리적인 사회적 판단의 토대가 될 수 있다.

결론적으로 원칙에 입각한 추론은 도덕의 영역에서 정당화와 진리의 원칙적 특성에 상응하는 독특한 형식의 추론이다. 따라서 원칙에 입각한 추론은 인식론적 영역으로서 도덕성 개념과 가장 밀접하게 관련된 추론의 형식이라고 말할 수 있다.

사회적 관습의 합리성

이제 우리는 도덕성에서 사회적 관습으로 관심을 돌리고자 한다. 사회적 관습은 특정 사회 체제에 속한 사람들이 통상적으로 행동하는 방식에 대한 단순한 경험적 일반화가 아니다. 오히려 사회적 관습은 도덕적 규범과 유사하게 우리가 해야 할 것과 하지 말아야 할 것을 나타내는 행동 규범이다. 그러나 도덕성과 사회적 관습은 인식론적으로 다르다. 도덕성은 보편적인 합리적 기반을 지니고 있으며, 따라서 모든 사람에게 의무적이다. 반면에 사회적 관습은 항상 특정 사회 체제와 관련이 있으며, 해당 체제 내에서만 구속력을 갖는다. 모든 사회 체제는 고유의 역사와 관습이 있으며, 관습은 도덕적 규범과는 달리 그 사회 체제의 역사와 관련된다.

앞서 살펴보았듯이, 콜버그의 이론은 특정 사회 체제의 관습에 대한 고수와 진정한 도덕성의 구별이, 대다수의 성인들은 결코 달성하지 못하는, 원칙화된 사회 계약의 도덕성을 향해 여러 단계를 거쳐 나아가는 지속적인 구성의 과정임을 시사한다. 반면에 사회영역이론가들은 도덕성과 사회적 관습이 인식론적으로 구별된다는 점을 4~5세 아동들도 이해한다고 주장한다. 더욱이 사회영역이론가들은 사회적 관습이, 단순히 도덕성과 구별되어야 하는, 임의적인 사회적 규칙의 바탕이 아니라고 주장한다. 사회적 관습은 그것 자체의 발달적 과정을 지닌 사회적 지식의 고유 영역이다(Smetana et al., 2014). 나는 이와 같은 관점을 확장하여, 사회적 관습이 정당화 및 진리에 대한 그 자체의 개념과 고유의 추론 형식(선례에 기반한 추론precedent-based reasoning)을 지닌 또 다른 인식론적 영역이라고 주장하고자 한다.

하네스 라코치Hannes Rakoczy와 마르코 슈미트Marco Schmidt(2013)는 관습적인 사회적 규범이 지닌 세 가지 특징을 다음과 같이 제안한 바 있다. 첫 번째 특징은, 도덕적 규범과 공유하고 있는 특징으로서, **규범적인 강제력**normative force과 **일반성**generality이다. 규범은 사회적 행동을 안내하고 정당화 및 비판의 기초를 제공하는 올바른 행동의 표준을 설정한다. 행위자에게 주어진 규범은 "행위의 이유이자 타인의 행위를 평가하고 비판하는 근거로 간주될 수 있다." 왜냐하면 "규범은 동등한 상황에 있는 모든 참여자에게 **행위자 중립적인**agent-neutral 방식으로 적용될 수 있기 때문이다"(p. 17). 두 번째와 세 번째 특징인 상황 민감성context sensitivity과 관습성conventionality은 관습적 규범과 도덕적 규범을 구분 짓는다. **상황 민감성**은 관습적 규범이 특정 사회적 맥락에서만 규범적이라는 것을 의미한다. **관습성**은 관습적인 규범이 "공동체의 공유된 의도성을 통해 존재하게 되며", "그러므로 그들은 (우리와) 다를 수 있다"는 점에서 "어느 정도 임의적임"을 말한다(pp. 17-18). 그들은 여러 문헌들을 검토한 후, 심지어 미취학 아동도 관습적 규범을 구별하고 존중한다는 결론을 내렸다. 아동들은 빠르면 2~3세부터 이러한 규범을 스스로 따르고, 제3자에게 그것을 따르도록 적극적으로 강요한다.

선례에 기반한 추론

사회적 관습이라는 인식론적 영역의 핵심은 '선례에 기반한 추론'이다(Moshman, 2014). 선례에 기반한 추론은 유비 추론analogical reasoning과 함께, 사례에 기반한 추론의 한 유형이다(Moshman, 1998). 다른 모든 추론과 마찬가지로, 사례에 기반한 추론은 인식론적으로 자기규제적인 사고이다. 그러나 규칙 기반의 추론이나 원칙에 입각한 추론과는 달리, 사례에 기반한 추론은 결론을 정당화하기 위해 규칙이나 원칙에 의존하지 않는다. 그 대신 지금의 사례와 관련된 이전의 사례를 검토하고 유사 관계를 식별해 냄으로써 정당한 결론을 얻을 수 있다. 즉 이전의 유사한 사례는 개인의 사고를 규제하기 위한 합리적인 기반을 제공한다. 선례에 기반한 추론은 '유사 사례'를 대하는 인식론적 태도의 측면에서 유비 추론과 다르다. 유비 추론에서의 유사 사례는 단지 추산적인heuristic 사례일 뿐이다. 그러나 선례 기반 추론에서 선례precedent라고 불리는 유사 사례는 더 엄격한 규범적 제약을 부과한다. 선례의 엄수는 유용할 뿐만 아니라, 의무적이다. 우리는 다른 방식으로 행동해야 할 구체적이면서도 강력한 정당화 근거를 찾지 못한다면, 선례를 따라야 한다. 정당한 이유 없이 예외를 두는 것은 선례를 약화시키며, 사회 체제의 합법성을 훼손시키는 것이다.

폴 클라진스키Paul Klaczynski(2011)는 어떤 사건이 선례가 되는 방식에 대한 이해가 나이에 따라 어떤 변화 추세를 보이는지 확인하기 위해 일련의 두 가지 연구를 수행한 바 있다. 이 연구에는 8세, 11세, 14세, 17~18세로 구성된 총 453명의 어린이와 청소년들이 참여하였다. 연구 참여자들은 각각의 연구에서 몇 가지 이야기를 제공받았다. 그들이 제공받은 이야기에는 규칙을 위반한 상황이 묘사되어 있었으며, 정상참작 요인을 제시한 상황과 제시하지 않은 상황이 모두 포함되어 있었다. 첫 번째 연구에서 참여자들은 규칙을 위반한 행위가 처벌되어야 하는지, 아니면 허용되어야 하는지에 대한 질문을 받았다. 그리고 두 번째 연구에서는 위반 행위에 대한 처벌 및 허용 여부를 듣고, 그러한 결정이 적법한지, 그리고 이야기에 등장한 인물이 향후 그 규칙을 지킬 것이라고 예상하는지에 대한 질문을 받았다.

이 연구에서 제시된 이야기를 하나 살펴보면 다음과 같다. 신디의 부모는 신디에게 매일 “매우 쉬운” 집안일을 해야 한다는 규칙을 부과하였다. 만약 신디가 집안일을 하지 않으면, 그녀는 어떤 친구와도 놀 수 없다. 그런데 신디는 집안일을 하지 않았다. 지금 신디는 친구 글로리아를 위한 파티를 준비하고 있다. 신디의 부모는 신디가 친구를 위해 파티를 여는 것을 허용해야 하는가? 참여자에게는 다음과 같은 두 가지 조건이 제시되었다. 첫 번째 조건은 글로리아는 신디가 “정말로 좋아하는” 학교 친구라는 것이다. 또 다른 조건은 글로리아는 신디가 “정말로 좋아하는” 친구이며, 멀리 떨어진 도시로 이사를 갔다가 “1년”만에 처음 친구들을 보러 왔다는 것이다. 이 두 번째 조건은 첫 번째 조건에 비해 “정상 참작이 가능한 상황”으로 간주된다.

또 다른 이야기를 살펴보면 다음과 같다. 교장 선생님은 친구를 괴롭힌 학생에게 괴롭힘을 금지하는 규칙을 적용해야 할지를 결정해야 한다. 첫 번째 조건은 규칙을 위반한 학생이 자신보다 더 좋은 성적을 받은 학생을 질투해서 괴롭혔다는 것이다. 이 상황은 정상 참작 상황이 아니다. 두 번째 조건은 이 학생이 자신을 오랫동안 괴롭힌 학생에게 보복하기 위해 규칙을 위반했다는 것이다. 이 상황은 정상 참작이 가능한 상황으로 간주된다. 앞서 언급한 바와 같이, 참여자들은 첫 번째 연구에서 신디의 부모나 교장 선생님 등 그 밖의 권위자들이 이 사안을 어떻게 처리해야 하는지에 대한 질문을 받았다. 그리고 두 번째 연구에서는 정상 참작 상황 혹은 그렇지 않은 상항에서 파티의 허용 여부에 대한 신디 부모의 결정, 그리고 규칙 위반 학생의 처벌 여부에 대한 교장 선생님의 결정을 듣고 난 후, 이러한 결정과 관련된 일련의 질문을 받았다.

연구 결과, 11세 참여자(8세 어린이와 매우 유사하게 반응)와 14세 참여자(10대 청소년과 매우 유사하게 반응)의 반응 사이에 체계적인 차이가 나타났다. 이에 클라진스키는 청소년(14세, 17세 혹은 18세)과 청소년 이전(8세와 11세) 참여자 간의 반응 차이를 분석하는 데 연구의 초점을 맞추었다. 첫 번째 연구 결과는 정상 참작이 가능할 때와 그렇지 않을 때, 청소년과 어린이 간의 분명한 반응차가 나타남을 보여 주었다. 어린이도 정상 참작 상황이 아닌 경우, 규칙 위반 행동에 대한 처벌을 보다 더 지지하는 경향을 보였다. 하지만 청소년은 어린이보다 상황별로 더 뚜렷하게 구별되는 반응을 보였다. 정상 참작 요인이 없는 상황의 경우, 청소년은 어린이에 비해 규칙 위반자를 더 강력하게 처벌해야 한다고 생각했다. 반면에 정상 참작이 가능한 경우, 청소년은 어린이보다 규칙 위반자에 대한 처벌을 더 강하게 반대했다. 이와 마찬가지로 두 번째 연구에서도, 청소년은 어린이보다 정상 참작 상황에 대해 보다 섬세하게 이해하고 있었다. 정상 참작 요인이 없는 상황의 경우, 위반 행위에 대한 처벌은 권위자의 적법성 및 해당 규칙의 억제력에 대한 참여자들의 믿음을 강화시켰다. 그러나 위반 행위가 허용될 경우, 권위자의 적법성 및 해당 규칙의 억제력에 대한 믿음은 약화되었다. 이러한 패턴은 모든 연령대에서 일관되게 발견되었다. 반면에 정상 참작이 가능한 상황의 경우, 위반 행위에 대한 처벌은 권위자의 적법성에 대한 어린이의 믿음을 강화시켰으나, 청소년의 믿음은 약화시켰다. 하지만 해당 규칙의 억제력에 대한 믿음은 연령에 상관없이 강화되었다. 또한 정상 참작 상황에서의 위반 행동에 대한 허용은 권위자의 적법성 및 해당 규칙의 억제력 모두에 대한 어린이의 믿음을 약화시켰지만, 청소년의 믿음은 강화시켰다.

이 연구 결과에 나타난 연령에 따른 차이는 특정 사건이 선례가 되어 가는 방식에 대한 이해가 발달적 측면에서 해석될 수 있음을 보여 준다. 이 연구에 참가한 모든 연령대의 사람들은 규칙 위반자에 대한 권위자의 규칙 집행이 적법하다고 인식했다. 그리고 일상적이든 혹은 임의적이든 간에 규칙이 집행되지 않으면 해당 규칙이 지닌 억제력과 그 규칙을 집행하는 권위자의 적법성이 훼손될 것이라는 점을 이해하고 있었다. 청소년이 어린이와 다른 점은 정상 참작이 가능한 상황에서 규칙을 집행하지 않은 결정이 이후의 결정에 영향을 미치는 선례가 되지 않는다는 점을 인식하고 있다는 것이다. 어떤 규칙에 대한 위반이 일상적으로 혹은 임의적으로 허용된다면, 그 규칙을 따르도록 요구할 정당성은 사라진다. 반면에 예외가 인정되는 특수한 위반 사례의 경우에만 처벌이 유보된다면, 우리는 그 규칙을 일반적으로 따르도록 정당하게 요구할 수 있다. 정리하자면, 청소년은 어린이 보다 선례의 특성을 더 잘 이해하고 있고, 어린이가 이해하지 못하는 더 정교한 방식으로 정상 참작 상황을 잘 고려할 수 있다.

그렇다면 청소년들이 이해하는 선례란 무엇인가? 클라진스키(2011)가 주장한 바와 같이, 인식론적 발달은 위에서 살펴본 결과에 중요한 역할을 할 가능성이 높다. 객관주의자적 인식론은 규칙을 준수와 위반의 측면에서 바라본다. 그리고 규칙 위반을 처벌하지 않을 경우, 향후 이 사례가 위반에 대한 선례가 될 수 있다고 생각한다. 반면에 합리주의자적 인식론은 규칙을 상황에 적절하게 합리적으로 적용하고 해석할 수 있는 것으로 바라본다. 따라서 정상 참작 상황에 대한 고려, 그리고 이에 대한 연령별 차이는 적법한 권위에 대한 합리적인 이해와 그 적법성을 유지하는 합리적인 의사결정을 향한 진전을 반영하고 있을 가능성이 크다.

헌법적 추론

보다 공식적인 수준에서 살펴보자면, 사례에 기반한 추론은 헌법적 추론constitutional reasoning을 포함하는 모든 법률에서의 핵심적 역할을 한다(Amar, 2012). 예를 들어 네브래스카와 그 밖의 중서부 주의 연방 지방 법원의 항소를 심리하는 미국 제8순회 항소 법원United States Court of Appeals for the Eighth Circuit에 제기된 헌법 사건들을 생각해보자. 사건을 판결할 때, 법원은 이전 사건이 어떻게 판결되었는지를 고려한다. 법적 논쟁 과정에서 매우 유사한 이전 판례가 판사의 관심을 끌었다고 가정해 보자. 법원은 이전 판례를 따라야 하는가? 아니면 그 판례를 무시해도 되는가? 그 대답은, 대부분, 이전 판결이 어디에서 내려졌는지에 달려 있다는 것이다. 먼저, 이전 판결이 뉴욕, 코네티컷, 버몬트의 연방 사건에 대한 항소를 심리하는 제2순회 항소 법원에서 내려졌다고 가정해 보자. 제2순회 법원은 다른 순회 법원에 대한 관할권이 없다. 제8순회 법원은 제2순회 법원의 추론이 설득력이 있는지, 두 사건이 관련된 면에서 충분히 유사한지 살펴볼 것이다. 그리고 '그렇다'라는 결론을 내리면, 제8순회 법원은 제2순회 법원의 추론을 자유롭게 채택하여 그 사건에 상응하는 판결을 내릴 것이다. 그러나 이것은 보다 나은 결론에 도달하는 데 도움을 주는 유추를 사용한, 단순한 유비 추론의 문제일 뿐이다.

그럼 다시, 제8순회 법원이 참고하고자 하는 이전 판결이 제2순회 법원이 아닌 미국 대법원으로부터 내려졌다고 가정해 보자. 주지하다시피 미국 대법원은 12개 순회 법원 모두의 항소를 심리하고 모든 법원에 구속력을 갖는 판결을 내린다. 제8순회 법원은 지금 다루는 사건이 이전 사건과 여러 측면에서 다르다고 판단할 수 있고, 따라서 이전 판결과 다른 판결을 내릴 수 있다. 그러나 그 판결을 설명하고 정당화하기 위해 현재의 사건과 대법원이 판결을 내린 이전 사건이 구별되는 사건임을 보여주는 보고서를 작성해야 한다(물론 대법원은 이 보고서를 기각할 수 있다). 만약 현재의 사건이 이전 사건과 관련하여 다르지 않을 경우, 대법원이 내린 (상위 수준의) 이전 판결은 현재의 판결에 구속력을 갖는다. 순회 법원이 그 이유나 결과에 동의하든, 그렇지 않든 말이다. 요컨대 대법원의 판례는 단지 어떤 판결을 내리는 데 도움을 줄 수 있는 유사 사례가 아니다. 그것은 현재의 판결에 구속력을 갖는 선례이다.

마지막으로, 이전 판결이 제8순회 법원의 자체 판결이라고 가정해 보자. 일반적으로 법원은 자신이 이전에 내린 판결과 일관되게 현재의 사건을 판결해야 한다. 그런데 또 다른 사건에 대한 미국 대법원의 후속 판결이 그 근거를 약화시켜, 이제 제8순회 법원의 이전 판결이 잘못된 것으로 간주된다면 어떻게 될까? 이러한 경우 법원은 자신이 내린 판결을 뒤집을 수 있으며, 때로는 무시해야 한다. 즉, 선례가 지닌

'이전 판례는 구속력을 갖는다'라는 의미는 절대적이지 않다. 오히려 선례는 "정확성에 대한 반박 가능한 가정"으로서의 가치를 지닌다(Amar, 2012, p. 234).

미국 대법원도 마찬가지인데, 유사한 사건에 대한 판례는 하급 법원뿐만 아니라 대법원 자체에도 구속력을 갖는다. 만약 이전 판례가 미국 헌법 해석에 있어서 명백히 잘못된 것으로 판명된다면, 그 해석은 잘못된 선례로 영원히 남을 것이 아니라 기각되어야 한다. 그리고 이전에 내린 판결이 헌법을 올바르게 해석했다면, 비록 논란의 여지가 있더라도 그 판결은 유지되어야 한다. 그러나 하나 이상의 결과가 있을 수 있는 복잡한 사건을 해결하는 경우, 이 사건과 관련된 유사한 사건의 이전 판결은 모든 해결책의 적법성에 대한 근본적인 제약을 가한다. 이것이 바로 **선례구속성의 원칙**stare decisis(결정을 그대로 유지하라)이다. 이 원칙은 반대할 만한 강력한 이유가 없는 한, 법원은 이전 판결에 따라 새로운 사건의 판결을 내려야 한다는 것을 의미한다. 대법원이 스스로 지적한 바와 같이, 이러한 일관성은 실질적이며 사람들로 하여금 판결이 적법하다고 인식하도록 하는 데 필수적이다(Planned Parenthood v. Casey, 1992).

유사한 사례를 동일하게 처리하고 관련성이 적은 사례를 다르게 처리하는 것은 법, 도덕성, 그리고 합리성의 핵심이다(Moshman, 1995b). 특정 선례는 특정 맥락 내에서만 적용되지만, 특정 선례가 과연 관련된 선례인지에 대해서는 논쟁의 여지가 있을 수 있다. 그러나 선례가 적용되는 경우, 선례를 충실히 따르고자 하는 것은 합리적이면서 도덕적 의무이기도 하다. 엄격한 규칙이라기보다는 반박 가능한 가정으로서 선례를 개념화하는 것은 헌법, 더 넓게는 사회적 관습에 관한 합리주의자적 인식론을 반영한다. 헌법적 추론은 선례에 기반한 추론에 국한되지 않으며(Amar, 2012; Fallon, 1987), 사회 관습적 추론 역시 일반적으로 그러한 방식으로 제한되지 않는다. 그러나 사회적 관습의 문제에서 볼 수 있는 권위에 대한 인식론적 존중, 그리고 어떤 결정이 가장 정당한지를 결정하는 데 있어 선례에 기반한 추론의 역할은 과학, 논리, 또는 도덕성이라는 인식론적 영역에 그대로 적용되지 않는다.

사회 관습적 추론은 과거를 바탕으로 현재를 다룬다. 충분히 유사하다고 간주되는 이전의 사례는 단지 현재의 사례를 해결하는 데 도움을 주는 것에서 그치는 것이 아니라 구속력을 갖는다. 따라서 선례에 기반한 추론은 가족에서 사회에 이르기까지 합법적인 상호 기대의 역사를 가진 사회 집단 내에서 우리가 해야 할 일에 대한 우리의 믿음을 정당화한다. 사회 관습적 추론은 선례에 기반한 추론에 국한되지 않으며, 선례에 대한 존중은 사회 관습적 영역에서 특별한 인식론적 지위를 갖는다. 그러나 선례에 대한 존중만으로는 논리, 과학, 도덕성과 관련된 문제를 정당화할 수 없으며, 따라서 각각의 인식론적 영역은 증명proof, 증거evidence, 원칙principle을 필요로 한다. 사회적 관습의 영역에서 선례에 대한 존중은 인식론적 미덕인 반면에, 논리, 과학, 도덕성의 영역에서는 악덕인 경우가 더 많다. 이는 사회적 관습을 별개의 인식론적 영역으로, 그리고 선례에 기반한 추론을 이 영역과 관련된 원형적인 형태의 추론으로 간주하기에 충분하다는 점을 보여 준다.

결론

나는 이전 장에서 논리적 지식과 경험적 지식을 구별하였다. 그리고 이번 장에서는 논리적·경험적 지식 외에도 추가적인 인식론적 영역이 정당화될 수 있는지에 대해 살펴보았다. 도덕적 지식은 논리적이지도 않고 경험적이지도 않지만, 논리와 증거를 모두 포함한다. 나는 도덕성을 원칙에 입각한 추론에 의존하는 인식론적 영역이라고 주장했다. 그리고 사회 관습적 지식이 선례에 대한 헌신으로 정의되는 네 번째 인식론적 영역이라고 제안했다. 선례에 대한 헌신은 논리, 증거, 원칙과는 구별되는, 사회 관습적 지식을 정당화하는 또 다른 기반이다. 이제 우리는 9장에서 역사와 정체성이라는 두 가지 잠재적인 인식론적 영역에 대해 살펴보고자 한다. 그런 다음 나는 인식론적 영역에 대한 일반적인 질문으로 다시 돌아가고자 한다.

9 역사와 정체성의 인식론

앞서 우리는 논리, 과학, 도덕성, 그리고 사회적 관습이라는 네 가지 인식론적 영역과 이에 상응하는 추론의 형태들에 대해 살펴보았다. 이제 우리는 인식론적 영역과 관련하여 역사와 정체성이라는 두 잠재적인 영역을 추가적으로 살펴보려고 한다. 이 두 영역을 인식론적 영역에 포함시키려는 시도는 너무 지나친 생각일까?

확장의 위험성

4장과 7장에서 이미 언급한 바와 같이, 인식론적 인지의 영역 특수성과 관련하여 발달 심리학 및 교육 심리학자들 간의 지속적인 논쟁이 있어왔다(Alexander, 2006; Greene & Yu, 2014; Hofer, 2000, 2006; Kuhn et al., 2000; Moshman, 2014; Muis et al., 2006; Schommer & Walker, 1995; Siegel, 2006; Wainryb et al., 2004). 우리가 영역을 단순히 분과 학문에 해당할 수도 있고 그렇지 않을 수도 있는 지식의 분야나 주제로 폭넓게 정의한다면, 인식론적 인지가 일반적이면서도 특수한 것이라는 점에는 의심의 여지가 없다. 인식론적 인지는 여러 지식의 분야나 주제, 분과 학문에 적용되는 객관성, 주관성, 정당화, 그리고 참에 대한 일반적인 통찰을 포함한다는 점에서 '인식론적'으로 일반적이다. 인식론적 인지는 사람들이 이러한 통찰을 다양한 분야나 주제, 학문 분과에 성공적으로 적용한다는 점에서 '심리적'으로 일반적이다. 이와 동시에 인식론적 인지는 인식론적 통찰의 적용이 지식의 분야나 주제, 학문 분과에 따라 다양하다는 점에서 심리적으로 영역 특수적이다. 예를 들어 사람들은 자연과학의 주제보다 사회과학의 주제와 관련하여, 알려진 사람들과 알려진 것들의 관계에 대한 주관적인 통찰을 보다 쉽게 활용할 수 있다. 그러나 이러한 통찰은 물리학에도 적용되며, 많은 사람들이 이것을 이해하게 된다.

하지만 이번 장에서 다루고자 하는 질문은 인식론적 인지가 인식론적으로 영역 특수적인지에 대한 것이다. 영역에 따른 인식론적 특수성의 사례를 만들기 위해, 나는 단지 심리적인 것만이 아닌 인식론적인 영역의 존재를 입증해야만 한다고 주장해 왔다. 인식론적 영역을 상정한다는 것은 영역에 따라 구분될 수 있는 정당화와 진리에 대한 개념, 그리고 이에 상응하는 추론의 형태를 포함하는 각각의 인식론을 상정하는 것이다. 나는 7장과 8장에서 인식론적 영역에는 네 가지 영역, 과학, 논리, 도덕성, 그리고 사회적 관습이 있다고 제안했다. 나는 이 네 가지 영역이 정당화 및 진리에 대한 뚜렷하게 구별되는 개념을 제공하고, 각각 (반드시 배타적이지는 않은) 인과적 추론, 논리적 추론, 원칙에 입각한 추론, 그리고 선례에 기반을 둔 추론에 의존한다고 주장했다.

우리는 이 네 가지 범주에 대해 충분히 살펴보았다. 하지만 이와는 다른 인식론 및 추론의 형태가 있을 수 있다. 그러나 내가 또한 주장한 바와 같이, 우리는 인식론과 추론의 형태를 확장하는 것에 신중할 필요가 있다(Siegel, 2006).

우리는 모두 자신만의 인식론을 가질 수 있는가? 나는 내가 말하는 모든 것이 참이고, 내가 말했다는 이유만으로 정당화될 수 있는 모시먼학을 만들어 낼 수 있는가? 아마도 그렇지 않을 것이다. 하지만 만약 내가 나만의 인식론을 가질 수 없다면, 다른 누구도 그럴 수 없다는 것을 확실히 하고 싶다. 나는 지금까지 서로 구별되는 인식론적 인지의 네 가지 영역에 대해 논의해 왔다. 여기에서는 다소 잠정적인 입장에서, 두 가지 영역을 더 제안하고자 한다.

역사의 인식론

인식론적 인지에 관한 연구와 이론은 때때로 역사적 지식의 진리와 정당화에 대한 지식을 다루었다(Kuhn, Pennington, & Leadbeater, 1983; Maggioni, 2010; Maggioni &

Parkinson, 2008; Maggioni, VanSledright, & Alexander, 2009; Moshman, 2008b). 그러한 연구는 일반적인 인식론적 통찰을 역사 문제에 적용하는 연구로 볼 수 있지만, 이는 역사가 별개의 인식론적 영역으로서의 자격이 있는지에 대한 질문을 제기한다(Moshman, 2014).

역사는 실제로 일어났던 일에 관한 것이다. 그것은 논리적으로 일어날 수 있는 일과 일어날 수 없는 일, 또는 도덕적으로나 관습적으로 일어나야만 하거나 일어나서는 안되는 일에 관한 것이 아니다. 즉, 역사는 규범적인 학문이 아닌 경험적인 학문이다. 따라서 논리, 도덕, 사회적 관습보다는 과학에 가깝다. 사료를 중요하게 생각한다는 점을 고려해 볼 때, 역사는 과학으로 간주될 수 있다.

역사 영역에서 인식론적 인지를 체계적으로 다루기 위해 가장 많은 노력을 한 학자는 아마 릴리아나 마조니Liliana Maggioni일 것이다(2010; Maggioni & Parkinson, 2008; Maggioni et al., 2009). 마조니는 인식론적 인지의 표준적인 3단계에 대한 발달적 설명(6장 참고)과 역사 교육 분야에서 나타나는 유사한 연구 경향을 폭넓게 검토하였다. 그리고 역사에서 인식론적 인지의 발달과 관련된 일련의 세 가지 "자세"stances를 복사자로서의 자세copier stance, 차용자로서의 자세borrower stance, 비평가로서의 자세criterialist stance로 구분하여 제시했다. 이러한 일련의 순서는 역사 인식론 전문가 개념을 향한 발달적 진전을 반영하고 있다. 그러나 교사는 보통 이 세 가지 입장을 모두 보여 준다.

"복사자로서의 자세"는 역사를 과거에 대한 복사본으로 간주하고 역사가를 수동적인 기록자로 바라본다. 마조니는 역사 교사들의 이러한 자세를 확인할 수 있는 평가 문항을 개발했는데, 대표적으로 "역사에는 정말로 이해할 것이 없다. 사실이 스스로를 대변한다", "역사 학습에서는 비교보다는 요약이 더 중요하다"라는 문항이 있다. 그 밖의 평가 문항은 역사 학습을 "사실을 암기하는 것", "학생들에게 상충하는 정보 제공을 피하는 것"으로 설명하고 있다.

"차용자로서의 자세"는 동일한 사건에 대한 "복수의 증언"이 있을 수 있음을 인식하고, 그중 가장 좋은 것을 차용할 것을 주장한다. 그러나 교사는 "좋은" 증인과

“나쁜” 증인을 구별하기 어렵다는 점 때문에, “역사는 근본적으로 주관적이라는 믿음으로 물러나게 된다”(p.197). 즉, 과거를 쓰는 사람이 과거를 만든다. 차용자로서의 자세를 평가하는 대표적인 문항으로는 “과거에 실제로 어떤 일이 일어났는지 알 수 있는 방법이 없기 때문에, 학생들은 그들이 선택한 어떤 이야기이든 믿을 수 있다”, “훌륭한 학생들은 역사가 기본적으로 의견의 문제라는 것을 알고 있다”가 있다. 그 밖에도 “역사는 본질적으로 해석의 문제이다”, “역사는 이야기처럼 가르쳐져야 한다”라는 문항도 있다.

“비평가로서의 자세”는 “역사는 탐구의 과정에서 비롯된 결과이며, 연구자에 의해 제기된 질문은 사료 분석에 영향을 미친다”(p. 197)라는 인식을 수반한다. 역사적 논쟁은 “연구자의 초기 가설과 사료 출처 간의 상호작용”(p. 198)에 의해 생성된다. 대표적인 평가 문항으로는 “사료의 출처를 비교하고 역사 교과서 저자의 숨겨진 의도를 찾는 것은 역사 학습에 있어 필수적인 구성 요소이다”, “역사교육의 근본은 학생들이 자신의 추론을 증거로 뒷받침하고, 역사 교과서 저자에게도 그렇게 할 것을 요구하도록 가르치는 것이다”가 있다. 그 밖에도 학생들은 “상충하는 증거를 다루는 방법을 배워야 한다”라는 문항도 있다.

그렇다면 역사적 지식에 대한 이해는 진보된 인식론적 발달의 일반적인 단계로 간주되어 온 세 단계(6장), 혹은 과학의 인식론을 이해하는 발달적 단계(7장)와 본질적으로 동일하게 진행되는 것으로 보인다. 그리고 증거와 편향에 대한 우려는 과학 영역에서 우려하는 바와 크게 다르지 않다. 그러나 인식론적 영역으로서의 역사 문제를 보다 직접적으로 다루기 전에, 다음과 같은 구체적인 역사적 질문에 대해 생각해 보자. 인류 역사상, 얼마나 많은 대량 학살genocide이 일어났는가? 이 질문에 대답하기 위해 우리는 다음과 같은 두 단계를 거쳐야 할 것으로 보인다. 먼저, 우리는 역사적 사건 각각에 대해 그 사건이 대량 학살인지 아닌지를 판단해야 한다. 그런 다음, 대량 학살로 간주되는 사건의 수를 세어 답을 구해야 한다.

그렇다면 답은 무엇인가? 객관주의자조차도 역사가들이 이런 종류의 질문에 확실하게 대답하지 못한다는 점을 알고 있을 것이다. 이 질문과 관련하여 제기될 수 있는 첫 번째 문제는 역사가들이 대량 학살로 간주될 수 있는 사건들을 계산할 때, 역사적 사건의 일부만을 고려할 것이라는 점이다. 왜냐하면 역사가들도 과거에 일어난 사건들을 모두 다 알지 못하기 때문이다. 또 다른 문제는 비록 역사가들이 어떤 사건에 대해 알고 있다 하더라도, 그 사건이 과연 대량 학살인지 그렇지 않은지를 결정하는 데 필요한 지식을 충분히 가지고 있지 않을 수 있다는 점이다. 뿐만 아니라 사건에 대한 지식이 충분해 보이는 경우에도 그것들 역시 오류나 지식 간의 공백으로 인해 부정확할 수 있다는 것이다. 그럼에도 불구하고 객관주의자는 '그 사건은 대량 학살인가?'라는 질문에 대한 올바른 대답이 있으며, 따라서 이는 '인류 역사상, 얼마나 많은 대량 학살이 일어났는가?'라는 질문에 대한 올바른 대답이라고 주장한다.

주관주의자적 인식론은 객관주의자적 분석에 적어도 두 가지 문제가 있음을 인식한다. 하나는 역사의 흐름을 유한한 수의 개별 사건으로 나눌 수 있는 객관적 근거가 없다는 것이다. 우리가 지각하고 있는 사건은 이미 과거를 우리가 이해하고 있는 범주 체계에 동화시킨 산물이다.

이를 차치하고서라도, 우리가 고려해야 할 두 번째 문제가 있다. 우리가 특정 사건을 어느 정도 객관적으로 식별할 수 있고, 그 사건에 대한 실질적이면서도 정확한 정보를 가지고 있다 하더라도, 우리가 해당 사건을 대량 학살로 분류할지에 대한 여부는 대량 학살을 어떻게 정의하느냐에 따라 달라진다는 것이다. 이에 대하여 주관주의자는 대량 학살을 정의함에 있어 우리에게 많은 선택권이 주어진다는 점을 지적할 것이다. 대량 학살을 연구한 문헌들은 이 개념을 다양한 방식으로 정의하고 있다(May, 2010; Moshman, 2001; Shaw, 2007). 역사를 검토할 때 우리가 보는 것은, 우리가 그것을 동화시키는 대량 학살이라는 개념에 달려 있다(Moshman, 2008a). 대량 학살에 대한 정의는 가해자의 성격, 가해자의 의도, 피해 집단의 성격, 파괴의 수단, 파괴의 총체성 등과 같은 측면에서 다양하게 정의될 수 있다. 어떤 사건이 대량 학살로 분류될 수 있는지 없는지는 대량 학살에 대한 정의에 따라 달라진다. 그렇다면 어떠한 정의 방식이 다른 정의 방식들에 비해 더 낫다고 누가 말할 수 있겠는가?

이에 대해 객관주의자는 대량 학살이 무엇인지에 대해서는 유엔과 같은 권위 있는 기관에서 정의할 수 있고, 실제로 유엔에서는 1948년 대량 학살에 대한 협약Genocide Convention을 통해 공식적인 정의를 내린 바 있다고 주장할 것이다. 그러나 주관주의자는 협약에서 제공하는 정의가 국제법상에서만 공식적으로 인정되며, 더 나아가 그 정의는 글자 그대로 사회적 협약이라는 점을 지적할 것이다. 실제로 대량 학살을 연구하는 학자들은 유엔에서 발표한 복잡하고 이상하게 표현된 법적 정의 방식이 그 시대의 주요 국가들이 주도한 일련의 정치적 타협의 결과로 보고 있다. 왜냐하면 그 주요 국가들 모두 끔찍한 일을 저지른 죄가 있지만, 그 어느 국가도 대량 학살의 죄를 인정하고 싶지 않았기 때문이다. 만약 당신이 대량 학살에 대한 유엔의 정의 방식이 마음에 들지 않는다면, 주관주의자의 조언에 따라 당신은 대량 학살을 정의할 수 있는 많은 대안들 중 마음에 드는 것을 선택할 수 있다. 만약 당신이 좋아하는 집단이 대량 학살 혐의로 기소된 경우, 비록 잘못된 정의일지라도, 당신은 그 집단이 저지른 행위가 대량 학살이 아니라는 것을 보여 주는 정의를 선택할 수 있다. 만약 당신이 싫어하는 집단이 자신들의 폭력적 행위가 대량 학살이라는 사실을 부인하려고 한다면, 당신은 그 집단이 자행한 행위가 대량 학살임을 보여 주는 정의를 찾을 수 있다. 만약 당신이 "대량 학살"이라는 용어를 보다 광범위한 방식으로 사용하는 것이 세상의 악과 맞서 싸우는데 도움이 될 것이라고 생각한다면, 당신은 역사의 대부분의 사건을 대량 학살로 바라보는 보다 유연한 정의 방식을 선택할 수 있다. 만약 당신이 너무 많은 사건들을 대량 학살로 규정하여 홀로코스트가 지닌 역사적 함의를 훼손할 우려가 있다고 판단한다면, 홀로코스트 이외의 몇몇 사건들만을 진정한 대량 학살로 인정하는 보다 엄격한 정의 방식을 선택할 수도 있다. 모든 사람들은 대량 학살을 각자 다른 방식으로 바라본다. 따라서 주관주의자는 대량 학살을 정의하는 것이 임의적이고 정치적인 문제이기 때문에, 대량 학살에 관한 연구 역시 임의적이고 정치적이라고 주장할 수 있다.

그러나 대부분의 역사가와 여타의 학자들은 어떤 정의가 가장 좋은 정의 방식인지에 대해서는 동의하지 않더라도, 일부 정의가 다른 정의들보다 더 낫다고 믿는다. 그들은 1948년 유엔에서 제시한 협약의 정의 방식에 심각한 결함이 있다는 데 의견 일치를 보이고 있다(Moshman, 2001, 2008a). 비록 협약의 정의 방식이 국제법의 맥락에서 법적 구속력을 가지고 있다 하더라도, 이 정의 방식은 역사와 사회과학 연구를 위한 개념으로서의 역할을 하지는 못하다(Shaw, 2007). 역사와 사회과학 연구를 위해서는 특정 역사적 사건을 포함하거나 제외하기 위해 정치적으로 조작하지 않은 보다 간결한 정의가 필요하다. 역사에 대한 합리주의자적 인식론은 주관주의자들의 통찰을 인정한다. 즉, 역사는 자신들이 정의한 범주를 통해 과거를 바라보는 역사가들에 의해 구성된다는 것이다. 그러나 합리주의자들은 특정 정의만으로는 충분하지 않다고 재빠르게 덧붙인다. 주관주의자가 단 하나의 참된 정의가 있음을 부정한 점, 그리고 정의에 대한 합의가 부족하다는 점을 지적한 것은 옳다. 그러나 합리주의자는 일반적으로 널리 사용되며, 실질적으로 중복되는 몇몇 정의 방식이 있다는 점을 지적할 수 있다. 어떤 역사적 사건은 정의 방식에 따라 대량 학살로 간주될 수도 있고 그렇지 않을 수도 있다. 하지만 어떤 역사적 사건은 합리적인 정의 방식에 따라 대량 학살로 간주될 수 있고, 또 다른 어떤 사건은 대량 학살을 범주화하는 합리적인 정의 방식에 적합하지 않을 수 있다.

더 나아가 대량 학살을 정의하는 다양한 방식에 대한 우리의 자각은 서로 다른 개념화로 인해 발생하는 역사에 대한 다양한 관점을 인식하고 조정할 수 있게 함으로써, 역사에 대한 우리의 이해를 향상시킬 수 있다. 수없이 많이 자행된 집단 살해mass killing 혹은 집단적 파괴group destruction는 용어의 정의 방식에 따라 대량 학살일 수도 있고 그렇지 않을 수도 있다. 객관주의자는 이 점에 대해 고민할 것이다. 그리고 대량 학살을 연구하는 학자들이 정확한 정의 방식을 식별하면 우리는 그것에 동의하거나, 아니면 대량 학살에 대한 연구가 지식의 원천이 아닌 단지 독특한 생각과 관점의 집합일 뿐이라는 점을 인정해야 한다고 주장할 것이다. 주관주의자는, 좋든 싫든 간에, 우리의 생각과 관점이 언제나 우리의 개인적 개념화에 따른 독특한 결과라고 대답할 것이다. 이와는 대조적으로 합리주의자는 합리적인 관점의 다양성을 객관성의 잠재적 기반으로 바라볼 것이다. 대량 학살의 정의는 가해자, 의도, 피해자, 과정 및 결과와 관련된 몇몇 구체적인 고려 사항에 따라 달라질 수 있다. 이러한 고려 사항에 주의를 기울임으로써, 정의상의 불일치 문제는 우리가 특정 사건을 보다 더 잘 이해하는 데 도움을 줄 수 있다. 우리가 특정 분류 방식에 동의하지 않더라도 말이다. 또한 분류 체계를 바꾸든지 그렇지 않든지 간에, 우리는 우리가 대량 학살로 분류하지 않은 사건들이 지닌 대량 학살의 측면을 보게 될 수도 있다. 더 나아가 우리는 대량 학살로 분류된 다양한 사건들 간의 중요한 차이점도 인식할 수 있다. 우리가 그러한 사건 모두를 계속해서 함께 묶어 분류하든지, 혹은 그렇지 않든지 여부와 상관없이 말이다.

따라서 다른 영역에서와 마찬가지로 역사에서도, 우리는 주관성을 부정함으로써가 아니라 오히려 우리의 다양한 주관성을 성찰적으로 조정함으로써 더 큰 객관성을 획득할 수 있다. 객관주의자와는 달리 합리주의자는 대량 학살에 대한 단 하나의 참된 정의를 주장하지 않는다. 그러나 주관주의자와는 달리 합리주의자는 다양한 정의 방식과 개념화에 대한 메타인지적 성찰 및 조정이 메타주관적인 형식의 객관성을 제공한다고 주장한다.

역사는 과학인가?

과학으로부터 역사를 구별해야 할 이유가 있는지는 여전히 불분명하다. "행성"(1장 참고)과 마찬가지로 "집단 학살" 역시, 우리가 염두에 두고 있는 것을 정의하는 방법은 한 가지 이상이지만 그렇다고 해서 아무렇게나 정의할 수 있는 것은 아니다. 과학과 마찬가지로 역사에서도, 지식은 정보나 자료의 모음보다 더 복잡하지만, 그럼에도 불구하고 경험적 증거를 토대로 검증된다. 과학에서와 마찬가지로 역사에서도, 지식에 대한 우리의 이해는 우리가 6장에서 논의한 인식론적 발달의 일반적인 단계와 동일하게 세 가지 기본 단계를 통해 발달하는 것으로 보인다. 과학의 인식론과 마찬가지로, 역사의 인식론도 객관주의자에서 주관주의자로, 그리고 합리주의자로의 발달적 전환을 보여 준다(Kuhn et al., 1983; Maggioni et al., 2009). 객관주의자는 역사적 진리가 과거의 사건들을 저장하고 있는 기록 보관소에서 발견된다고 믿는다. 주관주의자는 개인과 사회 집단이 그들 자신의 주관적인 역사를 구성하며, 그러한 역사는 다른 역사에 비해 객관적으로 좋거나 나쁠 수 없다고 믿는다. 이와는 대조적으로 합리주의자는 역사에 대한 주관적 구성이 과거에 대한 정당화 가능한 지식으로 이어질 수 있는 합리적인 과정으로 본다. 경험 연구들은 역사에서의 인식론적 진보가 물리학, 생물학, 사회학 등에서의 인식론적 진보보다 더 빠르거나, 느리거나, 보다 높은 수준에 도달할 수 있거나, 그렇지 않을 수 있다는 점을 보여 줄 수 있다. 하지만 물리학, 생물학, 사회학이 서로 구별되는 것보다, 역사와 과학이 더 뚜렷하게 구별된다는 점을 보여 주지는 못한다.

그럼에도 불구하고 역사와 과학 간에는 각각을 별개의 인식론적 영역으로 구분할 수 있는 중요한 차이가 있다. 과학적 지식은 과학적 현상을 설명하고 예측하고자 하는 이론으로 구성된다. 이와는 대조적으로 역사적 지식은 (적어도 부분적으로) 과거를 기술하고자 하는 서사narratives가 상당 부분을 차지한다. 서사는, 적어도 부분적으로, 시간의 흐름에 따른 일관성을 토대로 판단된다.

그러나 서사는 역사적 추론에만 국한된 것인가? 유기체가 해부학, 생리학, 행동 및 인지의 측면에서 성숙을 향해 진보해 가는 변화에 대한 서사, 즉 시간의 흐름에 따른 변화에 대한 서사는 생물학과 심리학 모두에서 발달 이론의 상당 부분을 차지한다. 그리고 이러한 발달 이론은 서사의 일관성뿐만 아니라, 정보 및 자료와의 관계 속에서 판단된다는 점에서 과학적이다. 변화에 대한 일관되지 않은 이야기는 나쁜 이론이지만, 좋은 이론이 되기 위해서는 일관성 이상의 것이 필요하다.

역사적 서사 역시 정보 및 자료를 토대로 판단된다. 바로 이점에서 역사는 서사로 구성된 소설과는 다르다. 역사와 소설 모두 이야기를 포함하지만, 역사적 이야기는 소설의 이야기와는 달리 참이거나 적어도 정당화될 수 있는 이야기이다. 이것이 바로 역사적 서사를 지식의 한 형태로 만드는 것이다. 따라서 역사는 서사의 본성상, 소설이라기보다는 생물학이나 심리학과 비슷하다.

하지만, 물론 반대 의견이 있을 수 있지만, 역사적 서사는 단지 무슨 일이 있어났는지를 기술하는 데에 목적이 있는 반면에, 발달 생물학과 심리학의 서사는 인과관계를 설명하는 데 그 목적이 있다. 그러나 대부분의 역사가들은 그들이 인과관계에 대한 설명을 제공해야 한다고 믿는다(Hewitson, 2014). 역사적 사건에 이름을 붙이고, 그 전개 과정을 설명하는 것만으로는 충분하지 않다는 것이다. 역사는 단지 증거로 뒷받침되는 이야기를 말하는 것이 아니다. 역사가들도 설명하려고 노력한다. 물론 역사 속의 인과적 설명은 매우 복잡하다. 그럼에도 불구하고 역사적 사건은 고전 역학에서 말하는 당구공처럼, 어떤 것에서도 서로를 야기하지 않는다. 만약 역사가 과학이라면, 그것은 사회과학의 인과적 복잡성을 모두 가진 사회과학이다. 하지만 내가 7장에서 주장한 것처럼, 사회과학도 과학이다.

그렇지만 사회과학은 단지 설명만을 추구하지는 않는다. 사회과학은 예측을 추구하며, 예측을 기반으로 검증된다. 이와는 대조적으로 우리는 역사가들이 미래를 예측할 것을 기대하지 않는다. 역사적 설명의 정당성과 타당성은 미래를 예측하고 그 예측을 뒷받침하는 능력을 기준으로 판단되지 않는다.

예를 들어 당신이 과거에 어떤 사회에서 무슨 일이 일어났었는지 알고 싶다면,

당신은 역사가에게 그것에 대해 물어볼 수 있다. 그러면 당신은 일련의 사건에 관한 어느 정도의 인과적 설명을 제공하는 서사적 설명을 들을 수 있을 것이다. 그러나 미래에 어떤 일이 일어날지에 대해 예상하려면, 당신은 또한 사회가 어떻게 작동하는지에 대한 일반 이론, 즉 역사가 아닌 사회학이 필요할 것이다. 게다가 무언가를 예측하는 과학의 성격은 단지 검증 가능성만의 문제가 아니다. 과학의 성격은 연구하고자 하는 대상이 지닌 세부적인 사항을 넘어, 일반적인 설명을 제공하고자 하는 열망을 반영한다. 이와는 대조적으로, 역사는 오직 연구하고 있는 것만을 설명하고자 한다. 그렇다면 역사는 결국 과학이 아니라는 주장이 나올 수 있다. 역사가 제공하는 인과적 설명은 완전한 조건을 갖춘 과학 이론에 비해 과감하지 못하고 예측력이 떨어진다. 과거를 기술하고자 하는 열망은 예측 가설을 검증하는 과학에서의 추론보다는, 시간적·인과적 일관성을 지향하는 서사적 추론의 형태에 의해 뒷받침된다.

이러한 차이를 토대로 역사만의 고유한 합리성 및 추론의 형태를 확립할 수 있는가? 진리와 정당화의 문제는 분명 역사의 핵심적인 문제이다. 그러나 역사가 과학의 경험적 영역의 일부로 간주되는 것이 가장 적절한지, 아니면 그 자체의 인식론적 영역을 지니고 있다고 보는 것이 더 적절한지는 불분명하다. 사람들이 역사의 인식론에 대해 어떻게 생각하는지에 관한 연구는 인식론적 인지에 대한 우리의 지식을 확장할 것이다. 그리고 아마도 역사의 인식론적 조건과 진보를 숙고하는 인식론자에게 몇 가지 지침을 제공할 수 있을 것이다.

정체성의 인식론

정체성은 이해하기 어려운 개념이다. 사회과학이나 인문학 분야에서는 일반적으로 정체성을 민족이나 종교 집단과 같은 사회적 집단에 대한 개인의 소속을 나타내는 데 사용한다. 심리학, 특히 발달 심리학에서 이 용어는 일반적으로 사람들의 개인적인 자아 개념self-conception을 의미한다. 각각은 종종 사회적 정체성social identity과 **개인적 정체성**personal identity이라는 용어로 구분되어 사용되기도 한다. 그러나 사회적 정체성과 개인적 정체성은 서로 깊은 관련을 가지고 있다. 우리는 대부분 우리 자신을 우리가 소속되어 있는 집단과 관련지어 생각한다. 정체성은 사회적 관계, 역할, 책임을 포함하는 우리 자신에 대한 지식이다(Erikson, 1968).

그렇다면 정체성은 내가 이 용어를 사용하는 바와 같이, 적어도 일종의 지식이다. 즉, 정체성은 우리 자신에 대한 지식이다. 그리고 이 지식은 고도로 구조화되어 있으며, 자신과 타인에게 자신을 설명하는 역할을 한다는 점에서 이론의 형태를 띤다. 따라서 정체성은 자아에 대한 이론이다(Moshman, 2004c).

좀 더 구체적으로 설명하자면, 나는 나의 다른 저서에서 정체성을 "적어도 부분적으로, 한 인격체person로서 자신에 대한 명시적 이론"이라고 정의했다(Moshman, 2011a, p. 130). 즉 자신에 대한 이론은 여타의 다른 합리적 행위자들과의 사회적 맥락, 그리고 고차적 사회 구조 안에서, 합리적인 행위자로서의 자아 감각을 유지하는 데 도움이 되는 자아에 대한 성찰적인 자기규제적 이론이다. 그렇다면 적어도 정체성은 매우 복잡하고 미묘한 인지 구조이다. 그럼에도 불구하고 정체성은 이론이다. 그 이론이 참인지는 아마 경험적 증거에 비추어 평가될 수 있을 것이며, 결과적으로 자신에 대한 이해는 진전될 수 있을 것이다. 따라서 정체성은 과학의 영역에 속하는 것처럼 보인다. 그것은 우리의 개인적 자아에 대한 개인적인 과학이다.

이를 염두에 두면서, 우리는 정체성의 인식론을 이해하는 데 있어 인식론적 인지의 표준적인 3단계를 예상해 볼 수 있다. 객관주의자는 정체성의 형성을 기존부터 존재했던 "참"인 자아를 발견하는 것으로 간주할 수 있으며, 따라서 그들에게 있어 정체성은 참인 자아의 직접적인 표현을 의미한다. 주관주의자는 정체성의 형성을 새로운 자아의 자유로운 창조로 바라볼 수 있으며, 그 결과 그들에게 정체성은 새로운 창조이다. 합리주의자는 아마 정체성의 형성을 자아에 대한 정당화 가능한 이론을 합리적으로 구성하는 것으로 바라볼 것이다. 인식론적 인지와 정체성 형성 간의 관계를 탐색한 연구들은 주관주의적 인식론으로의 진전이 정체성 형성의 진보와 관련이 있고, 합리주의적 인식론으로의 진전이 최고 수준의 정체성 성취와 관련이 있을 것이라는 예상을 뒷받침한다(Boyes & Chandler, 1992; 또한 다음을 참고. Chandler et al., 1990; Krettenauer, 2005; Peterson, Marcia, & Carpendale, 2004). 그렇다면 정체성의 인식론을 이해하는 과정은 보통 인식론적 발달의 일반적인 순서로 간주되는, 과학의 경험적 영역과 가장 밀접하게 연관되어 있는 표준적인 3단계를 따르는 것처럼 보인다.

정체성이라는 개념을 과학으로 바라보는 관점에 반대하는 한 가지 잠재적인 주장은, 자아 이론이 보통 자신이 어떻게 존재하게 되었는지에 대한 서사의 형태를 취한다는 것이다(Chandler, Lalonde, Sokol, & Hallett, 2003; Moshman, 2011a). 그럼에도 불구하고 자아에 대한 서사 이론도 이론이다. 우리는 특히 발달 생물학과 발달 심리학 등, 몇몇 과학 이론이 서사의 형태를 취한다는 것을 살펴보았다. 따라서 정체성이 서사일 수 있다는 사실은 인식론적 영역의 구별을 요구하지는 않는다.

그러나 정체성을 단순히 과학 이론으로 보는 것에는 심각한 문제가 있다. 데이터가 과학 이론과 모순되는 경우, 변경되어야 하는 것은 이론이지 데이터가 아니다. 변경에 대한 부담은 이론에 있다. 데이터에 맞게 이론을 변경할 수는 있지만, 단순히 이론에 맞게 데이터를 변경할 수는 없다. 물론, 우리는 이론과 불일치하는 데이터를 발견했다고 하더라도, 그 이론을 즉시 포기하지는 않는다(Chinn & Brewer, 1993). 때때로 우리는 이론과 일치하지 않는 데이터를 거부하기 위한 방법론적 이유를 찾기도 한다. 하지만 이러한 경우에도 우리는 데이터가 실재를 적절하게 나타내지 못한다고 결론을 내린다. 과학자들은 실재를 거부하지 않는다. 궁극적으로 우리의 이론은 이론과 독립적이면서도, 이론에 맞게 조정될 수 없는 실재에 대답해야 한다.

하지만 정체성은 다르다. 예를 들어 심리학자들이 **도덕적 정체성**moral identity이라고 부르는 것, 즉 도덕적인 사람으로서 나 자신에 대한 명시적 이론을 내가 가지고 있다고 가정해 보자(Hardy & Carlo, 2011; Moshman, 2004a, 2011a). 그러나 실제로는 내가 부도덕한 행동을 빈번하게 한다고 상상해 보자. 이것은 나의 도덕적 정체성에 문제를 야기한다. 물론 나는 문제가 되는 행동이 드물게 일어나고 비정형적이라고 주장함으로써 데이터를 거부할 수 있고, 맥락상 그 행동이 실제로는 부도덕하지 않다고 주장하여 데이터를 재해석할 수도 있다. 반면에 그 행동의 빈도가 확인되었고, 내가 그것을 도덕적으로 정당화할 수 없다고 가정해 보자. 과학적으로 나는 내 이론이 거짓이라고 결론을 내림으로써 이 문제를 해결할 수 있다. 나는 도덕적인 사람이 아니라고 결론을 내리는 것이다. 이처럼 나 자신이 근본적으로 도덕적이라는 생각을 배제함으로써, 즉 나에 대한 자아 이론을 변경함으로써, 내 이론은 더 이상 부도덕한 행동에 의해 도전받지 않게 된다.

그러나 정체성의 특성과 역할을 조명하는 대안적인 접근 방식이 있다. 그것은 자아에 대한 나의 이론을 바꾸는 대신, 나의 행동을 바꾸는 것이다. 나는 좀 더 도덕적으로 행동함으로써, 나의 행동과 나의 자아 이론을 일치시킬 수 있다. 물론 나는 그렇게 하지 않을 수도 있다. 하지만 사람들은 보통 자신이 실제로 어떤 사람인지, 어떤 사람이 되어야 하는지에 대한 자기 개념의 중심이 되는 개인적 표준standards을 유지하기 위해 자신의 행동을 개선한다. 이 경우, 나는 데이터를 거부하거나 재해석하는 것이 아니다. 오히려 나는 자아에 대한 나의 이론에 부합하게, 내 행동의 근본적인 실재를 바꾸고 있는 것이다.

이는 정체성과 과학 이론 간의 두 가지 잠재적인 차이점을 암시한다. 첫째, 정체성은 과학 이론에서는 전형적이지 않은, 규범적인 측면을 지니고 있다. 과학 이론은 세계가 어떤 모습인지에 관한 것이지, 세계가 어떠해야 하는지에 관한 것이 아니다. 이와는 대조적으로 우리 자신에 대한 이론은 단지 우리가 어떤 사람인지를 설명할 뿐만 아니라 우리를 안내하기 위한, 즉 부분적으로는 이상적인 자아에 대한 이론이다. 둘째, 정체성은 부분적으로 우리가 통제할 수 있는 것에 대한 이론이다. 보통 정체성은 자아에 대한 자신의 이론을 보존하기 위해, 우리 자신의 실재를 변경하도록 지시하는 자기규제적 이론의 역할을 한다. 따라서 정체성은 정당화에 대한 정합성 이론(2장 참고)과 연관되어 있는, 자기일관성self-consistency 혹은 진실성integrity이라는 기준을 보여 준다. 이는 합리적으로 옹호할 수 있는 인식론처럼 보이지만, 경험 지향적인 과학 이론의 인식론과는 틀림없이 다르다.

래리 누치Larry Nucci(2014)와 사회영역이론가들은 도덕적 영역moral domain과 사회인습적 영역social conventional domain을 보완하는 개인적 영역personal domain을 제안한 바 있다. 개인적 선택은 그 정의상 도덕적 규범 또는 사회 인습적 규범의 적용을 받지 않지만, 그렇다고 해서 그것이 사소하거나 자의적이라는 것을 의미하지는 않는다. 개인적 선택은 행위자의 주체성을 보여 주고, 자율성을 촉진하며, 정체성의 구성에 기여한다(Korsgaard, 2009). 정체성의 규범적인 측면은 개인적 영역이 도덕성 및 사회적 관습과 구별될 뿐만 아니라, 그것 자체의 인식론을 가지고 있음을 시사한다.

우리가 단순히 우리 자신에게 진실하고 참일 수 있다고 믿는 것은 순진한 생각일 수 있지만, 우리는 그것을 목표로 삼을 수 있다. 자기 자신에게 진실하고 참일 수 있다는 것은 단순히 자신이 어떤 사람이고 어떻게 행동하는지에 대한 정확한 이론을 갖는 것 이상을 의미한다. 그것은 또한 당신이 어떻게 되어야 하는지에 대한 규범적 이론을 갖는 것을 수반할 수 있다. 그리고 그 규범적 이론은 당신이 그렇게 되도록 동기를 부여할 수 있을 만큼 충분히 설득력이 있는 이론일 수 있다. 정체성은 단지 자신의 현재 행동에 대한 이론이 아니라, 어떤 유형의 사람이 되겠다는 약속이다. 따라서 정체성은 과학적 진리에 대한 기준과는 틀림없이 다른, 진실성이라는 기준에 대한 대답이다. 따라서 자기 자신에게 참이라는 것은 정체성의 인식론과 과학의 인식론을 구별하는 인식론적 기준이 될 수 있다.

인식론적 영역의 합리적 구성

인식론적 인지에는 아마 또 다른 영역이 있을 수 있고, 아니면 인식론적 인지와 관련하여 이미 너무 많은 영역들이 식별된 상태일 수도 있다. 영역과 관련된 추가적인 작업에는 잠재적인 영역들에 대한 인식론적 분석과 함께, 사람들이 영역을 어떻게 구별하는지 그리고 각각의 영역에서 연령에 따라 어떠한 변화가 나타나는지를 보여 주는 심리학적 연구가 모두 필요하다.

어린이들조차 영역 내에서 추론하고 암묵적으로 영역들을 구별할 수 있지만, 그러한 구별이 인식론적 영역들 간의 구별을 반영한다는 증거는 없다. 인식론적 영역과 관련된 발달의 과정은 우리가 어린 시절부터 직관적으로 알고 있었던 영역들을 식별하고, 비교하고, 조정하는 것이 큰 부분을 차지하고 있는 것으로 보인다. 예를 들어 우리가 7장에서 살펴본 바와 같이, 아이들은 대략 6세부터 연역적 추론과 수학적 계산의 논리적 필연성을 이해한다. 아이들은 이 나이대에 이미 세상에 대한 경험적 믿음이 틀릴 수 있다는 것을 이해하고 있다. 그러나 11세나 12세가 되어서야, 그들은 전제가 사실이 아닌 논증도 논리적으로 타당할 수 있음을 이해하기 위해 논리적·경험적 고려 사항들을 충분히 조정할 수 있다(Moshman, 1990, 2011a; Moshman & Franks, 1986). 이와 유사하게 8장에서 살펴본 것처럼, 미취학 아동은 정의, 배려, 해악 금지, 그리고 권리 등의 도덕적 문제를 문화적 맥락에 따라 달라지는 사회적 관습과 구별한다. 그들은 도덕적 위반과 관습적 위반에 다르게 반응하며, 자신의 판단에 대한 합리적인 근거를 설명할 수 있다. 그러나 그들의 설명은 보통 현재의 사건으로 제한된다. 콜버그(1981, 1984)가 말한 인습 이후 수준의 사회계약적 도덕성과 같이(또한 Gibbs, 2014 참고), 청소년기와 그 이후가 되어서야만 사람들은 사회적 관습의 영역과 관련하여 도덕적 영역의 본질을 추상적으로 고려한다.

정리하자면, 영역의 구성은 유년기부터 시작되는 합리적인 과정이다. 인식론적 영역에 대한 성찰적 조정은 청소년기와 그 이후에도 다양한 수준에서 계속될 가능성이 높다. 따라서 인식론적 영역에 초점을 맞추는 것은 인식론적 인지에 대한 발달적 접근 방식과 일치하지만, 5장과 6장에서 살펴본 표준적인 발달적 접근보다 더 복잡한 그림을 제공한다.

결론

결론적으로, 모든 인식론적 영역들은 그것 자체로 존재하는 것이 아니다. 인식론의 영역을 구분하는 것은 이론가와 그들이 연구하는 사람들 모두에게 매우 중요하며, 인식론적 인지의 표준적인 발달 과정을 보완한다. 이제 모든 것을 하나로 정리하는 문제가 남았다.

IV

진리에 대한 진리

Ⅳ
진리에 대한 진리

나는 이전 9개의 장에서 철학적 인식론과 인지 심리학, 양자를 모두 고려하면서 인식론적 인지가 무엇인지 정의했다. 그리고 인식론적 인지에 관한 7가지의 심리학 및 교육학 문헌을 살펴본 후, 아동기와 그 이후의 인식론적 발달의 과정을 추적했다. 뿐만 아니라 4개의 인식론적 영역을 구분했으며, 이에 더하여 두 개의 영역을 추가적으로 제안했다.

나는 10장에서 보다 공식적으로, 지금까지 살펴본 모든 것을 개념과 명제의 목록으로 정리해 보고자 한다. 또한 11장에서 나는 과학 교육, 역사적 갈등, 그리고 민주적 자치의 문제에 인식론적 통찰을 적용해 볼 것이다. 끝으로 12장에서는 인식론적 인지에 대한 최근의 두 가지 분석을 고려하면서, 추가적인 연구의 필요성을 제안할 것이다. 우리는 아직 진리에 대한 진리를 알지 못한다. 그러나 우리가 그것이 무엇인지 결코 알지 못하게 될지라도, 우리는 그것에 대해 아는 것을 목표로 하지 않을 수 없다.

10 이론적 결론

이론은 지식을 조직하고 현상을 설명한다. 이론은 증거와 일치해야 하며, 일관성 및 간결성과 같은 기준에 따라 이론으로서의 가치가 판단된다. 내가 이번 장에서 제시하고자 하는 것은 완전한 이론이라고 말할 수는 없지만, 그렇다고 해서 단순히 정보를 요약해 놓은 것도 아니다. 이번 장에서 제시하는 것은 이전 9개의 장을 통해 개략적으로 살펴본 이론적 설명을 압축하고 공식화한, 이 책의 이론적 결론이라고 말할 수 있다.

인식론적 인지에 관한 발달적 이론

나는 2008년에 출판된 한 책에서, 내가 "인식론적 발달에 관한 이론적 설명"(Moshman, 2008b, p. 162)이라고 부른 것을 한 개의 장을 통해 제시했고, 심지어 내가 설명한 것을 두 개의 단락에서 대담하게 "이론"이라고 표현했다.

> 아동은 대략 4세쯤, 믿음이 거짓일 수 있다는 것을 이해하는 시점부터, 인식론적 인지를 갖게 된다고 말할 수 있다. 초등학생이 되면서, 어린이는 점차 최소한 세 가지 인식론적 인지의 영역, (1) 진리의 객관적 영역, (2) 취향의 주관적 영역, 그리고 (3) 합당한 해석의 합리적 영역을 구분한다. 특정 믿음과 추론의 진리와 허위, 혹은 정당화에 관한 질문이 발생하고, 그 질문은 각각의 영역에서 해결된다.
>
> 청소년과 성인은 어린이와는 달리, 일반적으로 지식의 본질과 정당화에 대해 보다 추상적으로 이론화하는 경우가 많다. 11세 또는 12세 이후의 발달은 그 이전의 발달에 비해 훨씬 덜 보편적이어서 정확히 예측하기 어렵다. 그러나 청소년과 성인이 보다 진보된 형태의 인식론적 인지를 구성한다면, 그들은 다음과 같은 순서

> 에 따라 보편적으로 발달한다. (1) 검증할 수 있는 사실과 논리적 증명을 지식의 전형적인 사례로 간주하는 객관주의자적 인식론, (2) (비록 우리가 그것을 지식이라고 부른다고 할지라도) 지식을 의견으로, 그리고 의견을 취향의 문제로 바라보는 주관주의자적 인식론, (3) 해석과 추리의 세계 속에서 지식을 정당화될 수 있는 믿음으로 해석하는 합리주의자적 인식론.
>
> (p. 163)

이후에 출간된 책에서, 나는 내가 "인식론적 인지의 이론적·발달적 설명"이라고 부르는 것을 "인식론적 인지와 발달"이라는 장에서 설명하였다(Moshman, 2013b, p. 13). (이 책에서와 같이), 그 장은 인식론적 인지의 발달과 함께, 발달적 측면에 국한되지 않고 인식론적 인지와 관련된 모든 것을 다루고자 했다는 점에서 이전에 출간했던 장에 비해 보다 폭넓어 보인다. 그러나 인식론적 인지에 대한 나의 이론적 관점은 발달적 관점에서만 이해될 수 있다. 따라서 인식론적 인지에 대한 나의 이론적 설명 역시, 근본적으로 발달적 설명이어야 한다. 그렇다면 2008년에 제시한 인식론적 발달에 대한 설명은 이미 인식론적 인지에 대한 설명이나 다름없다.

이번 장에서는 내가 이전에 제시했던 설명을 최신화하면서, 이 책에서 다루었던 내용들에 대한 일련의 이론적 결론을 내리고자 한다. 그러나 그전에, 내가 앞서 두 문단으로 요약하여 제시한, 나의 2008년 이론에 대한 비평을 먼저 제시하고자 한다. 그리고 여기서 제시하는 이론적 설명은 그 밖의 다른 인지 구조와 마찬가지로, 발달적 맥락에서 가장 잘 이해된다.

내가 2008년에 제안한 이론은 인식론적 인지의 출발점에 대한 강력한 주장, 즉 "아동은 대략 4세쯤, 믿음이 거짓일 수 있다는 것을 이해하는 시점부터, 인식론적 인지를 갖게 된다고 말할 수 있다."라는 주장으로 시작된다. (아동기 초기의 마음 이론과 관련된) 5장과 (메타논리적 이해와 관련된) 7장에서 살펴본 바와 같이, 우리는 인지 발달의 시작에 대한 강한 주장, 즉 '모든 것은 이전의 것에 토대를 두고 있다'라는 주장에 의문을 제기할 이유를 가지고 있다. 이제 나는 다음과 같이 말할 것이다. "인식론적 발달의 구성적 과정은 믿음이 거짓일 수 있다는 것을 인식하게 되는 4세에 이르러 획기적인 발달적 이정표에 도달하게 된다. 그러나 이러한 메타인지적 통찰은 초기 발달에 토대를 두고 있고, 그것을 정의하는 방식에 따라 아직은 진정으로 인식론적이지 않을 수 있다"(이후에 내가 제시하는 명제 7을 참고).

아동기 후기의 발달과 관련하여, 나는 2008년의 이론에서 "어린이는 점차 최소한 세 가지 인식론적 인지의 영역, (1) 진리의 객관적 영역, (2) 취향의 주관적 영역, 그리고 (3) 합당한 해석의 합리적 영역을 구분한다."고 주장했다. 이러한 것들은 내가 이 책에서 사용하는 의미에서의 인식론적 영역이 아니다. 오히려 그것들은 청소년기와 성인기에 나타나는 세 가지 연속적인 인식론, 즉 객관주의, 주관주의, 합리주의의 기초이다. 또한 어린이들은 아직 명시적인 인식론을 가지고 있지 않으며, 추상적인 영역들 간의 명시적인 구분을 하지 않는다. "특정 믿음과 추론의 진리와 허위, 혹은 정당화에 관한 질문이 발생하고, 그 질문은 각각의 영역에서 해결된다."는 주장처럼, 어린이가 직면하는 쟁점들은 세 가지 "영역"에 명시적으로 할당되지 않는다. 즉 영역의 구별은 어린이의 경험과 직관적인 반응에 암묵적으로 내재되어 있다.

나는 어린이와는 달리, 청소년과 성인은 "일반적으로 지식의 본질과 정당화에 대해 보다 추상적으로 이론화하는 경우가 많다."고 주장했다. 나는 여기에 보태서, 일반적으로 지식의 이론화는 인식론적 영역들을 점점 더 명시적으로 구별하는 것을 포함한다고 주장하고 싶다. 그러나 2008년에 언급한 바와 같이, 11세 또는 12세 이후의 발달은 "그 전의 발달에 비해 훨씬 덜 보편적이어서 정확히 예측하기 어렵다." 명시적으로 구분된 세 가지 인식론은 발달적 변화의 일반적인 방향을 보여 주는 자연스럽고 의미 있는 순서를 이루지만, 그러한 변화는 필연적인 것도 아니고 나이와 결부된 것도 아니다.

나는 2013년에 출간된 책(Moshman, 2013b)에서 2008년에 비해 수정되고 확장된 이론적 설명을 제공했다. 이제 나는 나의 주장을 최신화하여, 10개의 개념과 14개의 관련 명제, 그리고 이것들을 새롭게 요약한 2개의 문단을 제시하고자 한다.

10개의 핵심 개념

나는 이번 절에서 인식론적 인지와 그 발달에 관한 14개 명제의 핵심에 위치해 있는 10개의 개념을 제시할 것이다. 각각의 개념을 설명하는 문단에서 고딕체로 표시된 첫 번째 문장은 그 개념에 대한 정의라고 볼 수 있다. 그리고 문단의 나머지 부분에서는 개념화의 문제에 대해 자세히 설명하였다.

인식론epistemology은 지식, 특히 정당화와 진리의 규범적 문제에 관한 연구이다. 철학의 전통적인 주요 분과 중 하나인 인식론은 **원인**(우리가 무엇인가를 믿게 되는 데 기여한 무수히 많은 사회적, 심리적 영향과 과정) 보다는 **이유**(믿음의 정당화)에 중점적인 관심을 두고 있다.

인지cognition란 지식, 그리고 이와 관련된 추리 과정을 의미한다. 인지에는 지각, 표상, 개념화, 해석, 기억, 사고, 그리고 추론이 포함된다. 인지 심리학의 한 분야인 인지에 대한 연구는 사람들이 **추리하고 믿어야 하는 것** 보다는, 사람들이 **실제로 정보를 이해하고 처리하는 과정**에 가장 직접적인 관심을 가진다는 점에서 철학적 인식론과 다르다.

메타인지metacognition는 인지에 대한 인지이다. 메타인지에는 (ⓐ) 지식과 추리에 대한 개념적 지식conceptual knowledge, (ⓑ) 인지적 자기규제에 내재된 절차적 지식procedural knowledge이 포함된다.

인식론적 인지epistemic cognition는 인식론의 문제에 대한 지식, 즉 믿음의 정당화와 진리에 대한 지식을 의미한다. 인식론적 인지는 정당화 및 진리와 관련된 개념적 메타인지conceptual metacognition의 하위 집합이다.

발달development은 점차 확장되어 가고, 자기규제적이며, 질적이고, 점진적으로 변화되어가는 유형 혹은 양식을 말한다. 모든 변화가 발달적인 것은 아니다. 변화가 갑자기 발생하거나, 외부로부터 부과되거나, 실제로 새롭거나 더 나은 결과로 이어지지 않는 경우, 그것은 일반적으로 발달적이라고 해석되지 않는다.

인식론적 발달epistemic development은 인식론적 인지의 발달을 의미한다. 즉 믿음의 정당화에 관한 개념적 지식이 확장되어 가고, 자기규제적이며, 질적이고, 점진적으로 변화되어 가는 것을 말한다.

추리inference는 데이터를 넘어서는 것을 말한다. 인지는 본질적으로 추리적이다. 우리는 결코 원래 그대로의 사실을 알지 못한다.

사고thinking는 목적 달성을 위해 자신의 추리를 의도적으로 적용하고 조정하는 것을 말한다. 사고에는 문제해결, 의사결정, 판단, 계획, 그리고 다양한 형태의 추론이 포함된다.

추론reasoning은 인식론적인 측면에서 자기규제적인 사고, 즉, 정당하고 참인 결론에 도달하는 것을 목표로 하는 사고를 의미한다. 추론에는 논증, 논리적 추론, 과학적 추론, 원칙에 입각한 추론, 선례에 토대를 둔 추론이 포함된다.

합리성rationality은 이유, 특히 좋은 이유를 갖고자 하는 행위자의 자질을 말한다. 합리적인 주체 혹은 합리적인 행위자는 이유, 특히 논리적인 이유를 포함하지만 그것에 국한되지 않는, 가급적이면 보다 좋은 이유에 근거하여 믿거나 행동하는 사람을 말한다. 합리성은 단순히 논리적 규칙에 따르는 것만을 의미하지는 않는다. 어떤 이유는 비록 결정적이지는 않더라도, 다른 이유들에 비해 더 낫기 때문에 보다 합리적이라고 말할 수 있다.

인지와 발달

나는 이번 절과 다음 절에서 고딕체로 번호가 매겨진 14개의 명제를 제시하고, 각각에 대한 약간의 설명을 덧붙일 것이다. 이 명제들은 인식론적 인지에 관한 발달적 이론의 핵심으로 간주될 수 있다. 특히 이전 절에서 설명한 핵심 개념의 정의들을 고려하면서, 좀 더 구체화된 이론적 설명을 정교하게 제시할 것이다. 나는 이번 절에서 인지, 합리성, 발달에 관한 6개의 일반 명제를 제시하고, 그 후 다음 절에서 인식론적 인지의 특성을 보여 주는 8개의 명제를 추가적으로 제안하면서 결론을 내릴 것이다.

1. **인지는 본질적으로 추리적이다.** 안다는 것은 데이터를 넘어서는 것이다. 원래 그대로의 사실처럼 보이는 것조차도 우리가 지닌 개념, 이론, 패러다임, 인지 처리 과정processes에 실재reality를 동화시킨 결과이다. 실재는 있는 그대로의 것이지만, 그것에 대한 우리의 지식은 언제나 부분적으로 우리 고유의 주관성이 기능한 결과이다.
2. **자동적 추리는 모든 연령대의 인간 기능에 중요한 역할을 한다.** 자동적으로 발생하는 추리는 최소한의 정신적 자원을 필요로 하며, 특히 단순하고 친숙한 상황에서 추산적heuristic 사고 기능으로서의 가치를 지닌다는 점에서 우리에게 도움이 되는 경우가 많다. 그러나 자동적 추리는 체계적이면서도 비합리적인 편견의 원인이 되기도 하며, 특히 복잡하거나 익숙하지 않은 상황에서 종종 우리를 잘못된 길로 인도한다.
3. **발달의 과정에서 우리의 자동적 추리는 점차 사고 행위에 의해 보완되어 가며, 우리의 사고는 점점 추론의 형태를 취하게 된다.** 사고와 추론은 아동기와 그 이후에 강한 발달적 추이를 보여 준다. 사고는 자신의 목적을 달성하기 위해 점

점 더 추리를 의도적으로 적용하고 조정함으로써 발달한다. 추론의 발달은 정당화와 진리의 추구를 목적으로 자신의 추리를 규제하고 제약하는 능력의 증가로 나타난다.

4. **사고와 추론은 자동적 추리를 대체할 수 없다.** 이중 처리 이론이 우리에게 반복적으로 상기시키듯이, 우리의 인지 처리 과정은 대부분 의도적이고 성찰적이라기보다는 자동적이고 직관적이다. 성인들에게서도 사고와 추론은 인지라는 빙산의 일각에 불과하다.
5. **인간의 발달을 설명하기 위해서는 사고, 추론, 그리고 합리성에 주목해야 한다.** 발달적 변화는 점차 확장되어 가고, 자기규제적이며, 질적이고, 점진적이다. 우리의 직관과 자동적 처리 과정이 익숙한 상황에서 더욱 효율적이고 적응적으로 변화되어 간다고 하더라도, 그러한 변화는 발달적 변화가 아니다. 발달은 사고와 추론의 새로운 유형 및 형식의 합리적 구성, 그리고 그에 따른 합리성의 점진적 변화와 관련하여 가장 분명하게 나타난다.
6. **사고와 추론, 합리성의 발달을 이해하기 위해서는 인식론적 인지를 포함한 메타인지의 발달을 반드시 고려해야 한다.** 사고, 추론, 그리고 합리성의 발달적 진전은 주로 인식론적 인지를 포함한 메타인지의 진전에 기인하다. 추리에 대한 메타인지적 자기규제는 우리로 하여금 사고할 수 있게 해 준다. 인식론적 인지는 우리로 하여금 정당화와 진리를 지향하게 하여, 우리가 추론할 수 있게 하고, 우리의 합리성을 향상시킨다.

인식론적 인지와 발달

이제 우리는 인식론적 인지에 초점을 두면서, 그것의 발달에 대해 살펴보고자 한다.

7. 인식론적 발달은 적어도 믿음이 거짓일 수 있음을 깨닫는 아동의 인식으로 거슬러 올라갈 수 있으며, 이러한 인식은 일반적으로 4세 무렵에 획득하게 된다.

우리의 삶에는 어떤 것에도 절대적인 시작점이 없다. 하지만 항상 선행하는 무언가는 있다. 4세 미만의 아동들도 아마 일종의 메타인지를 가질 수 있으며, 어쩌면 허위에 대한 지식을 어느 정도 가지고 있을 수 있다. 이 연령을 훌쩍 넘은 어린이들은 허위에 대한 인식과 관련된, 즉 진리와 정당화에 대한 인식론적 문제에 관하여 제한된 개념을 가지고 있다. '인식론적 발달의 구성적 과정은 아주 어린 시절부터 시작하여 4세 정도에 이르러 중요한 이정표에 도달한다'라는 결론을 내릴 수 있는 충분한 증거들이 있다. 메타인지는 계속 발달한다. 그러나 4세 이후 몇 년 동안, 그들의 메타인지는 진정으로 인식론적이지 않을 수 있다.

8. 어린이들은 초등학교 기간 동안 점점 더 해석적이고 구성주의자적인 마음 이론을 구성해 간다. 객관성에 대한 초기의 가정은 주관적인 관점에 대한 인식으로 보완되고, 이와 같은 객관주의적 개념과 주관주의적 개념의 공존은 이후 해석과 추리의 합리적 다양성에 대한 인식에 의해 보완된다.

객관주의자적 개념, 주관주의자적 개념, 합리주의자적 개념이 순차적으로 나타나는 것임에도 불구하고, 이 세 개념은 공존한다. 어떤 경우에 나타나는 주관성에 대한 인식은 또 다른 경우에 나타나는 객관성에 대한 가정을 위협하지 않는다. 그리고 어떤 경우 합리적 다양성에 대해 인식했다 하더라도, 또 다른 상황에서 아동은 급진적인 객관주의자적 판단이나 주관주의자적 판단을 유지하기도 한다. 뿐만 아니라 아동은 추상적인 지식에 관심이 없고, 다양한 인식론적 판단을 조정하는 인식론, 즉 지식에 대한 일반적 이론이 필요하다는 인식도 없다.

마음 이론은 아동기에 극적으로 발달한다. 그러나 마음 이론은 지식에 대한 이론이 아니다. 객관성에 대한 직관적 가정은 객관주의자적 인식론이 아니다. 어린 아동들은 지식 일반에 대해 이론화하지 않으며, 따라서 인식론도 전혀 가지고 있지 않다. 객관성을 가정하는 것이 단순히 주관성을 인식하지 못한다는 것을 의미하지는 않는다. 이와 마찬가지로 아동기가 지나감에 따라 주관성에 대한 인식이 증가한다고 해서, 그러한 인식의 증가가 주관주의자적인 인식론으로 이어지는 것은 아니다. 어느 정도 나이가 찬 아동은 여전히 지식 일반에 대해 이론화하지 못하며, 따라서 인식론을 전혀 갖고 있지 않다. 그들은 맛에 대한 선호와 같이 어떤 경우에는 단순하게 주관성을 인식하지만, 산술적 계산과 같은 또 다른 경우에는 객관주의적 가정을 유지한다.

아동기 이후와 청소년기 이전의 어린이들은 주관성이 언제나 합리적인 선택을 훼손하는 것은 아니라는 점을 이해한다. 그림, 이야기, 영화에 대한 여러 잠재적인 해석에 직면했을 때, 그들은 아마 하나 이상의 해석에 대해서는 합리적이라고 생각하지만 그 밖의 다른 것들에 대해서는 단순히 잘못된 해석이라고 무시할 수 있다. 이러한 모습은 합리주의자적 인식론과 일치하지만, 그러한 분석이 특수한 상황에서 특정 선택을 내리는 것에 국한된다면 그것을 인식론이라고 말할 수는 없다. 인식론을 갖는다는 것은 지식 일반을 설명해야 할 필요성에 대해 깨닫는 것이다.

3 + 2가 항상 5가 되어야 한다는 점, 사탕에 대한 선호가 단지 취향의 문제라는 점, 어떤 해석이 다른 해석들에 비해 더 낫다는 점을 이해하는 청소년기 이전의 어린이들에 대해 생각해 보라. 수학의 논리적 필연성에 대해 이해하는 것처럼 어린이들이 다양한 판단을 내린다는 점을 토대로 미루어 볼 때, 그들이 인식론적 영역에 대한 어느 정도의 이해를 갖고 있다는 주장은 합리적인 것으로 보인다. 하지만 10~11세가 되어도, 어린이들은 인식론의 본질이나 다양한 인식론적 영역들 간의 상호관계에 대해서 생각하지는 않을 것이다. 진리, 허위, 그리고 정당화에 대한 인식론적 질문은

직관적으로 인식되는 인식론의 영역 내에서 특정 믿음, 해석, 추리와 관련하여 나타난다.

9. 청소년과 성인은 정당화와 진리의 본질, 가능성, 그리고 영역 특수성을 포함하는, 지식의 추상적이고 근본적인 문제에 대해 이론화한다.

청소년과 젊은 성인은 마음 이론의 지속적인 발달을 보여 준다. 하지만 아동기 이후에 발달하는 것은 단순히 마음 이론만이 아니다. 어린이와는 달리 청소년과 성인은 진리의 획득이 가능한 것인지 그리고 정당화가 가능한 것인지에 대한 질문을 포함하는, 일반적인 믿음과 특정 영역에서의 믿음에 대한 진리와 정당화와 관련된 질문을 명시적으로 제기하고 다룬다.

놀랍게도, 서로 구별되는 지식의 영역들 각각에 상응하는, 서로 다른 인식론적 속성에 대한 명시적인 개념의 발달을 직접적으로 다룬 연구는 거의 없다. 그럼에도 불구하고, 아동기와 달리, 청소년기의 인식론적 인지에는 인식론적 영역 내에서 사고하는 것뿐만 아니라 인식론적 영역에 대해 생각하는 것도 포함된다.

10. 인식론적 발달은 11세 혹은 12세 이후에도 오랫동안 지속되는 경우가 많지만, 아동기 이후의 발달은 보편적이지 않고 예측하기 어려우며 연령과 연관되어 있지 않다. 달성되기를 기다리는 인식론적 완숙의 자연스러운 상태는 없다.

인지와 관련된 또 다른 영역에서 볼 수 있는 것처럼, 청소년기와 그 이후에 진행되는 인식론적 발달은 아동기에 나타나는 연령과 관련된 보편적인 발달적 추세보다 훨씬 더 개별화되어 있고 예측하기 어려운 패턴을 따른다. 어떤 사람들은 여타의 사람들보다 더 발달된 수준에 도달하지만, 모든 성인 혹은 대부분의 성인들이 일상적으로 도달하는, 즉 십대 청소년이 보여 주는 능력을 넘어서는, 인식론적 완숙의 상태가 있다는 증거는 없다.

대부분의 청소년들은 인식론적 문제에 직면하고 그것들에 대해 고민하지만, 그 정도는 부분적으로 교육적 경험에 의존한다. 즉 어떤 청소년들은 인식론적 문제에 대하여 다른 청소년들에 비해 훨씬 더 많이 고민한다. 요컨대 아동기를 넘어선 인식론적 진보는 매우 가변적이고, 다양한 요인에 영향을 받는다.

11. 아동기 이후의 인식론적 발달은 객관주의자적 인식론에서 주관주의자적 인식론으로, 그리고 합리주의자적 인식론으로 진행된다.

이 분야의 다양한 방법론과 전문 용어들은 이 순서를 뒷받침하는 강력한 경험적 근거와 이론적 합의를 제시하고 있다. 객관주의자적 인식론은 관찰할 수 있고, 증명할 수 있으며, 권위자로부터 배울 수 있는 근본적인 진리를 가정한다. 객관주의자적 인식론은 검증 가능한 사실과 논리적 증명을 지식의 원형으로 간주한다. 주관주의자적 인식론은 지식은 구성된 것이며, (항상 무서운 인용 부호를 사용하여 강조하면서) "진리"는 신화라고 주장한다. 왜냐하면 우리 모두는 각자 동등하게 타당한 관점을 가지고 있기 때문이다. 결국 지식은 의견이고, 의견은 취향의 문제이다. 마지막으로 합리주의자적 인식론은 지식의 주관적 구성과 진리의 난해함을 인정하지만, 모든 믿음이 동등하게 정당화되는 것은 아니며 우리가 보다 진보된 지식을 구성할 수 있다고 주장한다.

이러한 순서가 지닌 발달적 문제는 이를 지지하는 증거가 부족하다는 것이 아니라, 우리가 이러한 순서를 거의 모든 곳에서, 즉 다양한 연령대와 여러 영역에서 확인할 수 있다는 것이다. 연령과 관련된 발달적 증거의 모든 범위를 면밀히 조사해 보면, 우리는 이 기본적인 순서가 발달의 과정에서 두 번 반복된다는 것을 알 수 있다.

한번은 아동기이고, 또 다른 한번은 (다양한 연령대 중 어느 지점인) 그 이후이다. 과학과 그 밖의 다른 인식론적 영역에서 이 순서는 핵심적이지만, 논리의 인식론에서는 분명하지 않은 것 같다. 사람들이 특정 문제를 다루거나 혹은 특정 주제에 대한 전문가가 되어 가는 과정에서도 이 순서를 확인할 수 있다. 그렇다면 이 표준적인 3단계의 순서는 다양한 수준에서, 다양한 방식으로 인식론적 발달의 기초가 된다고 말할 수 있다. 그리고 이는 아마도 주관성을 성찰하는 자연스러운 순서, 즉 어디에서나 나타나는 과정ubiquitous process이기 때문일 것이다(명제 12 참고).

인식론적으로 어떤 발달적 진전을 이루었든 간에, 청소년들은 초기의 마음 이론을 토대로 아동기 동안에 그들이 구성하였던 객관성, 주관성, 해석에 대한 통찰력을 계속 유지한다. 객관주의자적 인식론을 가진 청소년들도 맛에 대한 선호가 취향의 문제라는 것을 계속 이해한다. 또한 가장 급진적인 주관주의자조차도 산술 규칙에 여전히 의존한다.

아동기 이후의 인식론적 발달이란 부분적으로는 지식으로 간주되는 것을 재개념화하는 것과 관련된 문제일 수 있다. 객관주의자에게 지식이란 우리가 믿을 수 있는 진실, 즉 사실과 논리를 의미한다. 주관주의자에게 있어 사람들이 지식이라고 부르는 것의 대부분은 이론이고 의견이며, 취향의 문제이지, 실제로는 전혀 지식이 아니다. 합리주의자로의 전환은 지식을 정당화할 수 있는 이론적 믿음으로 재정의함으로써, 보다 확고한 기반 위에 재확립하는 것을 말한다. 이때 정당화가 진리를 지향하는 탐구 과정의 일부인 경우, 그것은 증거 그 이상의 것이 될 수 있다.

12. 인식론적 인지는 성찰, 조정, 사회적 상호작용이라는 합리적인 과정을 통해 구성되며, 이는 보통 그러한 구성을 지원하는 학문적 맥락 또는 그 밖의 맥락에서, 더 오래된 뿌리를 가지고 있는 아동의 마음 이론을 바탕으로 구축된다.

인지 발달은 보통 사회적 상호작용의 맥락에서 성찰과 조정의 과정을 통해 이전의 인지 구조가 새로운 인지 구조로 전환되는 것을 의미한다. 그리고 이러한 과정은 사회적, 문화적, 교육적 맥락에 의해 촉진되거나 억제될 수 있다.

성찰, 조정, 동료 상호작용의 과정은 객관주의자에서 주관주의자, (포스트주관주의자 혹은) 합리주의자적 인식론이라는 보편적이면서도 반복적인 순서를 설명한다. 발달적 진전은 특정한 상황에 의해 야기되거나 제한되지 않으며, 보통 동료 간의 성찰과 조정의 결과로 나타난다. 다양한 맥락과 수준, 정도에서 인식자는 겉으로는 객관적으로 보이는 것의 불가피한 주관성을 이해하게 되며, 때로는 이를 넘어 메타주관성metasubjectivity의 잠재적 합리성을 이해하게 된다. 물리학의 본질을 이해해야 하는 경우, 주관성을 인식하는 것은 인식자에게 중요한 과제가 될 수 있다. 그러나 그 이후의 합리주의자적 통찰력은 오히려 더 쉽게 따라올 수 있다. 이와는 달리 사회과학의 본질을 이해해야 하는 경우, 인식자는 주관성을 더 쉽게 인식할 수 있지만, 메타주관적 합리성의 잠재적 구성에는 어려움을 겪을 수 있다.

13. 인식론적 인지에는 (ⓐ) 정당화와 진리의 일반적인 본질, (ⓑ) 개별 인식론적 영역에서의 정당화와 진리에 대한 지식이 포함된다.

정당화와 진리의 일반적인 본질에 대한 지식은 주관주의적, 그리고 메타주관주의적 통찰을 수반한다. 주관주의는 사람마다 다양한 관점과 해석이 있을 수 있다는 단순한 생각, 즉 단지 아동기에나 나타나는 지식에 대한 이해가 아니다. 주관주의자적 인식론은 지식이란 본질적으로 주관적이고 항상 관점과 추리가 기능한 결과이며, 따라서 이런 특성이 객관성에 대한 모든 가능성을 배제한다고 가정한다. 메타주관주의자적 통찰은 합리적인 과정을 통해, 즉 우리의 주관성에 대한 성찰과 다양한 관점 간의 조정을 통해 주관성이 제약될 수 있음을 인식하는 것을 말한다. 객관주의에서 주관주의, 그리고 합리주의로 나아가는 일반적인 발달적 추세에도 불구하고(명제 11), 사람들은 객관주의자, 주관주의자, 메타주관주의자들이 지닌 개념과 인지 과정이 혼합된 모습을 보인다.

인식론적 영역은 확실히 구별되는 정당화와 진리에 대한 개념과 이에 상응하는 별개의 추론 형식에 뿌리를 둔 지식의 영역이다. 인식론적 영역에는 과학, 논리, 도덕성, 사회적 관습이 포함된다. 과학의 영역에서 주장은 경험적 증거에 의해 검증된다. 하지만 그 주장은 미래에 발견될 수 있는 증거와 일치하지 않을 수도 있기 때문에, 현재의 증거에 의해 뒷받침된다고 하더라도 잠정적인 결정 상태로 남아 있다. 이와는 대조적으로 논리와 수학의 경우, 주장은 증거를 참고하지 않고서도 필연적으로 참이라는 점이 입증되며, 결론은 미래에 발견될 수 있는 증거와 관계없이 언제나 최종적이다. 도덕성은 과학처럼 경험적이라기 보다는 논리와 같이 규범적이만, 규칙 기반의 논리적 추론만으로는 해결할 수 없는 문제를 수반한다. 대신 도덕성은 (보편적인) 원칙에 입각한 추론과 관점 채택이 포함된다. 사회적 관습 역시 규범적이고 복잡하지만, 정의justice에 대한 보편적 요구보다는 문화적 맥락에서 구체화된다는 점에서 도덕성과 다르다. 또한 사회 관습적 추론은 원칙에 입각한 것이 아니라, 선례에 토대를 둔다.

과학, 논리, 도덕성, 사회적 관습 외에도 인식론적 영역에 또 다른 영역을 추가하는 것이 가능하지만, 인식론이 갖추어야 할 기준을 충족하는 영역이 더 있는지는 확실하지 않다. 역사는 대체로 과학의 인식론적 기준을 충족한다. 하지만 과학과 같이 인과관계를 중요하게 고려함에도 불구하고, 역사는 과학처럼 이론적이고 예측적이라기보다는 오히려 기술적이다. 따라서 역사는 서사적 형식의 추론에 더 중점을 두고 있으며, 이러한 특성은 역사가 하나의 인식론적 영역이 될 수 있음을 시사한다. 정체성은 자아에 대한 이론으로 간주될 수 있으며, 과학 이론과 매우 유사한 기능을 수행한다. 그러나 정체성이 부분적으로 지닌 규범적인 성격, 그리고 우리의 행동을 우리의 정체성과 (멀어지게 하는 것이 아니라) 일치시키는 우리의 능력은 과학이 지닌 보다 경험적인 표준과는 다른, 진실성이라는 인식론적 표준을 제시한다. 아마도 또 다른 인식론이 있을 수 있지만, 지금까지 논의한 영역과 인식론적으로 명백하게 구별될 수 있는 후보는 없어 보인다.

관련 연구에 따르면, 어린이조차도 특정 문제, 사례, 딜레마에 직면하였을 때, 과학, 논리, 도덕성 및 사회적 관습의 영역을 암묵적으로 구별한다. 그러나 청소년기와 그 이후의 성인들을 대상으로 수행된, 인식론적 영역에 대한 명시적인 이해와 조정에 관한 연구는 상당히 제한적이다.

14. 인식론적 인지는 학습, 사고, 추론, 교육, 도덕성, 정체성, 그리고 민주적 자치에 매우 중요하다.

인식론적 인지는 무엇을 학습해야 하는지, 어떻게 하면 가장 잘 학습할 수 있는지, 학습이 어떤 목적을 달성하는 데 도움이 되는지, 그리고 능동적이고 추리적인 사고와 추론의 과정이 노력할 만한 가치가 있는지에 대한 학습자의 이해를 높이는 데 크게 기여한다. 더욱이 교육적 환경에서는 교사의 인식론적 인지 또한 매우 중요하다.

학습, 사고, 추론은 지식의 영역 내에서 일어난다. 일반적인 인식론적 통찰은 개별 영역에 적용되며, 영역 특수적인 통찰력과 조화를 이룬다. 예를 들어 과학적 탐구에 효과적으로 참여하려면, 학생들은 과학적 탐구가 과학적 현상을 설명하는 데 중점을 두고 있다는 점을 이해해야 하며, 이는 과학적 지식이 세계 속에서 단순히 발견되는 것이 아니라 합리적으로 구성된다는 이해를 수반한다. 더욱이 그들은 자신들이 과학적 설명을 구성한다는 점을 인식해야 한다. 만약 학생들이 과학을 발견된 사실들의 집합으로 바라본다면, 그들은 더 이상 탐구에 참여해야 할 이유를 갖지 못하게 된다. 만약 학생들이 과학을 전적으로 주관적인 것으로 간주한다면, 그들은 아마 과학적 탐구를 단지 의견을 제시하는 과정으로 생각할 것이다. 더욱이 과학을 전적으로 "과학자"들이 수행하는 작업으로 본다면, 학생들은 아마 과학적 탐구를 자신과 같은 평범한 사람들이 할 수 없는 것 혹은 자신들과 관련이 없는 것으로 여길지도 모른다. 따라서 과학의 인식론은 학생들이 과학적 탐구의 목적을 이해하고 그것에 참여하도록 동기를 부여하는 데 도움이 된다.

객관주의자적 인식론은 옳고 그름에 대한 단순한 구별이나 지나치게 구체적인 규칙을 지지하도록 함으로써 도덕 발달을 방해할 수 있는 반면에, 주관주의자적 인식론은 도덕적 정당화 가능성을 부정함으로써 도덕 발달을 저해할 수 있다. 합리주의자적 인식론은 원칙에 입각한 도덕 추론과 관점 채택을 지지하도록 하며, 특히 도덕적 정당화와 진리에 대한 영역 특수적인 지식을 포함하는 경우 더욱 그렇다. 마찬가지로 합리주의자적 인식론을 향한 진보는 발달하는 개인들로 하여금 비록 유일하게 옳은 도덕적 신념을 찾는 것이 불가능할지라도, 정당화될 수 있는 신념을 토대로 정체성을 구성해야 할 필요성을 이해하도록 해 준다. 또한 진보된 인식론적 인지는 민주적 자치에도 중요하다. 왜냐하면 민주적 자치는 정보와 견해를 가지고 개인적 혹은 집단적으로 의사결정에 참여하는 인간의 능력에 의존하기 때문이다.

결론

인식론적 인지에는 어떤 책의 한 개의 장에서 다루어 질 수 있는 내용 그 이상의 것들이 있으며, 이것이 바로 내가 이 책을 쓴 이유이기도 하다. 하지만 인식론적 인지의 다양한 측면들이 여러 개의 장을 통해 다루어지면, 인식론적 인지 그 자체에 대한 큰 그림을 놓치기 쉽다. 이번 장에서 나는 인식론적 인지에 대한 나의 발달적·이론적 설명을 10개의 개념과 14개의 명제로 정리하고자 했다.

그리고 이제 나는 내가 2008년에 출간한 내용을 다음과 같이 두 문단으로 수정하고자 한다. 지식에 대한 아동의 지식은 믿음이 거짓일 수 있다는 인식을 갖게 되는 4세 즈음에 중요한 이정표에 도달하게 된다. 초등학교 시기를 거치면서, 어린이들은 주관적인 취향의 문제와 객관적인 진리의 문제를 점차 구별하기 시작한다. 아동기 후기의 어린이들은 합리적인 해석을 주관적이면서도 객관적인 것으로 인식한다. 특히 그들은 특정 믿음과 추리의 진리, 허위, 정당화에 관한 의문을 갖게 되고, 그러한 의문을 특정한 맥락 내에서 해결한다.

어린이와는 달리, 청소년과 성인은 보통 지식, 정당화, 진리에 대하여, 그리고 논리, 과학, 도덕성, 사회적 관습과 같은 영역의 인식론적 구별에 대하여 보다 추상적으로 이론화하는 경향이 있다. 11세 또는 12세 이후의 발달은 초기의 발달에 비해 훨씬 덜 보편적이어서 정확히 예측하기 어렵다. 그러나 보다 진보된 형태의 인식론적 인지를 구성하는 정도에 따라, 청소년과 성인의 발달적 과정은 이론적 의미를 지닌 다음과 같은 순서를 보여 준다. (1) 검증 가능한 사실과 논리적 증명을 지식의 전형적인 사례로 간주하는 객관주의자적 인식론, (2) (비록 우리가 그것을 지식이라고 부른다 할지라도) 지식을 의견으로, 그리고 의견을 취향의 문제로 바라보는 주관주의자적 인식론, (3) 주관성에 대한 반성적 성찰을 통해 객관성을 추구하는 합리주의자적 인식론.

이것이 끝은 아니다. 사실 나는 이 책의 마지막 장을 다양한 난제와 문제들을 설명하는 데 할애했다. 하지만 그에 앞서, 나는 다양한 종류의 실천적인 관찰과 관찰 결과에 따른 제안들을 내어놓았다. 우리는 앞으로 인식론적 인지와 그 발달에 대해 더 잘 이해하게 될 것이고, 그렇게 되기를 기대한다. 그러나 우리는 현재 우리가 알고 있는 지식을 실제로 적용해 볼 수 있을 만큼, 이미 충분히 알고 있다.

11 인식론의 실천

사람들은 인식론적 문제에 대해 꽤 많이 알고 있고, 인식론과 관련된 지식을 일상생활에 적용한다. 인식론자조차도 인식론에 대해 모든 것을 아는 것은 아니며, 심리학자도 인식론적 인지와 그 발달에 대해 배울 것이 많이 남아 있다. 그럼에도 불구하고 우리 모두는 우리가 알고 있는 것을 실제로 적용할 수 있을 만큼 충분히 인식론을 알고 있다. 사실 우리는 선택의 여지가 없으며, 그렇게 할 수 밖에 없다.

이번 장에서는 10장에서 정리한 이론적 결론이 실제로 어떻게 적용되는지 살펴보고자 한다. 물론 아직 많은 부분들에서 이론(異論)의 여지가 있고, 나름 안정된 결론이라고 생각되는 것들도 미래에는 불안정해질 여지가 있다. 이에 대해서는 12장에서 다루려고 한다. 그러나 지금은 우리가 현재 알고 있는 내용을 바탕으로, 그것들이 우리가 현재 관심을 두고 있는 문제들의 인식론적 측면을 어떻게 식별하고 분석하는 데 도움이 될 수 있는지를 설명하는 데 중점을 두려고 한다. 이번 장에서는 과학, 교육, 종교, 정체성, 역사, 도덕성, 심의, 민주주의, 그리고 인간 발달의 문제에 대해 살펴보려고 한다. 그 전에 먼저 응용 인식론에 대해 좀 더 살펴보도록 하자.

응용 인식론

인식론이 이론적이면서도 추상적인 것으로 널리 알려져 있는 데에는 그럴 만한 이유가 있다. 인식론은 지식에 대한 우리의 지식을 정당화와 진리의 본질을 설명하기 위한 방식으로 조직하고자 한다. 그럼에도 불구하고 인식론은 개인과 사회 집단이 매우 중요하게 생각하는 문제와 직접적으로 관련이 있다. 응용 인식론은 우리에게 반복적으로 제기되는 질문, 즉 "지금 무엇을 믿어야 하는가?"라는 실천적인 질문을 해결하는 데 도움을 준다(Coady, 2012).

그러나 우리는 인식론자들이 응용 인식론으로 눈을 돌릴 때까지 기다릴 필요도 없고, 기다릴 수도 없다. 우리의 일상적인 인지의 대부분은 인식론이 적용된 것이다. 사람들은 보통 현재의 논증과 증거를 바탕으로 무엇을 믿어야 하는가라는 구체적인 질문에 대답하고자 한다. 그리고 정당화와 진리에 대해 그들이 알고 있는 것을 그 질문에 적용하고자 한다.

게다가 응용 인식론은 철학자나 일반 사람들만이 관심을 가지고 있는 분야가 아니다. 심리학자는 인식론적 인지에 관한 연구 및 이론을 교육과 같은 실천적 문제에 적용할 수 있으며, 많은 교육 심리학자들이 그러한 시도를 하고 있다(Barzilai & Zohar, 2014; Bendixen & Feucht, 2010; Bråten et al., 2011; Brownlee et al., 2011; Chinn et al., 2011; Greene et al., 2008; Greene & Yu, 2014; Hofer & Bendixen, 2012; Hofer & Pintrich, 1997, 2002; Muis et al., 2006; Schommer-Aikins, 2002, 2004; Sinatra & Chinn, 2012). 여기서 주의해야 할 점은 인식론적 인지를 고려한다는 것이, 단지 사람들이 현재 지니고 있는 인식론적 인지의 형식이나 수준을 확인하는 데 그치는 것만은 아니라는 점이다. 여기에서 더 나아가 우리는 진보된 형식 혹은 수준의 인식론적 인지를 촉진하기 위해 노력할 수 있다. 실제로 교육은 인식론적 발달을 촉진하는 데 중점을 두어야 한다(Bailin, 1999; Kuhn, 2005; Moshman, 2011a; Sinatra & Chinn, 2012).

이번 장의 나머지 부분에서 나는 응용 인식론이 적용된 세 가지 사례를 제시하였다. 나는 종교, 과학, 교육이 교차하는 지점에서 인식론이 대두된 사례로 미국의 창조론과 진화론 논쟁에 대해 살펴볼 것이다. 그리고 역사, 정체성, 도덕성의 교차점에서 나타난 인식론의 문제를 살펴보기 위해 이스라엘과 팔레스타인 청소년을 대상으로 수행된 최근의 문화기술적 연구ethnographic study를 검토해 볼 것이다. 잠시 후 살펴보겠지만, 이 두 사례 모두에서 확인할 수 있는 "균형"에 대한 요구는 정당화되지 않은 상대주의적 가정에 기초한 것으로 보인다. 각각의 사례에서 사람들은 과학, 역사, 정체성, 도덕성의 문제와 관련된 지식의 합리적 근거를 인식하는 데 실패하였고,

이 사례를 해결하는 데 교육이 제대로 된 역할을 하지 못했다. 마지막으로 나는 심의, 민주주의, 그리고 발달 간의 상호관계에 대해 살펴볼 것이다. 우리는 심의 민주주의가 개인 및 사회적 차원 모두에서 인식론적 발달을 포함하는 지적 발달을 촉진한다는 것을 알게 될 것이다. 그리고 이러한 발달은 결국 심의 민주주의를 향상시킬 것이다.

창조, 진화, 그리고 과학 교육

다윈은 1830년대에 자연 선택에 의한 진화론을 공식화했다. 하지만 그는 자신의 연구가 창조에 대한 전통적인 종교적 견해와 충돌할 것이라는 점을 우려하여 수년 동안 연구 결과를 출판하지 않았다. 결국 그는 1859년이 되어서야 진화에 대한 일반적인 설명을 발표했고, 1871년에 이것을 인간의 진화에 대한 설명으로 확장했다 (Darwin, 1859/1872, 1871). 그가 예상한 바와 같이, 지구가 우주의 중심이 아니라는 초기의 발견과 마찬가지로 인간 존재가 자연적 과정을 통해 다른 유기체로부터 진화했다는 주장은, 인류로 하여금 자신에 대한 개념과 우주에서 차지하는 자신의 위치를 근본적으로 재고하도록 만들었다.

이에 대한 저항 역시 강력했지만, 진화에 대한 압도적인 증거에 점차 굴복하게 되었다. 현대의 유전학은 완두콩의 유전에 관한 1860년대 멘델의 연구를 재발견하면서 1900년대 경에 시작되었다. 이후 1930년대와 1940년대에 진행된 유전학과 진화론의 통합은 “현대 진화 이론”modern synthesis을 낳았고, 이 이론은 이후 생물학의 토대가 되었다. 대부분의 종교에서는 진화를 신께서 행하신 자연의 과정으로 받아들이게 되었다. 그러나 젊은 지구 창조론자Young-Earth creationists와 오래된 지구 창조론자Old-Earth creationists 모두를 포함하는 미국의 창조론자는, 여전히 진화론을 반대하는 강력한 세력으로 남아 있다.

젊은 지구 창조론자는 성경의 첫 번째 책인 창세기편에 기술된 대로, 신께서 6,000~10,000년 전에 지구를 창조하셨다고 주장한다. 성경에 근거하여 계산해 보면 지구의 나이는 적어도 6,000년은 되어야 하며, 성경 해석에 따르더라도 10,000년까지 늘어날 수 있지만 그 이상은 될 수 없다. 젊은 지구 창조론자는 진화에 관한 현대 생물학자의 주장에 동의하지 않을 뿐만 아니라, 지구의 나이에 관한 현대 지질학자의 주장에도 동의하지 않는다. 지구의 나이가 수천 년이 아니라 수십억 년이 넘었다는 사실은 오래 전부터 지질학자들 사이에서 합의된 사항이다. 다윈의 시대에도 지구의 나이가 수백만 년이 넘었을 것임은 분명하며, 이는 자연 선택에 의한 진화가 그럴듯한 이론임을 보여 주는 충분히 긴 시간이다.

오래된 지구 창조론자는 젊은 지구 창조론자를 창조론적 원인에 대해 당혹스러워하는 사람들로 여긴다. 그들은 지구의 나이에 대한 현대 지질학자의 주장에 동의한다. 그러나 그들은 종의 진화적 변형은 불가능하다라는 입장을 고수하는 젊은 지구 창조론자와 의견을 같이한다. 신께서는 뚜렷하게 구별되는 유한한 수의 생물 "종"kinds을 창조하였으며, 그러한 종은 불변한다. 한 종 내에서의 "소진화"microevolution가 있을 수는 있지만, 종 전체에 걸친 "대진화"macroevolution는 있을 수 없다. 그리고 그들은 인간이 신에 의해 창조되었으며, 동물과 뚜렷하게 구별된다고 주장한다. 이러한 주장이 진화생물학에 대한 창조론적 반대의 도덕적 핵심이다.

진화론에 대한 미국에서의 저항은 강력했고, 그 저항은 21세기에도 여전히 교육에 강한 영향을 미치고 있다(Moshman, 2009a; Numbers, 2007). 많은 사람들은 인간과 동물 간의 구별이 없다면 도덕성과 도덕 교육의 기반 역시 있을 수 없다고 생각하면서 진화론을 받아들이기를 두려워했다. 1925년 과학 교사인 존 스코프스John Scopes는 테네시주 법을 무시하고 학생들에게 진화론을 가르친 혐의로 유죄 판결을 받았다. 그리고 재판 결과는 전국적으로 공론화되었다. 이 논쟁으로 인해 많은 주의 교사들과 행정가들은 수십 년 동안 진화론과 관련된 모든 언급을 회피하게 되었다. 교과서 출판사들 역시 1960년대 초까지 진화론 관련 내용을 교과서에 담지 않았다. 반진화론법anti-evolution laws은 1968년이 되어서야 미국 대법원에 의해 파기되었다. 대법원은 반진화론법이 국교(國敎) 수립을 금지하는 수정헌법 제1조를 위반하는 종교적 목적을 담고 있고, 특정 종교인 기독교를 지지하는 것 외에는 어떤 목적도 지니고 있지 않다고 판결했다(Epperson v. Arkansas, 1968).

학교에서 진화론을 가르치는 것을 더 이상 막을 수 없다고 판단한 창조론자들은 모든 공립학교 교육과정에 진화론과 함께 "과학적 창조론"scientific creationism, 즉 초자연적인 원인이나 신에 대해 언급하지 않는 젊은 지구 창조론과 관련된 내용을 동등한 비중으로 다룰 것을 요구하는 새로운 법안을 발의하였다. 그들은 교육과정에서 진화론적 관점만을 제시하는 것은 학생들에게 단일한 관점을 세뇌하는 것이라고 주장했다. 학문의 자유는 대립하는 두 관점의 균형 잡힌 설명을 요구하기 때문에, 학생으로 하여금 두 관점에 대해 스스로 생각해 보도록 하고 무엇을 믿어야 할지 스스로 판단해 보도록 장려한다.

논쟁이 있을 경우, 각 관점을 이해하기 위해 동일한 시간을 부여하는 것이 공평하다는 생각은 피상적인 측면에서 매력적이다. 두 명의 정치 후보자가 토론을 벌이는 경우를 고려해 보면, 일반적으로 두 사람 모두에게 발언 및 질문에 답할 시간을 동일하게 주는 것이 가장 공평한 것처럼 보인다. 그러나 과학적인 논쟁이나 그 밖의 논쟁에서 두 가지 관점만 존재하는 경우는 거의 없으며, 더 나아가 동일한 문제에 대한 여러 관점이 동일하게 타당한 것도 아니다.

에드워드 대 아귈라드Edwards v. Aguillard(1987) 사건에서 미국 대법원은 하급 법원의 이전 판결을 유지하면서, 과학적 창조론이 진정한 과학으로 적합하지 않다는 판결을 내렸다. 두 과학 이론의 균형을 유지함으로써 학문의 자유를 보호한다는 목적은 엉터리라고 판결한 것이다. 이전의 반진화론법과 마찬가지로, 균형 잡힌 대우법balanced treatment laws 역시 종교적인 의도를 가지고 있었다. 새롭게 발의한 법은 이전의 법과 마찬가지로 정부의 국교 설립을 금지하는 수정헌법 제1조에 위배되는 것이었다.

창조론에 대한 법적 대응은 수정헌법 제1조의 핵심인 공립학교에서의 종교적 세뇌 문제에 주로 초점을 맞추고 있다. 하지만 이 쟁점에 대한 논의를 확장하기 위해서는 인식론적 고려 사항에 주목할 필요가 있다. 두 가지 관점을 균형 있게 다루어야 한다는 학문의 자유라는 개념은 주관주의자적 인식론에 그 뿌리를 두고 있다. 주관주의자는 두 관점 중 어느 것이 옳은지를 결정한다고 해서 양자 간의 논쟁이 해결되지는 않는다는 점을 인식하고 있다. 하지만 그들은 가장 명백한 두 관점이 항상 동등하게 타당하며, 이것이야말로 우리가 견지해야 할 유일한 관점이라고 너무 성급하게 결론을 내린다.

이와는 대조적으로 전통적인 견해에 따르면, 학문의 자유란 가르치고, 배우고, 탐구하는 과정에서 진리를 추구하고자 하는 자유를 의미한다(Moshman, 2009a). 이와 같은 생각은 진리를 최종적인 결과가 아닌, 인식론적 이상이라고 간주하는 합리주의자적 인식론과 일치한다. 교육과정은 단순히 진리를 모아 놓은 것이 아니며, 의견들의 집합도 아니다. 교사와 그 밖의 전문가들은 학문적 고려 사항을 토대로 교육과정을 고안한다. 교육과정의 개발은 어떤 내용을 포함시킬 것인지, 다양한 생각과 정보의 원천들 각각에 얼마만큼의 시간을 할당할지 등에 대한 결정이 포함된다.

반진화론법과 균형 잡힌 대우법을 통해 진화론을 가르치는 것을 막는 데 실패한 창조론 운동creation movement은 1990년대 자신들의 정책 방향을 "지적 설계설"intelligent design로 전환하였다. 지적 설계설이란 일부 생물학적 체계는 환원 불가능할 정도로 복잡하여 자연 선택의 과정과 같은 단순한 체계를 통해서는 진화할 수 없다고 주장하는 학설을 말한다(Pennock, 1999). 일부 생물학적 체계가 지적 설계의 결과일 수 있다는 점을 받아들이게 되면, 과학은 그러한 체계를 설계한 지적 설계자를 가정해야 한다. 그렇다면 그 지적 설계자는 누구인가? 더 이상 묻지 말라. 그렇다면 지구의 나이는 얼마나 되었는가? 그것 역시 신경 쓰지 말라.

지적 설계설 운동은 특정 종교적 견해에 대한 의존을 피할 수 있을 뿐만 아니라, 젊은 지구 창조론의 관점 역시 피할 수 있다. 또한 이 주장은 몇 가지 놀라운 생물학적 구조와 그러한 구조의 매우 정교한 기능에 대한 증거들을 제시했다. 따라서 우리는 지적 설계설을 이전의 "과학적 창조론"만큼 쉽게 반박할 수 없다. 비록 최고의 이론은 아닐지라도 지적 설계설은 여전히 과학 이론으로 평가되고 있지 않은가? 만약 그렇지 않다고 생각한다면, 지적 설계설은 왜 과학 이론이 아닌가?

이러한 문제를 해결하기 위해서는 보다 심도 있는 과학 철학이 필요하다. 사실 과학 철학자들은 오랫동안 창조/진화 문제에 깊은 관심을 가져왔다(Kitcher, 1982). 무엇보다도 철학자들은 과학, 그리고 종교를 포함한 여타의 인간 활동 간의 인식론적 차이를 명확히 하는 데 도움을 주었다.

하지만 이는 철학자들만의 문제가 아니다. 과학의 본질을 이해하는 것은 학생들에게도 매우 중요하다(Kuhn, 2005; Sandoval, 2005; Sinatra & Chinn, 2012). 창조/진화 논쟁은 종교, 교육, 민주주의와 관련된 쟁점을 제기하는 과학의 정치politics of science 일부로 가르쳐질 수 있다. 학생들은 과학에 대하여 알아야 할 뿐만 아니라, 과학에 대한 정치적 견해에 대해서도 알아야 한다. 이때 중요한 점은 학생들이 그것들 간의 인식론적 차이를 이해해야 한다는 것이며, 이러한 인식론적 이해 역시 과학 교육이 다루어야 할 것 중의 하나라는 것이다.

그러나 이러한 문제는 과학 교과의 교육과정 개발을 위해 전문가들이 논의해야 할 것이지, 입법 조작을 위한 정치적 문제가 아니다. **키츠밀러 대 도버 교육구**Kitzmiller v. Dover(2005) 판례에서, 지적 설계설은 합법적인 과학 이론이 아니라 과학적 창조설의 확장된 설명이라는 이유로 거부되었다. 이 판결은 항소되지 않았다. 즉 수정헌법 제1조는 반진화론법, 균형 잡힌 대우법을 파기하였고, 지적 설계설마저 거부하였다.

그럼에도 불구하고 진화론에 대한 반대는 계속 이어지고 있다. 진화론을 교육의 영역에서 무력화시키려는 4번째 노력으로 간주될 수 있는, 새로운 창조론자new creationist 법안과 법률들은 공립 초등학교 및 중등학교에서 교사가 지녀야 할 학문적 자유에 초점을 맞추고 있다. 이 법안은 운영위원회와 행정가들로 하여금 교사의 책무에 대해 인식하도록 촉구하고 있다. 즉, 교사는 학생들이 공인된 교육과정에서 제시하고 있는 내용들을 이해하고 분석할 수 있도록 도움을 주어야 할 책임이 있다는 것이다. 이 법안에는 진화론 및 대안적 견해들의 "강점과 약점"을 제시하고 논의하는 교사의 권위에 대한 존중이 포함되어 있다. 또한 관련 법률들은 기후 변화 이론, 그리고 때때로 문제가 있는 것으로 간주되는 과학의 또 다른 측면들이 지닌 "강점과 약점"에 대한 논의를 제공하고 있다.

우리는 이와 같은 시도들을 기후 과학에 반대하는 주장들처럼, 또 다른 반과학적 경향을 교육과정에 포함시키고자 하는 확장된 차세대 창조주의로 일축하기 쉽다. 그러나 이러한 새로운 법률들이 학생에 대한 학교의 책임을 인식하고 있다는 점에 유의할 필요가 있다. 새로운 법률들은 운영위원회와 행정가들이 아이디어에 대한 적극적인 탐구, 다양한 의견을 존중하는 태도, 관련된 증거에 대한 관심, 비판적 사고의 발달을 촉진하는 환경을 조성할 것을 요구하고 있다. 이러한 환경은 객관주의자들이 주관주의자들의 통찰력을 획득하고, 주관주의자들이 합리주의를 향해 나아갈 수 있도록 하는 일종의 학문적 환경이다.

현재의 반창조론자 입법이 가진 문제점은 그 법안이 교사와 학생의 학문적 자유를 촉진하지 않는다는 점이다. 그것이 가진 문제는, 이러한 자유가 특정 과학 주제에만 국한되어 있다는 것이다. 주의회 입법가들은 진화나 지구 기후 변화에 관한 과학적 결론이 다른 과학 분야의 결론에 비해 더 의심스럽다고 믿을 수 있다. 하지만 입법가들은 이 문제에 대해 어떤 결정을 내릴 수 있는 특별한 전문성이나 권한을 가지고 있지 않다. 과학 교육자들은 다루어질 만한 가치가 있는 모든 아이디어의 과학적 강점과 약점에 대해 논의해야 한다. 그들의 학문적 판단은 특별한 질문에 대답하기 위해 특정 주제나 이론을 선별하는 법률에 의해 제한되어서는 안된다.

더욱이 교사와 학생의 학문적 자유를 보호하는 법은 과학 교육에만 적용되어서는 안된다. 학생들에게 역사나 문학 수업에서 배우는 내용은 의심할 여지가 없는 진리이고, 과학적 지식은 다른 영역의 지식에 비해 덜 정당화된다거나 논란의 여지가 많다고 말할 이유는 없다. 교사는 학습의 모든 영역에서 모든 아이디어의 강점과 약점을 자유롭게 제시할 수 있어야 하며, 학생들은 모든 수업에서 비판적으로 사고하도록 장려되어야 한다(Moshman, 2009a).

정체성, 역사, 그리고 도덕성

이제 인식론이 예기치 않게 나타나서 중요한 것으로 판명된, 매우 다른 장소를 떠올려 보자. 필립 햄먹Phillip Hammack(2011)은 이스라엘과 팔레스타인 청소년 45명을 대상으로 인터뷰를 진행한 바 있다. 인터뷰의 대상이 된 청소년들은 개인적 접촉을 통해 평화를 촉진하고자 미국에서 설계한 "평화의 씨앗"Seeds of Peace 혹은 "평화의 손"Hands of Peace 프로그램에 참여한 이들이었다. 그는 서사적 정체성에 대한 자신의 이론적 관심을 유지하면서, 참여자들에게 "당신의 삶에서 일어난 사건들을 선으로 나타내 보세요"(p. 108)라고 요청한 후, 심층 인터뷰를 진행하였다. 인터뷰 결과, 햄먹은 삶의 이야기와 시간에 따른 이야기의 변화 양상에서 상당한 다양성을 발견하였다. 하지만 개인적 서사의 경우, 햄먹에 의하여 식별된 두 개의 주요 서사가 변형되어 나타났다.

유대계 이스라엘Jewish Israeli 청소년들의 주요 서사는 다음과 같이 요약될 수 있었다. 한때 이스라엘 왕국은 번영했지만 멸망했고, 그 백성들은 전 세계에 포로로 끌려갔다. 디아스포라Diaspora 시대에 유대인들은 여러 사회의 발전에 기여했지만, 그럼에도 불구하고 박해와 대학살, 그리고 홀로코스트의 희생양이 되었다. 자신들만의 국가가 필요했던 유대인들은 1948년 독립 전쟁을 통해 이스라엘을 건국하였다. 계속되는 절멸의 위협에도 불구하고, 이스라엘은 그 이후에 중동에서 민주주의의 모델로 남았다.

팔레스타인인의 주요 서사는 다음과 같이 요약된다. 수세기에 걸친 오스만 제국의 통치 이후, 20세기 초 자신들의 땅에 대한 시온주의자Zionist의 계획에 의해, 팔레스타인인들은 자신들의 국가를 형성하는 데 실패했다. 그리고 이러한 실패의 여파는 팔레스타인을 난민 국가로 만들어 버린 1948년 나크바Nakba(대재앙) 때에 정점에 이르렀다. 상실과 박탈이라는 트라우마가 계속되고 있음에도 불구하고, 팔레스타인인들은 자신들의 정체성과 저항 정신을 유지해 오고 있다. 더 나아가 여전히 많은 가족들이 1948년 추방 때 가지고 온 열쇠를 품에 지닌 채, 자신의 집으로 돌아갈 권리를 계속해서 주장하고 있다.

햄먹은 서안 지구West Bank 팔레스타인인과 이스라엘 유대인 외에도 팔레스타인 이스라엘인Palestinian Israelis, 즉 이스라엘의 팔레스타인 시민과도 인터뷰했다. 그들의 서사는 전형적으로 두 가지 주요 서사가 복잡하게 조합되어 나타났다. 그들 중 일부는 발달의 특정 시점에서 자신을 근본적으로 이스라엘인으로 여겼다. 그러나 그들 대부분은 점점 더 자신을 팔레스타인인으로 여기게 되었고, 비록 자신이 이스라엘의 시민일지라도 유대인 시민들이 가진 완전한 권리를 갖지 못한다는 현실을 인식하게 되었다. 정체성 형성은 그들 모두에게 지속적인 투쟁의 과정이었다. 16세 이스라엘 팔레스타인 시민인 라일라는 평화 프로그램을 경험하기 전 이스라엘에서 열린 세미나에서의 경험을 다음과 같이 설명했다.

> 세미나의 내용은 이스라엘의 역사와 그 밖의 모든 것에 관한 것이었다. 나는 팔레스타인의 역사를 알고 있었고, 그 후 이스라엘의 역사에 대해서도 배웠다. 나는 세미나에서 그들의 의견에 전적으로 동의하지 않았기 때문에, 다소 기분이 좋지

> 않았다. 하지만 당신도 알다시피, 나는 입을 다물고 있었다. 나는 아무 말도 할 수 없었다. 나는 그들이 우리에게 평화가 아닌 전쟁을 준비시키는 것처럼 느꼈다. 그래서 난 이 세미나에 참석하는 것이 조금 힘들었다. 그들은 팔레스타인에 대해 완전히 다른 역사를 가지고 있었다.
>
> (Hammack, 2011, p. 82)

어떤 역사적 서술이 참이고, 또 어떤 역사적 서술이 거짓인가? 양자는 모두 동등하게 존중되어야 하는, 동등하게 정당한 견해인가? 어떤 역사적 서사가 다른 서사에 비해 보다 정당한가? 햄먹은 인식론의 문제를 명시적으로 제기하지 않았으며, 자신이 인터뷰한 청소년들의 인식론적 인지를 평가하지도 않았다. 그러나 인식론은 이와 같은 문제에 직면한 청소년들, 이들을 연구하는 심리학자들, 그리고 이 문제에 대한 개입을 목표로 하는 사람들에게 피할 수 없는 문제이다.

이를 염두에 두고, 또 다른 관점을 고려해 보자. 역사가들 간에는 1948년 팔레스타인 인구 감소에 관하여, 이하에서의 요약과 같은 합의된 서사가 있다. 1930년대 무렵부터 시온주의자들은 팔레스타인에 유대인 중심의 국가를 건설하기 위해서 수십만 명의 팔레스타인인들이 "이전"되어야 한다는 것을 오랫동안 인식하고 있었다. 1948년 한 해 동안 수백 개의 팔레스타인 마을이 시온주의 민병대에 의해 조직적으로 파괴되었다. 70만명이 넘는 팔레스타인인들이 공포에 질린 채 도주하거나 추방되었다. 사실상 그들 중 그 누구도 고향으로 되돌아오는 것이 허용되지 않았다. 팔레스타인인들이 쫓겨난 텅 빈 마을은 계획적으로 유대인 정착지나 유대인 국가 기금으로 조성된 숲으로 대체되었다(Pappe, 2006; Shaw & Bartov, 2010).

여기서 우리는 이 문제에 대해 두 가지 관점이 아닌, 세 가지 관점이 있음을 알 수 있다. 유대계 이스라엘인들은 이 사건을 필연적으로 일어날 수밖에 없었던 전쟁의 불행한 부분으로 본다. 팔레스타인인들은 이 사건을 자신들 역사의 결정적인 대재앙으로 바라본다. 역사가들, 즉 자신들의 학문 분야의 표준적 범주 내에서 역사를 연구하는 학자들은 팔레스타인의 인구 감소를 인종 청소ethnic cleansing의 전형적인 사례로 간주한다(Pappe, 2006; 이와 관련된 전문 용어에 대해서는 다음을 참고, May, 2010; Moshman, 2011b; Shaw, 2007; Shaw & Bartov, 2010).

역사가도 물론 사람이다. 따라서 그들의 서사 역시 인간의 서사이다. 역사가들의 서사는 우리가 이미 가지고 있는 두 가지 서사보다 더 나은가?

아마도 그럴 것이다. 역사가란 역사적 진리를 탐구하기 위해 필요한 전문적인 식견을 가진 사람을 말한다. 그들은 다양한 관점을 가진 다른 역사가들과의 학문적 교류는 물론, 역사적 지식을 탐구하는 학문적 방법을 갖추고 있다(예를 들어 Shaw & Bartov, 2010). 9장에서 살펴본 바와 같이, 역사적 서사는 허구가 아니다. 역사가들은 그들이 결정할 수 있는 최선의 역사적 진리를 제시한다. 1948년에 실제로 일어난 일에 대한 단 하나의 참된 서사는 없지만, 그렇다고 해서 모든 서사가 동일한 것은 아니다. 역사가들의 서사가 틀릴 수 있다. 하지만 그들 간의 합의된 서사는 다른 대안적 서사보다는 더 정당화 가능하다.

역사적 서사와 관련하여, 이와 같이 정당화와 진리에 대한 문제를 이해하는 것은 단지 역사만의 문제가 아니라 인식론의 문제이다. 인간 집단은 진정으로 참인 주요 서사를 세대를 초월하여 전달할 수도 없고 전달하지도 않는다. 우리가 할 수 있고 해야 하는 일은 역사적으로 정당화될 수 있는 서사를 가르치는 것이다. 그리고 사람들로 하여금 개인적 서사와 집단적 서사를 서로 조정하도록 할 뿐만 아니라, 그들이 결정할 수 있는 최선의 역사적 진리에 맞춰 개인적 서사를 조정하도록 장려하는 것이다. 햄먹은 미국의 평화 프로그램이 실재와 진리에 대한 관심의 부족으로 인해, 서로에 대한 이해와 이스라엘－팔레스타인 간의 평화 증진에 거의 기여하지 못했다는 점을 발견하였다.

심의와 민주주의

일반적으로 우리는 민주주의를 다수결의 원칙과 거의 같은 의미로 해석한다. 이 개념의 근간에는 사람들이 서로 완전히 달라서 비교할 수 없는 견해를 가지고 있다는 가정이 놓여 있다. 모든 사람이 동등하게 중요하다는 민주주의의 가정을 고려해 볼 때, 모든 관점은 동등하게 중요하게 다루어져야 한다. 그리고 민주적인 집단 내의 불일치에 대한 해결책은 그 집단의 구성원이 다수의 견해에 기초하여 행동하도록 함으로써, 가능한 한 많은 사람을 행복하게 만드는 것이다. 그러나 민주주의를 이와 같은 방식으로 바라보는 것은 주관주의적 인식론에 근거한 것으로 보인다. 즉 우리는 모든 견해를 정당한 것으로 받아들임으로써, 가능한 한 많은 사람을 만족시킬 수 있다는 것이다.

칸트적 전통에 서 있는 철학자들은 다수결 민주주의에 대한 대안으로 심의 민주주의deliberative democracy라고 불리는 것을 옹호해 왔다(Habermas, 1990; Nino, 1996). 심의 민주주의는 평등한 사람들 간의 자유로운 토론을 민주주의의 핵심으로 보고 있다. 심의 민주주의 역시 각 개인이 지닌 도덕적 평등을 민주주의의 근본적인 기준으로 삼고 있지만, 이것으로부터 다양한 생각들의 인식론적 평등을 이끌어 내지는 않는다. 그 대신 심의 민주주의는 어떤 생각이 다른 생각보다 더 나을 수 있고, 자유로운 토론이 더 나은 생각과 나쁜 생각을 구별하는 데 도움이 될 수 있으며, 심지어 처음에 가졌던 생각보다 더 나은 아이디어를 구성할 수도 있다고 가정한다. 때로는 최종 투표가 불가피할 때도 있고 이 경우 다수가 실제로 승리해야 하지만, 심의 민주주의는 가능한 한 토론을 통해 정당한 합의에 도달하는 것을 목표로 한다. 따라서 심의 민주주의는 어떤 생각이 다른 생각에 비해 더 낫고, 지적 자유의 맥락에서 지적 진보가 촉진된다고 가정하는 합리주의자적 인식론에 토대를 두고 있다.

자유로운 토론의 지적 가치와 영향력을 보여 주는 실질적인 증거가 있다. 지적 자유의 맥락에서 토론한 집단은 집단 구성원 개개인들이 보이는 합리성의 평균보다 더 높은 수준의 합리성에 도달하는 경우가 많다. 때때로 자유로운 토론은 그 집단 내의 가장 합리적인 구성원이 보이는 합리성을 넘어서기도 한다. 몰리 게일Molly Geil과 나는, 해결하기 어렵기로 악명 높은 "선택 과제"selection task(Wason & Johnson-Laird, 1972)를 활용하여 집단적 추론의 효과를 확인하는 연구를 수행한 바 있다. 이 연구에서 우리는 143명의 대학생에게 네 장으로 구성된 카드 모음을 제시했다. 그 후 이 카드 모음과 관련된 가설이 참인지 거짓인지를 가장 효율적으로 결정하기 위해 어떤 카드를 뒤집어야 하는지 물어보았다(Moshman & Geil, 1998). 대학생들이 한 장의 카드만을 선택하거나(4가지 경우) 혹은 두 장 이상의 카드를 조합하여 선택할 수 있다는 점(11가지 경우)을 고려하면, 선택 가능한 응답은 총 15개이다. 그리고 15개의 응답 중, '가설을 반증할 수 있는 두 장의 카드를 뒤집고, 그 외의 카드는 뒤집지 않는다' 만이 정답이다.

대학생들은 3개의 실험 조건(개별 조건, 상호작용 조건, 개별/상호작용 조건) 중 한 가지 조건에 무작위로 배정되었다. 개별 조건에 배정된 32명의 대학생들은 개별적으로 선택 과제를 해결한 후 자신의 답을 서면으로 정당화하도록 요구받았다. 이 조건에 속한 대학생 중, 올바른 선택을 한 학생은 단 3명이었다. 이와 같은 결과는 대학생 중 약 10%만이 선택 과제를 성공적으로 수행했다고 보고한 이전의 연구 결과와 일치한다. 상호작용 조건의 경우, 우리는 먼저 전체 54명의 대학생을 5~6명씩 묶어 10개의 소집단으로 나누었다. 그 후 집단 토론을 통해 선택 과제를 해결할 것을 요구하였다. 모든 소집단은 토론을 통해 합의에 도달하였으며, 그 결과 10개의 소집단 중 7개의 소집단이 올바른 선택을 하였다. 마지막으로 개별/상호작용 조건의 경우, 우리는 먼저 57명의 대학생에게 개별적으로 선택 과제를 해결하도록 지시하였다. 그 후 5~6명으로 구성된 소집단 내에서 다른 대학생들과의 토론을 통해 문제를 해결하도록 요구하였다. 상호작용 조건과 동일하게 모든 소집단이 합의에 도달했으며, 10개의 소집단 중

8개의 소집단이 올바른 선택을 하였다. 전체적으로 볼 때, 20개의 소집단 중 15개의 소집단(75%)이 문제를 정확하게 해결했으며, 이는 개별적으로 과제를 해결했을 때보다 훨씬 더 뛰어난 성과였다.

개인/상호작용 조건에 배정된 대학생들은 먼저 과제를 개별적으로 해결한 후, 집단적 논의의 과정을 거쳤다. 따라서 이 조건은 선택 과제에 대한 개인별 성과와 집단적 성과 간의 차이를 가장 직접적으로 보여 준다. 10개의 소집단 중 7개의 소집단에서, 최초에 1명 정도가 올바른 선택을 하였다. 즉, 이 사람의 올바른 선택은 어떤 소집단에서도 그 소집단을 대표하는 반응이 아니었다. 그럼에도 불구하고 7개의 소집단 중 5개의 소집단이 합의를 통해 올바른 선택에 도달했다. 나머지 3개 소집단의 경우, 처음에 올바른 선택을 한 사람은 단 한 명도 없었다. 하지만 놀랍게도 이 세 소집단은 모두 합의를 통해 올바른 선택에 도달했다. 이 세 소집단은 모두 각 소집단 내의 가장 합리적인 구성원보다 더 높은 수준의 합리성에 도달했다.

이와 유사한 결과를 보여 주는 또 다른 연구(Curşeu, Jansen, & Chappin, 2013)도 있다. 이 연구에서는 총 617명의 대학생이 176개의 소집단에 무작위로 배정되었으며, 이들은 각 소집단 내에서 일련의 의사결정 과업을 수행해야 했다. 또한 176개의 소집단은 두 가지 조건(소규모 심의 민주주의, 계몽된 독재 체제) 중 한 조건에 무작위로 할당되었다. 하나는 모시먼과 게일의 연구(1998), 그리고 기타 여러 연구들과 유사하게, 어떤 식으로든 소집단 구성원 간 합의에 도달해야 하는 조건이었다. 이 조건에 할당된 소집단은 자유로운 논의를 통해 결정이 내려지는 소규모 심의 민주주의 체제로 간주되었다. 또 다른 하나는 소집단의 여러 구성원 중 무작위로 한 구성원이 리더로 임명되고, 그 리더가 다른 구성원의 의견을 듣고 결정을 내리는 조건이었다. 이 조건에 할당된 소집단은 타인들로부터 의견을 구하는 것이 가치 있음을 인식하고 있지만, 최종 결정은 독재자가 홀로 내리는 계몽된 독재 체제로 간주되었다.

연구 결과는 명백했다. 심의 민주주의는 계몽된 독재 체제보다 평균적으로 더 높은 수준의 합리적 의사결정에 도달했다. 다양한 정보의 원천으로부터 의견을 얻는 것은 의사결정에 유용할 수 있다. 하지만 관련된 모든 사람들 간의 자유로운 토론을 통한 의사결정만큼은 못하다.

물론 집단도 비합리적으로 기능할 수 있다. 또한 집단이 합리적으로 기능한다 하더라도 항상 개인보다 더 합리적인 것은 아니다. 그러나 비록 합의에 도달할 수 없는 경우일지라도, 논증은 정당화에 대한 규범적인 질문을 제안하고 이에 따른 인식론적 성찰과 토론을 촉진한다. 집단이 잘 기능할 때, 집단은 좋은 추론을 하고 모든 사람의 이해를 깊게 할 뿐만 아니라 집단 구성원의 인식론적 발달도 촉진한다(Kuhn, Zillmer, Crowell, & Zavala, 2013).

심의 민주주의의 맥락에서 자유로운 토론은 인식론적으로 최소한 네 가지의 중요한 특징을 지니고 있다. 첫째, 토론 참여자 각각은 자신의 생각을 제시하고 옹호할 수 있는 다양한 기회를 갖는다. 둘째, 각각의 참여자는 다양한 대안적 주장과 정당화에 노출된다. 셋째, 모든 참여자는 그들 모두가 정당하다고 생각하는 결론을 확인하고 그것에 합의하도록 동기를 부여받는다. 넷째, 모든 참여자는 자신이 들은 내용에 확신을 갖지 못할지라도, 불이익을 받거나 검열을 당하지 않는다. 이와 같은 기준을 충족하는 심의는 모든 생각과 관점이 동등하게 정당하다고 가정하지 않으면서도, 신념과 표현의 자유를 전적으로 존중한다. 따라서 합리주의자적 인식론은 심의 민주주의의 핵심인 지적 자유의 기초가 된다.

그렇다면 합리주의자적 인식론과 심의 민주주의 중 무엇이 먼저인가? 어떤 이는 합리주의자적 인식론은 심의 민주주의의 필수 조건이기 때문에, 합리주의자적 인식론이 먼저라고 주장할 수 있다. 또 다른 이는 심의 민주주의가 먼저 이루어져야 한다고 주장할 수 있다. 왜냐하면 심의 민주주의가 인식론적 인지의 진보된 형식을 구성하는 데 필수적인 지적 자유의 맥락을 제공하기 때문이다. 합리주의적 인식론과 민주주의에서의 심의라는 개념은 개인적 차원과 사회적 차원 모두에서 상호 의존적으로 발달할 것이다. 심의 민주주의를 온전히 이해하려면 높은 수준의 인식론적 인지가 필요하다. 또한 심의 민주주의에 참여하는 것은, 비록 완전한 이해에 도달하지는 못할지라도 인식론적 인지의 발달을 촉진할 가능성을 높인다.

결론

인식론은, 적어도 우리가 인식론이 어디에서나 등장하는 것이라는 점을 배우기 전까지는, 우리가 가장 기대하지 않는 곳에서도 등장한다. 이는 철학자들에게, 철학을 학문 너머로 가져오려는 노력의 일환으로, 전통적인 인식론의 범위를 넘어서는 문제를 다룰 수 있는 기회를 제공한다. "인식론"이라는 단어를 한 번도 말해본 적이 없고, 그것이 무엇을 의미하는지 모르는 평범한 사람들도 과학, 종교, 교육, 정체성, 역사, 도덕성, 민주주의 등과 관련된 쟁점을 접하고 그것에 대해 토론하게 되면 인식론적 문제에 직면하게 된다. 우리 모두는 일상생활에서 응용 인식론자이다. 심리학자의 과제는 인식론적 인지와 그 발달, 인식론적 인지의 광범위한 적용에 대해 이해하는 것이다. 다양한 학문적 맥락에서, 관련 메타인지와 인식론적 발달을 촉진하는 것이 무엇인지를 밝혀내는 것은 교육학자에게 주어진 과제이다. 사회학자에게는 심의 민주주의 과정을 통해 인식론적 발달을 촉진해야 하는 보다 폭넓은 과제가 남아 있다.

물론, 우리는 인식론적 인지와 그 발달에 대해 모르는 부분이 아직 많다. 게다가 우리가 알고 있다고 생각하는 것 중 많은 부분이 잘못된 것으로 판명될 수 있고, 적어도 미래의 이론적 맥락에서 볼 때 매우 다른 것일 수도 있다. 다음 장에서 보게 되겠지만, 여러 연구자들은 이미 인식론적 인지에 관한 연구를 어떻게 수행하는 것이 최선인지에 대해 고민하고 있다. 이제 우리는 미래를 향해 나아간다.

12 향후 연구 전망

11장에서 살펴보았듯이, 사람들은 인식론에 대해 자신이 알고 있는 것을 적용하고, 심리학자들은 인식론적 인지에 대해 자신이 알고 있는 것을 적용해야 한다. 그렇다고 해서 이러한 사실이 우리가 지식의 규범적인 문제에 대한 지식, 그리고 그러한 문제에 대해 사람들이 어떻게 이해하는지에 관한 우리의 지식을 개선하려는 노력을 포기한다는 것을 의미하지는 않는다.

이 마지막 장에서, 나는 향후 연구 전망을 다섯 가지 범주, 즉 인식론의 범위, 메타인지, 지식의 원천, 인식론적 영역, 인식론적 덕으로 구분하여 제시하고자 한다. 내가 제시하는 범주는 광범위하기는 하지만, 체계적이거나 충분히 포괄적이지는 않다. 그리고 나는 철학적 인식론보다는, 심리학의 경험적 문제인 인식론적 인지에 초점을 맞추고 있다. 그러나 내가 제안하고 있는 것들은 대부분 개념적인 것들이며, 학제적 협업과 비평을 통해 발전할 수 있는 것들이다.

나는 인식론적 인지를 개념화하는 데 중요한 역할을 하는 인식론의 범위에 대해, 심리학 내에서 진행 중인 논쟁에 참여하는 것으로 이번 장을 시작할 것이다. 그 후 나는 메타인지라는 심리학적 주제로 관심을 전환할 것이다. 메타인지는 더 많은 개념적 분석이 필요한, 복잡하고 잘 이해되지 않는 인식론적 인지와 관련이 있다. 세 번째로 나는 인식론적 인지의 한 측면인 지식의 원천에 대한 사람들의 지식에 대해 살펴볼 것이다. 일부 산발적인 경험 연구에도 불구하고, 이에 대한 연구는 아직 체계적으로 이루어지지 않고 있다. 네 번째로 나는 지식의 인식론적 영역에 대한 지식의 발달에 대해 살펴볼 것이다. 인식론적 영역은 체계적인 경험적 연구의 시기가 무르익은, 인식론적 인지의 또 다른 측면이다. 마지막으로 나는 개념적·경험적 연구가 모두 필요한 주제인 인식론적 덕의 중요성과 미묘함에 주목할 것이다. 앞으로 살펴보겠지만, 우리가 해야 할 일은 아직 많이 남아 있다.

인식론의 범위

세기가 바뀌면서 인식론적 인지, 개인적 인식론, 인식론적 신념, 그리고 관련된 문제들에 관한 분석과 논쟁은 우리가 연구하고 있는 것이 무엇인지를 규정하려는 범위의 문제로 점점 더 초점이 맞추어지고 있다. 인식론적 인지는 인식론의 문제에 대한 인지이다. 따라서 인식론적 인지의 범위는 인식론의 범위에 의존한다(Greene et al., 2008).

인식론적 인지의 범위를 식별하는 한 가지 방법은, 인식론자들이 연구하고 있는 내용을 살펴보는 것이다. 클락 친과 동료들(2011)은 인식론적 인지에 대한 심리학적 연구의 범위를 확장하기 위해, 인식론 관련 서적과 학술지의 내용을 철저하면서도 체계적으로 분석하였다. 그리고 분석 결과를 토대로, 그들은 "다섯 가지 구성 요소를 포함하는, 인식론적 인지를 위한 철학적 기반에 토대를 둔 개념적 틀"(p. 141)을 제안했다. 이 구성 요소 중 하나는 지식의 원천에 관한 것이고, 또 다른 하나는 인식론적 덕과 악덕에 관한 것이다. 이 두 가지 구성 요소는 인식론적 인지 관련 연구의 중요한 방향을 가리키는 것 같다. 이것들에 대해서는 이 장의 뒷부분에서 자세하게 설명할 것이다. 나머지 세 가지도 심리학자가 중요하게 다루어야 할 것이지만, 잠재적인 측면에서 이것들은 인식론적 인지를 훨씬 뛰어넘는다. 나는 이 세 가지 각각에 대해 차례대로 간략하게 설명하고자 한다.

먼저, 이 세 가지 요소 중 첫 번째 요소는 "인식론적 목적과 인식론적 가치"에 관한 것이다(Chinn et al., 2011, p. 142). 인식론적 목적epistemic aims은 "탐구 및 어떤 것을 알아내는 것과 관련된 목표"이다. 만약 달성될 경우, 이것은 "지식, 이해, 혹은 참인 믿음"과 같은 "인식론적 성취"로 귀결된다. 인식론적 가치epistemic value는 "특정한 인식론적 성취의 가치를 의미한다." 그들은 이에 대한 초기 그림을 다음과 같이 제시한다. "예를 들어, 과학적 지식이 경제 성장에 도움이 되기 때문에 배울 만한 가치가 있다고 믿는 사람은 과학적 지식이 실용적인 이유 때문에 가치가 있다는 믿음을 가지고 있다."

사람들은 실제로 인지의 문제와 관련하여 다양한 목적을 가지고 있으며 다양한 가치를 인식할 수 있다. 대부분의 사람들은 과학적 지식이 실용적인 가치를 지니고 있다고 믿으며, 더욱이 일부 사람들은 이것이야말로 과학적 지식의 기본적이면서도 유일한 가치라고 믿을 수 있다. 많은 사람들은 과학적 지식이 경제 성장을 뒷받침한다고 믿고 있으며, 이들 중 일부는 이것이 과학을 가치 있게 만드는 충분한 이유이거나 유일한 이유라고 믿을 수 있다. 사회 제도로서 과학의 목적과 가치에 대한 이러한 개인별 믿음의 차이는 그 자체로 유용하며, 과학의 지위를 결정하는 데 중요한 정치적 영향을 미친다. 그러나 과학의 인식론은 심리학 및 사회학과는 달리, 과학적 주장의 정당화와 진리에 관한 것이다. 과학에 대한 사람들의 다양한 생각에는 이러한 종류의 인식론적 문제에 대한 지식이 포함된다. 7장에서 살펴본 바와 같이, 그러한 지식은 유년기에는 예측 가능한 발달적 추세를 보인다. 그리고 청소년기와 그 이후에는 과학의 인식론에 대한 이해의 진전에 있어 상당한 개인차가 나타난다. 나는 개념적 명확성을 위해 인식론적 목적 및 가치라는 구성 요소에서 무엇이 인식론적인 것인지, 그리고 이것이 엄격하게 정의된 인식론적 인지와 어떻게 관련되는 것인지에 대해 더 깊이 고려할 것을 촉구한다.

두 번째 요소는 "지식의 구조와 그 밖의 인식론적 성취"에 관한 것이다(Chinn et al., 2011, p. 142). 지식은 "단순한 혹은 복잡한 구조를 갖는 것으로 볼 수 있다." 특히 그들의 개념적 틀은 "미생물 메커니즘에 대한 사람들의 이해와 같은, 매우 특별한 인식론적 구조"를 강조한다. 그러나 미생물 메커니즘에 대한 구조화된 이해는 단순히 과학적 이론일 뿐이며, 이는 일종의 인지 구조이지 특별한 인식론적 구조가 아니다. 다양한 인지 구조 또는 일반적인 인지 구조의 본질을 이해하는 것은 메타인지의 중요한 측면이지만, 그것조차도 반드시 인식론적인 것은 아니다. 정당화의 구조에 초점을 맞출 때, 우리는 인식론적 인지에 대한 질문에 도달하게 된다. 따라서 두 번째 구성 요소도 인식론적 인지의 중요한 측면을 포함하지만, 이를 메타 인지의 다른 측면들과 구별하지 못한다.

세 가지 구성 요소 중, 마지막 요소는 "인식론적 목적의 성취를 위한 신뢰할 수 있는 과정과 신뢰할 수 없는 과정"에 관한 것이다(Chinn et al., 2011, p. 142). 인식론자들은 이러한 과정의 지위와 역할에 대해 지속적으로 분석하고 끊임없이 논쟁을 벌이고 있다(Audi, 2011; Henderson & Horgan, 2011). 인식론적 인지에 관한 연구에 기여하고자 한다면, 인식론적 목적을 성취하기 위해 요구되는 다양한 과정의 신뢰성에 대해 사람들이 어떻게 생각하는지를 분석하는 심리학적 연구는, 사람들이 이러한 문제를 이해함에 있어 정확히 무엇이 인식론적인 것인지를 밝혀내는 데 보다 주의를 기울여야 한다. 친과 동료들(2011)이 제시한 첫 번째 예는 다음과 같다. "예를 들어 어떤 학생은 동료 학생들과의 확장된 논쟁을 역사 지식을 발달시키기 위한 좋은 과정이라고 간주할 수 있다." 믿음을 정당화하고 진리를 향한 진전을 이루는 데 있어 평등한 관계에 놓인 사람들 간에 이루어지는 논증의 역할에 대해, 그리고 이 역할이 인식론적 영역에 따라 다른지, 만약 다르다면 어떻게 다른지에 대해 우리가 알아야 할 중요한 인식론적 통찰이 존재한다. 그러나 우리가 인식론적 인지를 메타인지라는 보다 폭넓은 측면과 구별하지 못한다면, 우리는 인식론적 통찰과 집단의 과업 수행 및 효율적인 학습에 관한 무수히 많은 심리적·교육적 선호와 기대를 혼동할 위험이 있다.

인식론자는, 적어도 어느 정도는, 인식론을 연구하지만, 인식론자가 연구한 것과 인식론이 꼭 같은 것만은 아니다. 인식론의 정확한 범위에 대해, 인식론자들 간에 합의된 바는 아직 없다. 인식론에 대한 폭넓은 개념이 심리학자들에게 주는 이점은, 이러한 개념이 메타인지 및 이와 관련된 주제에 대한 광범위하면서도 흥미로운 심리학 연구를 만들어 낸다는 것이다. 그러나 해당 연구의 개념적·이론적 의미를 만들어 내기 위해서는, 인식론적 인지와 이와는 다른 형태인 메타인지를 구별할 필요가 있다.

인식론적 인지에는 모든 인식론자들이 공통적으로 주장하는 핵심적인 규범적 문제에 대한 지식이 필요하지만, 다양한 시대의 일부 인식론자들이 인식론의 범위로 간주했던 모든 것을 포괄할 필요는 없으며, 포괄해서도 안 된다.

그러나 인식론자들의 정의가 때때로 인식론에 대한 엄격한 정의를 넘어선다고 하더라도, 심리학에서 중요하게 고려해야 할 문제들을 다루고 있을 수도 있다. 우리는 인식론적 인지가 무엇을 의미하는지에 대해 명확히 규정할 필요가 있지만, 어떤 방향으로든 심리학 연구의 범위를 확장하는 데 열려 있어야 한다. 반드시 필요해 보이는 한 가지 방향은, 인식론적 인지와 메타인지의 나머지 측면 간의 연관성을 보다 더 잘 설명하는 것이다.

메타인지

메타인지에 관한 방대한 문헌을 조직하고 개념화하는 방법은 다양하다. 내가 알고 있는 가장 포괄적인 분류 방법은 피나 타리코네Pina Tarricone(2011)가 제시한 분류법이다. 메타인지를 분류하기 위해 고려해야 할 가장 중요한 사항 중 하나는 지식에 대한 지식이 지닌 특유의 측면, 즉 정당화와 진리에 대한 규범적 고려 사항들에 대해 사람들이 가지고 있는 지식이다. 나는 메타인지의 이러한 측면이 매우 중요하기 때문에, 심리학자들이 이를 메타인지의 나머지 측면과 구별하는 데 도움이 되는 고유한 용어가 필요하다고 제안했다. 그리하여 나는 그 용어가 **인식론적 인지**여야 한다고 주장해 왔다.

그러나 4장에서 논의한 바와 같이, 내가 인식론적 인지라고 부르는 것에 관심이 있는 심리학자와 교육학자들은 정당화와 진리라는 규범적인 문제를 훨씬 넘어서 보다 많은 것을 포함하는, 느슨하게 정의된 혼란스럽고 다양한 용어를 사용한다. 이러한 점은 사리트 바르질라이Sarit Barzilai와 아나트 조하르Anat Zohar(2014)의 분석에서 가장 잘 나타나고 있다. 긍정적인 측면에서 평가해 보면, 바르질라이와 조하르는 메타인지의 무수한 측면과 관련하여 수행해야 할 연구들의 풍부한 그림을 제공하였다. 그러나 대부분의 교육 심리학 문헌과 마찬가지로, 그들의 분석 역시 규범에 대한 지식을 메타인지의 나머지 측면과 구별하지 못하고 있다. 따라서 그들의 분석은 학생들이 정당화와 진리에 대해 이해하고 있는 것, 그리고 그러한 이해의 진전을 촉진시키기 위해 필요한 것을 다루기 위한 적절한 개념적 틀을 제공하지 못하고 있다.

바르질라이와 조하르(2014)는 "개인적 인식론"과 메타인지의 관계를 다루려는 노력의 일환으로, 개인적 인식론이라는 제목으로 연구된 쟁점을 개념화하기 위한 주요 노력들을 검토했다. 그 후 그들은 "인식론적 인지"와 "인식론적 메타인지"를 모두 포함하는 우산 개념으로 "인식론적 사고"라는 용어를 제안했다. 인식론적 메타인지는 다시 "인식론적 메타인지 기술", ("사람에 관한" 혹은 "전략 및 과업"에 관한 것일 수 있는) "인식론적 메타인지 지식", 그리고 "인식론적 메타인지 경험"으로 분류된다. 나는 이러한 분류 방식에 대해 네 가지 문제점을 제기하고자 한다.

첫째, "인식론적 사고"는 아마도 사고의 한 유형일 것이다. 하지만 그들은 이것이 무엇을 의미하는지 명확하게 밝히지 않았고, 사고가 무엇인지 정의하지도 않았다. "인식론적 사고"에는 "인식론적 인지"와 "인식론적 메타인지"가 포함되어 있는데, 이는 아마도 사고가 (이를 명시적으로 인정하지 않은 채) 인지와 메타인지라는 하위 범주를 포함하는 상위 범주로 간주되기 때문일 것이다. 문제는 인지가 사고의 한 유형이 아니라는 점이다. 이와는 정반대로 사고는 인지의 한 유형이다. 나는 사고를 자신의 목적을 달성하기 위해 자신의 추리를 의도적으로 적용하고 조정하는 것이라고 정의했다(3장과 10장 참고). 사실상 모든 인지 심리학자들은 정확한 정의에 토대를 두지 않은 채, 인지를 사고의 하위 집합으로 해석하지만 실제로는 그 반대이다. 일반적으로 사고는 메타인지적 측면이 강하게 내포되어 있는 것으로 여겨지는 계획, 문제 해결, 의사 결정 등과 같은 진보된 인지 처리 과정을 포함하고 있는 것으로 간주된다. 따라서 사고는 본질적으로 메타인지적 특성에 의해 어느 정도 구별되는 인지의 하위 집합이다.

둘째, 바르질라이와 조하르(2014)는 "지식과 앎에 대한 사고"로 정의되는 "인식론적 사고"에 보다 구체적인 관심을 가졌다. 교육 심리학 문헌에서 일반적으로 사용되고 있는 방식과 마찬가지로, 그들은 개인적 인식론이 지식과 앎에 대해 알려진 어떤 것을 아는 것을 포함한다고 간주한다. 하지만 여기에는 사실상 모든 메타인지가 포함되며, 이는 지식과 앎에 대한 지식이기도 하다. 대신에 우리가 "인식론적"이라는 용어의 의미를 진리와 정당화에 대한 규범적 쟁점을 언급하는 것으로 보다 엄격하게 받아들인다면, "인식론적 사고"는 정당화와 진리를 지향하는 사고이며, 이는 내가 (그리고 아마 대부분의 심리학자들이) 추론이라고 부르는 것과 같다. 그러나 추론은, 아마 사고보다 훨씬 더 분명하게, 모든 인지를 포괄하는 용어로 사용될 수 없다.

셋째, 바르질라이와 조하르(2014)는 인지가 메타인지적이지 않고도 인식론적일 수 있음을 보여 주기 위해 인식론적 인지와 인식론적 메타인지를 구별하였다. 그러나 진리 혹은 정당화의 본질에 관한 지식은 지식의 본질에 관한 지식이며, 이는 그 정의상 메타인지적이다. 우리가 알고 있든 모르든 간에, 지식은 정당화와 진리에 대한 문제를 제기한다. 이는 인지가 항상 암묵적으로 인식론적이라는 점을 의미한다. 그러나 내가 정의한, 인식론적 인지의 구성은 우리의 인지에 내포된 규범적 고려 사항들에 대한 메타인지적 성찰을 통해서만 가능하다. 이와 같이 보다 엄격하고 더 명시적인 의미에서의 인식론적 인지는 본질적으로 메타인지적이다.

마지막으로 그들의 연구 및 여타의 심리학 문헌에서 발견되는 보다 일반적인 문제가 있다. 바르질라이와 조하르(2014)는 "이 논문 전반에 걸쳐 **지식**이라는 용어는 기억에 저장된 정보의 표상이라는 심리학적 의미에서 사용되었으며 … 정당화된 참인 믿음이라는 철학적 전통에서의 의미로 사용되지 않았다."(p. 15)라고 썼다. 그들의 정의에 따르면 지식은 "한 개인의 정보, 이해, 믿음, 아이디어, 이론, 전제, 의견, 기억, 그 밖의 것들에 대한 저장”(p. 15)을 의미한다. 따라서 이 정의에 따르면, 믿음은 정당화나 진리의 문제와 무관하게 그 자체로 지식인 것이다. 가정, 의견, 그리고 거짓 기억도 역시 지식이다. 더 나아가 이 정의에 따르면, 지식과 앎에 대한 메타인지적 지식은 정보, 이해, 믿음, 아이디어, 이론, 전제, 의견, 기억에 대한 (정당화 및 진리에 대한 고려와 상관없는) 정보, 이해, 믿음, 아이디어, 이론, 전제, 의견, 기억으로 구성된다. 즉 인식론적 인지는 적어도 메타인지의 거의 전부이며, 아마도 그 이상으로 1차 인지first-order cognition의 많은 부분을 포함할 것이다.

인식론적 인지에 대한 이와 같은 폭넓은 정의 방식은 놀라울 정도로 개방적이지만, 관련 연구를 수행하고 이론을 구축하기 위한 적절한 개념적 지침을 제공하지는 못한다. 이에 나는 인식론적 인지가 메타인지의 하위 집합이고, 메타인지는 인지의 하위 집합이라고 주장한다(3장 참고). 따라서 인식론적 발달은 메타인지 발달의 핵심이며, 이는 다시 진보된 인지 발달의 핵심이라고 말할 수 있다. 보다 구체적으로 말하자면, 나는 인식론적 인지라는 용어를 ‘정당화와 진리의 규범적 문제에 대한 지식’이라는 의미로 제한할 것을 제안한다. 즉, 인식론적 인지는 메타인지의 중요한 측면이지만 전부는 아니다.

물론 우리는 메타인지의 모든 것을 연구해야 한다. 메타인지는 인식론적 인지를 넘어, 자신의 인지 기능 및 인지적 자기규제와 관련된 인간의 인지 기능에 대한 심리학적 지식으로까지 확장된다. 우리는 모든 잠재적인 상호연결 및 인식론적 인지의 역할과 관련하여 더 큰 그림을 고려해야 한다. 플라벨Flavell(1979)을 직접 인용한 바르질라이와 조하르(2014)의 분류법은, 메타인지의 여러 구성 요소와 인식론적 인지가 사고를 규제하는 다양한 방식에 대한 유용한 개요를 제공한다. 따라서 그들의 분석은 큰 그림을 그리는 연구에 도움을 주기 위해 다양한 제안을 하는 원천이 될 수 있다. 이러한 측면에서 그들의 연구는 교육 심리학 문헌에 가장 긍정적인 기여를 할 수 있을 것으로 보인다.

나는 지금까지 인식론적 인지와 메타인지의 나머지 측면을 구별하는 데 초점을 맞추었다. 그리고 그 수준은 아마 몇몇 독자들이 정당하다고 생각하는 것 이상으로 엄격했을 것이다. 인식론적 인지를 메타인지의 나머지 측면과 구별하는 것은 인식론적 인지의 특별한 점을 이해하는 데 중요하다. 그러나 핵심은 인식론적 인지를 메타인지의 나머지 측면과 분리하는 것이 아니다. 우리는 메타인지의 모든 것, 즉 인식론적 인지가 메타인지 기능 및 발달이라는 보다 폭넓은 맥락에서 어떻게 기능하고 발달하는지 등과 같은 더 많은 것을 이해해야 한다. 이는 결국 1차 인지 및 기타 심리학적 요인들에 대한 관심을 요구한다.

지식의 원천에 대한 지식

학문사적으로 볼 때, 인식론은 지식의 원천과 관련하여 논의되어 왔다(Audi, 2002, 2011; Chinn et al., 2011; Pritchard, 2014). 여기서 우리는 지식이 정당화와 진리를 수반한다는 점을 명심해야 한다. 따라서 지식의 원천에 대한 관심은 믿음의 원천에 대한 관심보다 범위가 좁고 잠재적으로 상당히 다르다. 정당화되지 않은 믿음 혹은 거짓 믿음의 원천에 대한 심리학자들의 경험적 연구는 믿음의 원천에 대한 일반적인 관심과 관련이 있다. 이에 비해 다양하면서도 잠재적인 지식의 원천이 실제로 우리가 지닌 믿음을 정당화하고 그 믿음이 참임을 보여 주는 데 기여하는지, 만약 그렇다면 언제 그러한지에 대한 철학자들의 개념적·규범적 분석은 (믿음의 원천뿐만 아니라) 지식의 원천에 대한 보다 구체적인 관심에 속한다. 예를 들어 증언testimony에 관한 인식론적 질문은 우리가 타인에게 들은 내용을 바탕으로 우리의 믿음을 수정하는지, 수정한다면 언제 수정하는지가 아니라(심리학에서 중요하게 다루어지는 질문), 증언을 토대로 믿음을 수정하는 것이 우리의 믿음이 참임을 강화하며 따라서 그렇게 하는 것이 정당한 것인지, 만약 그렇다면 증언은 언제 우리의 믿음을 참으로 만드는지에 대한 것(철학에서 다루어지는 규범적 질문)과 관련이 있다. 일반인들도 이 모든 문제에 관심을 갖고 있다. 그러나 인식론적 인지는 정당화와 진리에 관한 후자의 질문에 대한 지식만을 의미한다. 그리고 인식론자들은 이 질문에 주로 관심이 있다.

그간 몇 가지 잠재적인 지식의 원천들이 확인되었다(Audi, 2002, 2011, Chinn et al., 2011). 확인된 원천들로는 관찰, 직관, 자기 성찰introspection, 성찰, 증언, 기억이 있다. 메타인지에 대한 일반적인 관심을 해결하기 위해, 우리는 어린이에게 어떻게, 언제 위에서 제시한 것들을 믿음의 원천이라고 이해하게 되었는지 물어볼 수 있다. 인식론적 인지의 보다 구체적인 관심을 해결하기 위해, 우리는 어린이에게 정당화 및 진리에 관한 인식론적 힘을 어떻게, 언제 이해하게 되었는지 물어볼 수 있다. 양자 모두 중요하지만, 인지와 발달을 이해하는 데 있어 이 두 질문 간의 구별도 중요하다.

아동은 빠르면 3세부터 관찰이나 지각이 지식의 원천임을 이해할 수 있다(Pillow, 1989). 지식의 원천으로서 어떤 것이 먼저인지를 밝혀내는 것은 어려울 수 있고 또 의미가 없을 수도 있다. 하지만 우리가 지식의 원천이라고 인식하는 첫 번째 것은 아마 관찰일 가능성이 높다. 관찰은 아마도 그 자체로 중요한 인식론적 통찰이자, 다른 잠재적인 지식의 원천들을 성찰하기 위한 기초일 것이다. 우리가 지식의 원천을 구별하게 되면서, 관찰은 아마도 과학의 인식론의 핵심으로 간주되어 과학적 추론의 경험적 성격을 설명하게 될 것이다. 따라서 관찰이나 지각이 지식의 원천임을 이해하는 아동의 인식에 대한 연구는 인지 발달의 전 범위에 걸쳐 있을 수 있으며, 특히 과학 교육과 관련을 갖는다.

직관(자동적이고 직관적인 추리) 및 성찰(사고를 조정하는 추론) 모두와 관련이 있는 추리 또한 지식의 원천이다. 약 6세부터 아동들은 추리를 지식의 원천으로 인식한다. 그리고 7장에서 논의한 바와 같이, 성찰은 보다 높은 수준의 메타논리적 이해를 생성한다.

증언 역시 지식의 중요한 원천이다(Audi, 2002; Boseovski & Thurman, 2014; Chinn et al., 2011; Harris, 2012; Robinson & Einav, 2014). 인식론적인 측면에서 증언의 인식론적 역할은 때때로 격하되곤 한다. 이는 우리가 타인에게 들은 것보다 우리가 직접 본 것을 믿는 것이 가장 정당하다는 가정에 기인한다. 이에 상응하는 심리학 이론은 인식론적 발달을 타인의 말을 믿는 것에서 스스로 관찰한 것을 믿는 것으로의 진전으로 설명한다. 하지만 우리가 직접 볼 수 있는 것에는 큰 한계가 존재하며, 신뢰할 수 있는 증언을 인식하고 그것에 의지하는 것은 관찰이 갖지 못하는 큰 이점을 지니고 있다. 인식론적 발달은 증언을 지식의 잠재적 원천으로 인식하는 것, 그리고 원천의 신뢰성에 대한 지식의 진보를 포함한다.

물론 우리는 보통 지식의 원천이 무엇인지 잘 모르는 경우가 많다. 내 아들 마이크는 초등학생 시절 이미 지구의 나이에 대해서 배웠다. 내가 그에게 지구의 나이가 고작 6,000년에 불과하다는 젊은 지구 창조론자Young-Earth creationist의 견해를 말해 주자, 그 말을 듣고 마이크는 나를 비웃었다. 그는 창밖을 내다보면, 즉 관찰해 보면 지구가 수백만 년이나 되었다는 것을 알 수 있다고 말했다.

하지만 정말 그럴 수 있는가? 만약 당신이 봐야 할 것을 완벽하게 볼 수 있는, 집의 가장 적절한 장소에 살고 있는 적절한 유형의 전문가라면 그럴 수 있을 것이다. 하지만 마이크는 비록 자신이 그렇게 생각한다고 할지라도, 창밖을 내다보며 실제로 지구의 나이를 관찰하고 있지 않다. 그의 믿음은 대부분 교사, 교과서, 그리고 나를 포함한 다양한 원천들의 증언에 기초를 두고 있다. 실제로 어린이들은 지구의 나이를 알아내기 위한 경험적인 연구를 수행하여 자신만의 독자적인 결론에 도달할 수 있는 위치에 있지 않다. 그리고 이는 대부분의 어른들도 마찬가지이다. 우리가 지식으로 간주하는 것은 다양한 정보원을 조정하고 보다 더 큰 그림에 비추어 우리가 들은 내용의 진위에 대해 최선의 판단을 내린 것에 토대를 두고 있는 매우 합리적인 것이다.

관찰, 추리, 증언을 지식의 원천으로 인식하는 것 외에도, 어린이는 기억을 지식의 원천으로 인식하게 된다. 메타기억metamemory에 대한 연구는 1970년대부터 수행되어 왔다. 그리고 거짓 기억에 대한 연구, 기억에 대한 구성주의자적 개념의 발달에 대한 연구와 같이, 인식론과 명백한 관련성을 띤 연구들을 포함하고 있다. 그러나 내가 알고 있는 한, 정당화와 진리에 대해 특별한 질문을 제기하는 지식의 원천으로서의 기억에 대한 인식론적 이해와 관련된 문헌을 체계적으로 검토한 이는 아직 아무도 없다.

믿음의 정당화와 진리의 기반으로서 다양한 원천에 대한 지식의 발달 및 사용에 관한 연구는 반드시 필요하다. 이와 관련된 연구가 이미 문헌에 존재하지만, 그것들은 다양한 메타인지 연구 프로그램에 분산되어 있다. 이에 친과 동료들(2011)은 이러한 연구들이 마땅히 받아야 할 체계적인 관심을 받지 못한 인식론적 인지의 중요한 분야임을 강조한 바 있다.

인식론적 영역에 대한 지식

우리는 평생 동안 아동기 초기에 구축된 과학, 논리, 도덕성과 같은 근본적인 영역 내에서 인식론적 쟁점들을 다룬다. 각각의 영역 내에서 영역 특수적인 인식론적 표준에 따라 추론하는 능력을 보여 주는 아동의 모습은, 그들이 이러한 영역들을 구별할 수 있다는 증거로 간주될 수 있다. 그러나 그러한 구별은 그들의 지각과 추론 내에서 암묵적으로 이루어진다. 내가 알고 있는 바로는 아동이 영역 자체를 식별, 비교, 분석, 또는 조정한다는 것을 보여 주는 증거는 없다. 반면에 청소년과 성인은 논리와 경험적 진리(Moshman & Franks, 1986), 도덕성과 사회적 관습(Gibbs, 2014; Kohlberg, 1984; Smetana, 2011)을 명시적으로 조정할 수 있다. 진보된 인식론적 발달의 대부분은 인식론적 영역을 명시적으로 구별하고 합리적으로 조정하는 것과 밀접한 관련이 있지만, 이 연구 분야 역시 알려진 바가 거의 없다.

인식론적 영역의 구별을 연구하는 한 가지 방법은 사람들로 하여금 일련의 명제나 주제를 분류하도록 하고 그렇게 분류한 이유를 설명하도록 요구하는 것이다 (Moshman, 2014; Moshman & Franks, 1986). 예를 들어 물리학, 사회학, 그리고 수학이라는 주제에 대해 생각해 보자. 이것들을 두 가지 범주로 분류해 보도록 요청받은 학생은 물리학과 수학을 함께 하나의 범주로 분류하고, 사회학을 자체 범주로 빼놓을 수 있다. 그리고 이렇게 분류한 이유에 대해 그 학생은 물리학과 수학은 모두 구체적이고 엄격한 반면에 사회학은 보다 이론적이고 모호하다고 설명할 수 있다. 만약 다른 방식으로 분류해 보라고 요청한다면, 이 학생은 물리학과 사회학을 수학과 따로 분류하고, 전자의 경우는 경험적 연구를 통해 세상을 설명하는 것과 관련이 있지만 수학은 논리적 증명을 요하는 형식적 학문이라고 설명할 수 있다. 적절하게 설명된 이 두 번째 분류 방식은 이 학생이 과학과 논리를 별개의 영역으로 이해하고 있음을 보여 준다.

마찬가지로 도서관 안에서 사회적 관습을 위반한 사례, 음식점 안에서 앞에 것과는 다른 종류의 사회적 관습을 위반한 사례, 그리고 도서관 안에서 도덕적 위반을 저지른 사례를 생각해 보자. 도서관에서의 위반 사례를 음식점에서의 위반 사례와 별개의 것으로 분류하고, 이를 발생 장소를 기준으로 분류했다고 설명하는 것은 완벽하게 합리적이다. 그러나 계속해서 다른 방식으로 분류해 달라고 요청하면, 어떤 학생은 첫 번째와 두 번째의 사례가 사회적 관습과 관련되어 있음을 인식하고, 도덕적 위반이 사회적 관습을 위반한 것과 어떻게 다른지를 설명함으로써, 자신이 도덕적 문제와 사회 관습적 문제 간의 차이를 식별하고 설명할 수 있음을 보여 줄 수 있다.

이러한 쟁점들을 다루기 위한 다양한 방법론적 접근 방식들이 있다. 그러나 중요한 점은 (아마도 청소년기와 성인기에만 발달할 수 있는) 범주에 대한 명시적인 지식과 (이미 아동기에서도 흔히 볼 수 있는) 범주 내에서의 추론을 구별하는 것이다. 아동기 이후 인식론적 영역에 대한 성찰적 조정은 아직 탐구되지 않은 상태로 남아 있다.

인식론적 덕과 합리적 정체성

합리적 기능은 인식론적 인지 이상의 것을 포함하고 있다. 인식론자들은 또한 인식론적 덕epistemic virtue에도 관심을 가져왔다(Audi, 2011; Greco, 2002). 앞서 살펴본 바와 같이, 친과 동료들(2011)은 인식론적 덕과 악덕에 대한 연구를 그들이 주장한 개념적 틀의 다섯 가지 구성 요소 중 하나로 제시했다. 덕 인식론은 도덕 발달과 도덕 교육에 관한 문헌에서 오랫동안 비판을 받아온 덕 윤리와 유사한 것으로 볼 수 있다(Moshman, 2005, Nucci, 2001). 존 듀이John Dewey(1916/1997a)가 한 세기 전에 쓴 것처럼, 덕을 따로 분리해서 이야기하는 것은,

> 해골을 살아 있는 육체로 여기는 것과 같다. 뼈는 확실히 중요하다. 하지만 그 중요성은 신체의 다른 기관들이 통합적이고 효과적으로 활동할 수 있도록 지원한다는 사실에 있다. 그리고 이는 우리가 특별히 덕이라고 부르는 인격character의 특성에 대해서도 마찬가지이다. 도덕은 다름 아닌 인격 전체와 관련되며, 인격 전체는 그 사람의 모든 구체적인 구성과 현현에 있어 그 사람과 동일하다. 덕을 소유한다는 것은 몇 가지 이름을 붙일 만한 가치가 있는 배타적인 특질들을 함양했다는 의미가 아니다. 그것은 삶의 모든 직무에서 타인과의 연합을 통해 자신이 될 수 있는 것을 완전하고 적절하게 이루어 내는 것을 의미한다.
>
> (pp. 357－358)

이와 유사하게, 나는 인식론적 덕이 "인격 전체"의 일부로 이해되어야 하며, 이는 우리가 말하는 덕들의 총합 이상의 것이라고 주장한다. 도덕 발달에 대한 연구에서 도덕적 인격moral character은 종종 도덕적 정체성moral identity으로 해석되곤 한다(Hardy & Carlo, 2011; Moshman, 2004a, 2005, 2011a). 이와 마찬가지로, 나는 인식론적 인격으로 보이는 인식론적 덕이 근본적으로 합리주의자적 정체성rationalist identity의 문제

라고 주장한다.

9장에서 논의한 바와 같이, 정체성은 인격체로서 자기 자신에 대한 명시적 이론으로 정의될 수 있다. 자신을 인격체로 보는 것은 자신을 합리적인 행위자rational agent로 바라보는 것, 즉 적어도 최소한의 의미에서 자신을 이유에 근거하여 행동하는 행위자로 바라보는 것을 말한다. 합리주의자적 정체성을 갖는다는 것은 합리성을 자신이 누구인지를 설명하는 데 있어 가장 중심적인 것으로 보고, 그것에 대한 특별한 헌신을 갖는 것을 의미한다. 이것은 또한 정도의 문제이기도 하다. 우리는 정당화를 지향하는 우리 자신의 일부와 자신을 동일시하기로 선택한 만큼, 합리주의자적 정체성을 가지고 있다.

그러나 정당화에 대한 헌신은 인식론적 덕으로 충분하지 않다. 하지만 이 말이 우리에게 더 많은 덕이 필요하다는 것을 의미하지는 않는다. 이는 다른 것에 비해 더 근본적인 인식론적 덕이 하나 있으며, 이것이 없으면 우리의 인식론적 인지는 쓸모가 없거나 심지어 악의 도구가 될 수 있다는 말이다.

궁극적인 인식론적 덕은 진리에 대한 헌신이다. 이는 이미 정당화에 대한 헌신을 수반하는 합리주의자적 정체성을 넘어서는 것이다. 아니면 보다 높은 수준의 합리주의자적 정체성으로 나아가는 것일 수 있다. 따라서 합리주의자적 정체성의 핵심에 있는 진리에 대한 헌신은 우리의 인식론적 인지를 보완하고 확장한다.

결론

나는 지금까지 인식론적 인지에 대한 개념적·경험적 연구를 위한 여러 가지 방안을 제안했다. 그러나 의심의 여지 없이, 내가 제안한 것보다 더 많은 것들이 있다. 인식론적이라고 간주되는 다양한 문제에 대한 경험적인 연구가 확산되고 있는 최근의 추세는 고무적이기도 하고 또 우려스럽기도 하다. 다양한 종류의 경험적 연구가 필요하다는 점은 분명하며, 관련 문헌이 확장되어 가는 것도 바람직하다. 이와 동시에 우리가 연구하고 있는 것에 대한 우리의 개념적 이해는 우리의 경험적 열정에 비해 뒤처져 있는 것처럼 보이며, 이로 인한 혼란은 이론적 진전을 방해한다. 이 책은 개념적 설명과 이론적 종합을 제공하기 위해 집필되었다. 그리고 이 책의 마지막 장에서 나는 향후 추가적인 연구의 방향을 제안하였다.

진리에 대한 완전하고 최종적인 진리는 고도Godot보다 더 빨리 도착할 것 같지는 않다. 우리는 그것을 기다릴 수 없으며, 기다리지도 않을 것이다. 우리는 세상을 아는 것 외에는 선택의 여지가 없으며, 우리의 앎을 성찰하는 것 외에는 선택의 여지가 거의 없는 것 같다. 어린 시절에도, 지식과 앎에 대한 우리의 성찰은 인식론적 인지를 생성한다. 유년기를 넘어서면서, 진리와 정당화에 대한 지식의 증가는 객관주의자적 인식론에서 주관주의자적 인식론으로 이어지고, 청소년기와 성인기의 합리주의자적 인식론을 이끈다. 철학자에게 인식론적 발달은 철학적 인식론의 형식적 이론화로 확장된다. 심리학자들의 과제는 인식론적 발달의 전체 과정과 우리 삶 전반에 걸친 인식론적 인지의 역할을 설명하는 것이다.

용어 정리

개인적 인식론 Personal epistemology: 특정 개인의 개별적인 인식론

객관성Objectivity: 주관적인 관점과 관계없이 실재와 관련된 진리

객관주의Objectivism: 직접적으로 관찰할 수 있거나, 증명할 수 있거나, 결코 틀리지 않는 권위자들에게 알려진 궁극적인 진리가 있다고 주장하는 인식론

과학Science: 세계에 대한 경험적 연구와 이론적 설명

과학적 추론 Scientific reasoning: 경험적 정당화 및 진리를 목표로 수행되는 추론

관점Perspective: (주관적인) 지향 혹은 견해

관점 채택 Perspective taking: 자신의 관점이 아닌 타인의 관점에서 보는 것

규범Norm: 행위, 추리, 믿음 혹은 실재를 평가할 수 있는 규칙, 원칙, 또는 이상

규범적Normative: 규범을 지시하는 것, 즉 무엇이 되어야 하는지를 지시하는 것

논리Logic: 좋은 추론에 적용되는 엄격한 규범, 특히 연역적 필연성의 규칙

논리적 추론 Logical reasoning: 논리 규범에 부합하는 추론

논리적 필연성 Logical necessity: 경험적 증거가 아닌 논리적 증명에 기초한 진리

덕Virtue: 좋은 인격을 보여 주는 특질

도덕성Morality: 타인의 권리 혹은 복지에 대한 존중이나 관심

도덕 인식론 Moral epistemology: 도덕적 믿음의 정당화와 진리, 그리고 이에 상응하는 도덕적 행위의 합리성에 관한 이론

도덕적 정체성 Moral identity: 도덕적인 사람으로서 자신에 대한 명시적인 이론

동료 상호작용 Peer interaction: 어느 정도 동등한 권위, 지위, 영향력을 가진 타인과의 사

회적 상호작용

메타논리적 이해 Metalogical understanding: 논리에 대한 명시적 지식

메타인지Metacognition: 인지에 대한 인지, 지식과 추리에 대한 개념적 지식과 인지적 자기규제에 내재된 절차적 지식을 포함

메타주관성Metasubjectivity: 주관성에 대한 지식이나 성찰

메타주관적 객관성 Metasubjective objectivity: 자신의 주관성에 대한 주관적 성찰 및 재구성을 통한 객관성의 진전

믿음Belief: 대략적으로 말하자면, 어떤 명제를 사실로 받아들이는 것

발달Development: 점차 확장되어 가고, 자기규제적이며, 질적이고, 점진적인 변화의 유형 또는 패턴

사고Thinking: 목적 달성을 위해 자신의 추리를 의도적으로 적용하고 조정하는 것, 문제해결, 의사결정, 판단, 계획, 그리고 다양한 형태의 추론을 포함

사회적 관습 Social convention: 특정 사회체제 내에서만 구속력을 갖는 행동 규범

선례Precedent: 유사한 사례에서 이후의 판단에 (어느 정도) 구속력을 갖는 판단

선례에 기반한 추론 Precedent-based reasoning: 선례에 근거한 추론

성찰Reflection: 의식 및 발달적 변화의 메타인지적 과정

영역, 인지적 Domain, cognitive: 분과 학문에 해당할 수도 있고 그렇지 않을 수도 있는 광범위한 지식의 분야 혹은 주제

영역, 인식론적 Domain, epistemic: 정당화와 진리에 대한 특유의 개념과, 이에 상응하는 특유한 형태의 원형적 추론을 포함하고 있는, 특유의 인식론을 지닌 인지적 영역

원칙Principle: 구체적 규칙의 엄격한 시행이 아닌, 합리적인 판단이 요구되는 사례에 적용되는 추상적인 규범

원칙에 입각한 추론 Principled reasoning: 명시적인 원칙, 특히 도덕적 원칙에 근거한 추론

인격체Person: 최소한의 의미에서 합리적인 행위자

인식론Epistemology: 지식, 특히 정당화와 진리의 규범적 문제에 관한 연구

인식론, 개인적 Epistemology, personal: 특정 개인의 개별적인 인식론

인식론적 믿음 Epistemological beliefs: 인식론의 문제에 대한 믿음. 보통 정당화나 진리와는 상관없이 믿음에 대한 믿음을 언급하기 위해 폭넓게 해석

인식론적 발달 Epistemic development: 인식론적 인지의 발달

인식론적 영역 Epistemic domain: 정당화와 진리에 대한 특유의 개념과 이에 상응하는 특유한 형태의 원형적 추론을 포함하고 있는 특유의 인식론을 지닌 인지적 영역

인식론적 인지 Epistemic cognition: 인식론의 문제에 대한 지식, 즉 믿음의 정당화와 진리에 대한 지식

인지Cognition: 지각, 표상, 개념화, 해석, 기억, 사고 및 추론을 포함하는 지식 및 관련 추리 과정

자기규제적 변화 Self-regulated change: 개인 내부에서 지시되거나 규제되는 변화

점진적 변화 Progressive change: 성숙, 합리성, 그 밖의 정당한 목적을 향해 진전되어 감을 규범적으로 판단할 수 있는 변화

정당화Justification: 믿음이나 행동의 이유

정체성Identity: 인격체로서 자기 자신에 대한 명시적 이론

정체성, 도덕적 Identity, moral: 도덕적인 사람으로서 자신에 대한 명시적인 이론

정체성, 합리적 Identity, rational: 자신의 합리성을 강조하는 자신에 대한 명시적 이론

조정Coordination: 구조적 통합과 재조직을 포함하는 발달적 변화의 과정

주관성Subjectivity: 관점 혹은 견해, 지식에 대한 마음의 기여

주관주의Subjectivism: 지식이 자신의 관점으로부터 구성되고, 따라서 자신의 관점에 의해 결정된다고 간주하는 인식론

지식Knowledge: 대략적으로 말하자면, 정당화된 참인 믿음

지적 자유 Intellectual freedom: 믿음, 표현, 토론, 탐구, 그리고 정보와 사상에 대한 접근의

자유

진리Truth: 구체적 사실 혹은 인식론적 이상의 문제로서 객관성

질적 변화 Qualitative change: 단지 양뿐만 아닌 종류의 변화

추론Reasoning: 인식론적인 측면에서 자기규제적인 사고. 정당화될 수 있는 참인 결론에 도달하는 것을 목표로 하는 논증과 같은 사고 형식

추론, 과학적 Reasoning, scientific: 경험적 정당화와 진리를 목표로 수행되는 추론

추론, 논리적 Reasoning, logical: 논리 규범에 부합하는 추론

추론, 선례에 기반 Reasoning, precedent–based: 선례에 근거한 추론

추론, 원칙에 입각 Reasoning, principled: 명시적인 원칙, 특히 도덕적 원칙에 근거한 추론

추리Inference: 데이터를 넘어서는 것

합리성Rationality: 이유를 갖는, 특히 좋은 이유를 갖는 합리적 행위자의 자질

합리적Rational: 최소한의 의미에서 이유에 따라 행동하는 것, 보다 엄격하게는 자신의 신념과 행동에 대한 좋은 이유를 갖는 것

합리적 정체성 Rational Identity: 자신의 합리성을 강조하는 자신에 대한 명시적 이론

합리적 행위자 Rational agent: 이유, 되도록 좋은 이유에 근거하여 믿거나 행동하는 사람

합리주의Rationalism: 완벽하게 증명되지 않은 (그러나 여러 이유들 중 가장 좋은 것이라 고려되는) 이유가 믿음과 행동의 근거를 제공하는 탈주관주의자적 인식론

행위자Agent: 행동하는 사람 혹은 행위 주체. 행동하거나 알고 있는 사람

행위자, 합리적 Agent, rational: 이유, 되도록 좋은 이유에 근거하여 믿거나 행동하는 사람

참고 문헌

- Alexander, P. A. (2006). What would Dewey say? Channeling Dewey on the issue of specificity of epistemic beliefs: A response to Muis, Bendixen, & Haerle (2006). *Educational Psychology Review, 18*, 55-65.
- Allen, J. W. P., & Bickhard, M. H. (2013). Stepping off the pendulum: Why only an actionbased approach can transcend the nativist－empiricist debate. *Cognitive Development, 28*, 96-133.
- Amar, A. R. (2012). *America's unwritten constitution: The precedents and principles we live by*. New York: Basic Books.
- Amsterlaw, J., & Wellman, H. M. (2006). Theories of mind in transition: A microgenetic study of the development of false belief understanding. *Journal of Cognition and Development, 7*, 139-172.
- Audi, R. (1997). *Moral knowledge and ethical character* . Oxford: Oxford University Press.
- Audi, R. (2001). *The architecture of reason: The structure and substance of rationality*. Oxford: Oxford University Press.
- Audi, R. (2002). The sources of knowledge. In P. K. Moser (Ed.), *The Oxford handbook of epistemology* (pp. 71-94). Oxford: Oxford University Press.
- Audi, R. (2011). *Epistemology: A contemporary introduction to the theory of knowledge, 3rd edition*. New York: Routledge.
- Bailin, S. (1999). The problem with Percy: Epistemology, understanding and critical thinking. *Informal Logic, 19*, 161-170.
- Barrouillet, P., & Gauffroy, C. (2013). Dual processes and mental models in the development of conditional reasoning. In P. Barrouillet & C. Gauffroy (Eds.), *The development of thinking and reasoning* (pp. 95-121). New York:

Psychology Press.

- Barzilai, S., & Zohar, A. (2014). Reconsidering personal epistemology as metacognition: A multifaceted approach to the analysis of epistemic thinking. *Educational Psychologist, 49*, 13–35.
- Baxter Magolda, M. B. (1992). *Knowing and reasoning in college: Gender-related patterns in students' intellectual development* . San Francisco: Jossey-Bass.
- Belenky, M. F., Clinchy, B. M., Goldberger, N. R., & Tarule, J. M. (1986). *Women's ways of knowing: The development of self, voice, and mind*. New York: Basic Books.
- Bendixen, L. D., & Feucht, F. C. (Eds.). (2010). *Personal epistemology in the classroom: Theory, research, and implications for practice*. New York: Cambridge University Press.
- Boseovski, J. J., & Thurman, S. L. (2014). Evaluating and approaching a strange animal: Children's trust in informant testimony. *Child Development, 85*, 824–834.
- Boyes, M. C., & Chandler, M. (1992). Cognitive development, epistemic doubt, and identity formation in adolescence. *Journal of Youth and Adolescence, 21*, 737–763.
- Braine, M. D. S., & O'Brien, D. P. (Eds.). (1998). *Mental logic*. Mahwah, NJ: Erlbaum.
- Bråten, I., Britt, M. A., Strømsø, H. I., & Rouet, J.-F. (2011). The role of epistemic beliefs in the comprehension of multiple expository texts: Toward an integrated model. *Educational Psychologist, 46*, 48–70.
- Broughton, J. M. (1975). *The development of natural epistemology in years 11 to 16*. PhD diss., Harvard University.
- Broughton, J. M. (1978). Development of concepts of self, mind, reality, and knowledge. In W. Damon (Ed.), *Social cognition. New directions for child development, no. 1* . San Francisco: Jossey-Bass.
- Brownlee, J., Schraw, G., & Berthelsen, D. (2011). *Personal epistemology and*

teacher education. New York: Routledge.

- Buttelmann, D., Over, H., Carpenter, M., & Tomasello, M. (2014). Eighteen-month-olds understand false beliefs in an unexpected-contents task. *Journal of Experimental Child Psychology, 119*, 120-126.
- Byrnes, J. P., & Beilin, H. (1991). The cognitive basis of uncertainty. *Human Development, 34*, 189-203.
- Carey, S., Evans, R., Honda, M., Jay, E., & Unger, C. M. (1989). 'An experiment is when you try it and see if it works': A study of grade 7 students' understanding of the construction of scientific knowledge. *International Journal of Science Education, 11*, 514-529.
- Carey, S., & Smith, C. (1993). On understanding the nature of scientific knowledge. *Educational Psychologist, 28*, 235-251.
- Carpendale, J. I. M. (2000). Kohlberg and Piaget on stages and moral reasoning. *Developmental Review, 20*, 181-205.
- Carpendale, J. I. M. (2009). Piaget's theory of moral development. In U. Müller, J. I. M. Carpendale, & L. Smith (Eds.), *The Cambridge companion to Piaget* (pp. 270-286). Cambridge, UK: Cambridge University Press.
- Carpendale, J. I., & Chandler, M. J. (1996). On the distinction between false belief understanding and subscribing to an interpretive theory of mind. *Child Development, 67*, 1686-1706.
- Carroll, L. (1895). What the tortoise said to Achilles. *Mind, 4*, 278-280.
- Casullo, A. (2002). A priori knowledge. In P. K. Moser (Ed.), *The Oxford handbook of epistemology* (pp. 95-143). Oxford: Oxford University Press.
- Cauley, K. M. (1992). Children's construction of the logic of arithmetic. *Journal of Applied Developmental Psychology, 13*, 65-74.
- Chandler, M. J. (1975). Relativism and the problem of epistemological loneliness. *Human Development, 18*, 171-180.
- Chandler, M. J. (1987). The Othello effect: Essay on the emergence and eclipse of skeptical doubt. *Human Development, 30*, 137-159.
- Chandler, M., Boyes, M., & Ball, L. (1990). Relativism and stations of epistemic

doubt. *Journal of Experimental Child Psychology, 50*, 370-395.

- Chandler, M. J., Hallett, D., & Sokol, B. W. (2002). Competing claims about competing knowledge claims. In B. K. Hofer & P. R. Pintrich (Eds.), *Personal epistemology: The psychology of beliefs about knowledge and knowing* (pp. 145-168). Mahwah, NJ: Erlbaum.
- Chandler, M. J., Lalonde, C. E., Sokol, B. W., & Hallett, D. (2003). Personal persistence, identity development, and suicide. *Monographs of the Society for Research in Child Development, 68*, Serial No. 273.
- Chandler, M. J., & Proulx, T. (2010). Stalking young persons' changing beliefs about belief. In L. D. Bendixen & F. C. Feucht (Eds.), *Personal epistemology in the classroom: Theory, research, and implications for practice* (pp. 197-219). New York: Cambridge University Press.
- Chinn, C. A., & Brewer, W. F. (1993). The role of anomalous data in knowledge acquisition: A theoretical framework and implications for science instruction. *Review of Educational Research, 63*, 1-49.
- Chinn, C. A., Buckland, L. A., & Samarapungavan, A. (2011). Expanding the dimensions of epistemic cognition: Arguments from philosophy and psychology. *Educational Psychologist, 46*, 141-167.
- Coady, D. (2012). *What to believe now: Applying epistemology to contemporary issues*. Malden, MA: Wiley-Blackwell.
- Curşeu, P. L., Jansen, R. J. G., & Chappin, M. M. H. (2013). Decision rules and group rationality: Cognitive gain or standstill? *PLOS ONE* . DOI: 10.1371/journal.pone.0056454.
- Darwin, C. (1871). *The descent of man, and selection in relation to sex* . London: John Murray.
- Darwin, C. (1872). *The origin of species by means of natural selection, 6th edition* . London: John Murray. (Original work published 1859)
- Dewey, J. (1997a). *Democracy and education* . New York: Free Press. (Original work published 1916)
- Dewey, J. (1997b). *How we think* . Mineola, NY: Dover. (Original work published 1910)

- Doherty, M. J. (2009). *Theory of mind: How children understand others' thoughts and feelings.* New York: Psychology Press.
- Dworkin, R. (1996). *Freedom's law: The moral reading of the American Constitution*. Cambridge, MA: Harvard University Press.
- Dworkin, R. (2011). *Justice for hedgehogs*. Cambridge, MA: Harvard University Press.
- Edwards v. Aguillard, 482 U.S. 578 (1987).
- Efklides, A., Demetriou, A., & Metallidou, Y. (1994). The structure and development of propositional reasoning ability: Cognitive and metacognitive aspects. In A. Demetriou & A. Efklides (Eds.), *Intelligence, mind, and reasoning: Structure and development* (pp. 151-172). Amsterdam: North−Holland.
- Epperson v. Arkansas, 393 U.S. 97 (1968).
- Erikson, E. H. (1968). *Identity: Youth and crisis*. New York: Norton.
- Evans, J. St. B. T. (2007). *Hypothetical thinking: Dual processes in reasoning and judgement*. New York: Psychology Press.
- Fabricius, W. V., & Schwanenflugel, P. J. (1994). The older child's theory of mind. In A. Demetriou & A. Efklides (Eds.), *Intelligence, mind, and reasoning: Structure and development*(pp. 111-132). Amsterdam: North−Holland.
- Fallon, R. H., Jr. (1987). A constructivist coherence theory of constitutional interpretation. *Harvard Law Review, 100*, 1189-1286.
- Flavell, J. H. (1979). Metacognition and cognitive monitoring: A new area of ognitivedevelopmental inquiry. *American Psychologist, 34*, 906-911.
- Flavell, J. H., Flavell, E. R., Green, F. L., & Moses, L. J. (1990). Young children's understanding of fact beliefs versus value beliefs. *Child Development, 61*, 915-928.
- Flavell, J. H., Mumme, D. L., Green, F. L., & Flavell, E. R. (1992). Young children's understanding of different types of beliefs. *Child Development, 63*, 960-977.
- Franks, B. A. (1996). Deductive reasoning in narrative contexts: Developmental

trends and reading skill effects. *Genetic, Social, and General Psychology Monographs, 122*, 75-105.

- Franks, B. A. (1997). Deductive reasoning with prose passages: Effects of age, inference form, prior knowledge, and reading skill. *International Journal of Behavioral Development, 21*, 501-535.
- Freud, S. (1960). *The ego and the id*. New York: Norton. (Original work published 1923)

Galotti, K. M., Komatsu, L. K., & Voeltz, S. (1997). Children's differential performance on deductive and inductive syllogisms. *Developmental Psychology, 33*, 70-78.

- Gauffroy, C., & Barrouillet, P. (2011). The primacy of thinking about possibilities in the development of reasoning. *Developmental Psychology, 47*, 1000-1011.
- Gelman, R., & Gallistel, C. R. (1978). *The child's understanding of number*. Cambridge, MA: Harvard University Press.
- Gettier, E. L. (1963). Is justified true belief knowledge? *Analysis, 23*, 121-123.
- Gibbs, J. C. (2014). *Moral development and reality: Beyond the theories of Kohlberg, Hoffman, & Haidt, 3rd edition*. Oxford: Oxford University Press.
- Goldman, A. I. (2002). The sciences and epistemology. In P. K. Moser (Ed.), *The Oxford handbook of epistemology* (pp. 144-176). Oxford: Oxford University Press.
- Gopnik, A. (2009). *The philosophical baby: What children's minds tell us about truth, love, and the meaning of life*. New York: Farrar, Straus, and Giroux.
- Graham, J., Haidt, J., & Nosek, B. A. (2009). Liberals and conservatives rely on different sets of moral foundations. *Journal of Personality and Social Psychology, 96*, 1029-1046.
- Greco, J. (2002). Virtues in epistemology. In P. K. Moser (Ed.), *The Oxford handbook of epistemology* (pp. 287-315). Oxford: Oxford University Press.
- Greene, J. A., Azevedo, R., & Torney-Purta, J. (2008). Modeling epistemic and ontological cognition: Philosophical perspectives and methodological

directions. *Educational Psychologist, 43*, 142-160.

- Greene, J. A., & Yu, S. B. (2014). Modeling and measuring epistemic cognition: A qualitative re-investigation. *Contemporary Educational Psychology, 39*, 12-28.
- Habermas, J. (1990). *Moral consciousness and communicative action*. Cambridge, MA: MIT Press.
- Haidt, J. (2001). The emotional dog and its rational tail: A social intuitionist approach to moral judgment. *Psychological Review, 108*, 814-834.
- Haidt, J., & Graham, J. (2007). When morality opposes justice: Conservatives have moral intuitions that liberals may not recognize. *Social Justice Research, 20*, 98-116.
- Hallett, D., Chandler, M. J., & Krettenauer, T. (2002). Disentangling the course of epistemic development: parsing knowledge by epistemic content. *New Ideas in Psychology, 20*, 285-307.
- Hammack, P. L. (2011). *Narrative and the politics of identity: The cultural psychology of Israeli and Palestinian youth*. Oxford: Oxford University Press.
- Hardy, S. A., & Carlo, G. (2011). Moral identity. In S. J. Schwartz, K. Luyckx, & V. L. Vignoles (Eds.), *Handbook of identity theory and research* (pp. 495-513). New York: Springer.
- Harris, P. L. (2012). *Trusting what you're told: How children learn from others*. Cambridge, MA: Harvard University Press.
- Helwig, C. C. (1995). Adolescents' and young adults' conceptions of civil liberties: Freedom of speech and religion. *Child Development, 66*, 152-166.
- Helwig, C. C., Ruck, M. D., & Peterson-Badali, M. (2014). Rights, civil liberties, and democracy. In M. Killen & J. G. Smetana (Eds.), *Handbook of moral development, 2nd edition*(pp. 46-69). New York: Psychology Press.
- Henderson, D. K., & Horgan, T. (2011). *The epistemological spectrum: At the interface of cognitive science and conceptual analysis*. Oxford: Oxford University Press.

- Hewitson, M. (2014). *History and causality*. New York: Palgrave Macmillan.
- Hofer, B. K. (2000). Dimensionality and disciplinary differences in personal epistemology. *Contemporary Educational Psychology, 25*, 378-405.
- Hofer, B. K. (2006). Beliefs about knowledge and knowing: Integrating domain specificity and domain generality: A response to Muis, Bendixen, and Haerle (2006). *Educational Psychology Review, 18*, 67-76.
- Hofer, B. K., & Bendixen, L. D. (2012). Personal epistemology: Theory, research, and future directions. In K. R. Harris, S. Graham, & T. Urdan (Eds.), *APA Educational Psychology Handbook, Vol. 1: Theories, constructs, and critical issues* (pp. 227-256). Washington, DC: American Psychological Association.
- Hofer, B. K., & Pintrich, P. R. (1997). The development of epistemological theories: Beliefs about knowledge and knowing and their relation to learning. *Review of Educational Research, 67*, 88-140.
- Hofer, B. K., & Pintrich, P. R. (Eds.). (2002). *Personal epistemology: The psychology of beliefs about knowledge and knowing*. Mahwah, NJ: Erlbaum.
- Hoffman, M. L. (2000). *Empathy and moral development: Implications for caring and justice*. Cambridge, UK: Cambridge University Press.
- Inhelder, B., & Piaget, J. (1958). *The growth of logical thinking from childhood to adolescence*. New York: Basic Books.
- Inhelder, B., & Piaget, J. (1964). *The early growth of logic in the child: Classification and seriation*. London: Routledge.
- Jenkins, J. J. (1974). Remember that old theory of memory? Well, forget it. *American Psychologist, 29*, 785-795.
- Kahneman, D. (2011). *Thinking, fast and slow*. New York: Farrar, Straus, & Giroux.
- Kant, I. (1959). *Foundations of the metaphysics of morals*. New York: Macmillan. (Original work published 1785)
- Kant, I. (1996). *The metaphysics of morals*. Cambridge, UK: Cambridge

University Press. (Original work published 1797)

- Keenan, T., Ruffman, T., & Olson, D. R. (1994). When do children begin to understand logical inference as a source of knowledge? *Cognitive Development, 9*, 331-353.
- Killen, M., & Rutland, A. (2011). *Children and social exclusion: Morality, prejudice, and group identity*. Malden, MA: Wiley−Blackwell.
- King, P. M., & Kitchener, K. S. (1994). *Developing reflective judgment: Understanding and promoting intellectual growth and critical thinking in adolescents and adults*. San Francisco: Jossey−Bass.
- King, P. M., & Kitchener, K. S. (2002). The reflective judgment model: Twenty years of research on epistemic cognition. In B. K. Hofer & P. K. Pintrich (Eds.), *Personal epistemology: The psychology of beliefs about knowledge and knowing* (pp. 37-61). Mahwah, NJ: Erlbaum.
- Kitchener, K. S. (1983). Cognition, metacognition, and epistemic cognition: A three−level model of cognitive processing. *Human Development, 26*, 222-232.
- Kitchener, K. S. (2002). Skills, tasks, and definitions: discrepancies in the understanding and data on the development of folk epistemology. *New Ideas in Psychology, 20*, 309-328.
- Kitchener, K. S., & King, P. M. (1981). Reflective judgment: Concepts of justification and their relationship to age and education. *Journal of Applied Developmental Psychology, 2*, 89-116.
- Kitcher, P. (1982). *Abusing science: The case against creationism*. Cambridge, MA: MIT Press.
- Kitzmiller v. Dover Area School District, 400 F. Supp. 2d 707 (M.D. Pa. 2005).
- Klaczynski, P. A. (2000). Motivated scientific reasoning biases, epistemological beliefs, and theory polarization: A two−process approach to adolescent cognition. *Child Development, 71*, 1347-1366.
- Klaczynski, P. A. (2011). Age differences in understanding precedent−setting decisions and authorities' responses to violations of deontic rules. *Journal*

of Experimental Child Psychology, 109, 1-24.
- Klahr, D., & Chen, Z. (2003). Overcoming the positive–capture strategy in young children: Learning about indeterminacy. *Child Development, 74*, 1275-1296.
- Kohlberg, L. (1981). *The philosophy of moral development*. San Francisco: Harper & Row.
- Kohlberg, L. (1984). *The psychology of moral development*. San Francisco: Harper & Row.
- Komatsu, L. K., & Galotti, K. M. (1986). Children's reasoning about social, physical, and logical regularities: A look at two worlds. *Child Development, 57*, 413-420.
- Kornblith, H. (Ed.) (1994). *Naturalizing epistemology, 2nd edition* . Cambridge, MA: MIT Press.
- Korsgaard, C. M. (2009). *Self–constitution: Agency, identity, and integrity*. Oxford: Oxford University Press.
- Koslowski, B. (1996). *Theory and evidence: The development of scientific reasoning*. Cambridge, MA: MIT Press.
- Koslowski, B. (2013). Scientific reasoning: Explanation, confirmation bias, and scientific practice. In G. J. Feist & M. E. Gorman (Eds.), *Handbook of the psychology of science* (pp.151-192). New York: Springer.
- Koslowski, B., Marasia, J., Chelenza, M., & Dublin, R. (2008). Information becomes evidence when an explanation can incorporate it into a causal framework. *Cognitive Development, 23*, 472-487.
- Krettenauer, T. (2004). Metaethical cognition and epistemic reasoning development in adolescence. *International Journal of Behavioral Development, 28*, 461-470.
- Krettenauer, T. (2005). The role of epistemic cognition in adolescent identity formation: Further evidence. *Journal of Youth and Adolescence, 34*, 185-198.
- Kuhn, D. (1989). Children and adults as intuitive scientists. *Psychological Review, 96*, 674-689.

- Kuhn, D. (1991). *The skills of argument*. Cambridge, UK: Cambridge University Press.
- Kuhn, D. (2005). *Education for thinking*. Cambridge, MA: Harvard University Press.
- Kuhn, D. (2009). Adolescent thinking. In R. M. Lerner & L. Steinberg (Eds.), *Handbook of Adolescent Psychology* (3rd ed., Vol. 1, pp. 152-186). Hoboken, NJ: Wiley.
- Kuhn, D., Amsel, E., & O'Loughlin, M. (1988). *The development of scientific thinking skills*. San Diego, CA: Academic Press.
- Kuhn, D., Cheney, R., & Weinstock, M. (2000). The development of epistemological understanding. *Cognitive Development, 15*, 309-328.
- Kuhn, D., & Franklin, S. (2006). The second decade: What develops (and how)? In D. Kuhn & R. Siegler (Eds.), W. Damon & R. Lerner (Series Eds.), *Handbook of child psychology, Vol. 2: Cognition, perception, and language, 6th edition* (pp. 953-993). Hoboken, NJ: Wiley.
- Kuhn, D., & Pearsall, S. (1998). Relations between metastrategic knowledge and strategic performance. *Cognitive Development, 13*, 227-247.
- Kuhn, D., Pennington, N., & Leadbeater, B. (1983). Adult thinking in developmental perspective: The sample case of juror reasoning. In P. Baltes & O. Brim (Eds.), *Life-span development and behavior, Vol. 5* (pp. 157-195). New York: Academic Press.
- Kuhn, D. & Weinstock, M. (2002). What is epistemological thinking and why does it matter? In B. K. Hofer & P. R. Pintrich (Eds.), *Personal epistemology: The psychology of beliefs about knowledge and knowing* (pp. 121-144). Mahwah, NJ: Erlbaum.
- Kuhn, D., Zillmer, N., Crowell, A., & Zavala, J. (2013). Developing norms of argumentation: Metacognitive, epistemological, and social dimensions of developing argumentive competence. *Cognition and Instruction, 31*, 456-496.
- Lalonde, C. E., & Chandler, M. J. (2002). Children's understanding of

interpretation. *New Ideas in Psychology, 20*, 163-198.

- Langer, J. (1980). *The origins of logic: From six to twelve months*. San Francisco: Academic Press.
- Langer, J. (1986). *The origins of logic: One to two years*. Orlando, FL: Academic Press.
- Laupa, M., & Becker, J. (2004). Coordinating mathematical concepts with the demands of authority: Children's reasoning about conventional and second-order logical rules. *Cognitive Development, 19*, 147-168.
- Lemos, N. (2002). Epistemology and ethics. In P. K. Moser (Ed.), *The Oxford handbook of epistemology* (pp. 479-512). Oxford: Oxford University Press.
- Liszkowski, U. (2013). Using theory of mind. *Child Developmental Perspectives, 7*, 104-109.
- Lynch, M. P. (2012). *In praise of reason*. Cambridge, MA: MIT Press.
- Maggioni, L. (2010). *Studying epistemic cognition in the history classroom: Cases of teaching and learning to think historically*. Dissertation, University of Maryland, College Park.
- Maggioni, L., & Parkinson, M. M. (2008). The role of teacher epistemic cognition, epistemic beliefs, and calibration in instruction. *Educational Psychology Review, 20*, 445-461.
- Maggioni, L., VanSledright, B., & Alexander, P. A. (2009). Walking on the borders: A measure of epistemic cognition in history. *Journal of Experimental Education, 77*, 187-213.
- Mansfield, A. F., & Clinchy, B. M. (2002). Toward the integration of objectivity and subjectivity: Epistemological development from 10 to 16. *New Ideas in Psychology, 20*, 225-262.
- Markovits, H. (2013). The development of abstract conditional reasoning. In P. Barrouillet & C. Gauffroy (Eds.), *The development of thinking and reasoning* (pp. 71-91). New York: Psychology Press.
- Markovits, H., & Bouffard-Bouchard, T. (1992). The belief-bias effect in reasoning: The development and activation of competence. *British Journal*

of Developmental Psychology, 10, 269-284.

- Markovits, H., & Nantel, G. (1989). The belief-bias effect in the production and evaluation of logical conclusions. *Memory & Cognition, 17*, 11-17.
- Markovits, H., & Vachon, R. (1989). Reasoning with contrary-to-fact propositions. *Journal of Experimental Child Psychology, 47*, 398-412.
- May, L. (2010). *Genocide: A normative account* . Cambridge, UK: Cambridge University Press.
- Miller, S. A. (1986). Certainty and necessity in the understanding of Piagetian concepts. *Developmental Psychology, 22*, 3-18.
- Miller, S. A. (2012). *Theory of mind: Beyond the preschool years*. New York: Psychology Press.
- Miller, S. A., Custer, W. L., & Nassau, G. (2000). Children's understanding of the necessity of logically necessary truths. *Cognitive Development, 15*, 383-403.
- Miller, S. A., Hardin, C. A., & Montgomery, D. E. (2003). Young children's understanding of the conditions for knowledge acquisition. *Journal of Cognition and Development, 4*, 325-356.
- Morris, B. J., & Sloutsky, V. (2001). Children's solutions of logical versus empirical problems: What's missing and what develops? *Cognitive Development, 16*, 907-928.
- Moser, P. K. (1995). Epistemology. In R. Audi (Ed.), *The Cambridge dictionary of philosophy*(pp. 233-238). Cambridge, UK: Cambridge University Press.
- Moshman, D. (1990). The development of metalogical understanding. In W. F. Overton(Ed.), *Reasoning, necessity, and logic: Developmental perspectives* (pp. 205-225). Hillsdale, NJ: Erlbaum.
- Moshman, D. (1995a). Reasoning as self-constrained thinking. *Human Development, 38*, 53-64.
- Moshman, D. (1995b). The construction of moral rationality. *Human Development, 38*, 265-281.
- Moshman, D. (1998). Cognitive development beyond childhood. In W. Damon (Series Ed.) & D. Kuhn & R. Siegler (Vol. Eds.), *Handbook of child*

psychology: Vol. 2. Cognition, perception and language (5th ed., pp. 947-978). New York: Wiley.

- Moshman, D. (2001). Conceptual constraints on thinking about genocide. *Journal of Genocide Research, 3*, 431-450.
- Moshman, D. (2004a). False moral identity: Self-serving denial in the maintenance of moral self-conceptions. In D. K. Lapsley & D. Narvaez (Eds.), *Moral development, self, and identity*(pp. 83-109). Mahwah, NJ: Erlbaum.
- Moshman, D. (2004b). From inference to reasoning: The construction of rationality. *Thinking & Reasoning, 10*, 221-239.
- Moshman, D. (2004c). Theories of self and theories as selves: Identity in Rwanda. In C. Lightfoot, C. Lalonde, & M. Chandler (Eds.), *Changing conceptions of psychological life* (pp. 183-206). Mahwah, NJ: Erlbaum.
- Moshman, D. (2005). Advanced moral development. In W. van Haaften, T. Wren, & A. Tellings (Eds.), *Moral sensibilities and education III: The adolescent* (pp. 13-31). Bemmel, Netherlands: Concorde.
- Moshman, D. (2008a). Conceptions of genocide and perceptions of history. In D. Stone(Ed.), *The historiography of genocide* (pp. 71-92). Hampshire, UK: Palgrave Macmillan.
- Moshman, D. (2008b). Epistemic development and the perils of Pluto. In M. F. Shaughnessy, M. V. J. Veenman, & C. Kleyn-Kennedy (Eds.), *Meta-cognition: A recent review of research, theory and perspectives* (pp. 161-174). New York: Nova Science.
- Moshman, D. (2009a). *Liberty and learning: Academic freedom for teachers and students.* Portsmouth, NH: Heinemann.
- Moshman, D. (2009b). The development of rationality. In H. Siegel (Ed.), *Oxford handbook of philosophy of education* (pp. 145-161). Oxford, UK: Oxford University Press.
- Moshman, D. (2011a). *Adolescent rationality and development: Cognition, morality, and identity, 3rd edition*. New York: Psychology Press.

- Moshman, D. (2011b). Identity, genocide, and group violence. In S. J. Schwartz, K. Luyckx, & V. L. Vignoles (Eds.), *Handbook of identity theory and research* (pp. 917-932). New York: Springer.
- Moshman, D. (2012). Epistemic cognition. In R. J. R. Levesque (Ed.), *Encyclopedia of adolescence* (pp. 847-853). New York: Springer.
- Moshman, D. (2013a). Adolescent rationality. *Advances in Child Development and Behavior, 45*, 155-183.
- Moshman, D. (2013b). Epistemic cognition and development. In P. Barrouillet & C. Gauffroy(Eds.), *The development of thinking and reasoning* (pp. 13-33). New York: Psychology Press.
- Moshman, D. (2014). Epistemic domains of reasoning. In H. Markovits (Ed.), *The developmental psychology of reasoning and decision-making* (pp. 115-129). New York: Psychology Press.
- Moshman, D., & Franks, B. A. (1986). Development of the concept of inferential validity. *Child Development, 57*, 153-165.
- Moshman, D., & Geil, M. (1998). Collaborative reasoning: Evidence for collective rationality. *Thinking & Reasoning, 4*, 231-248.
- Moshman, D., & Tarricone, P. (forthcoming). Logical and causal reasoning. In J. A. Greene, W. A. Sandoval, & I. Bråten (Eds.), *Handbook of epistemic cognition*. New York: Routledge.
- Moshman, D., & Timmons, M. (1982). The construction of logical necessity. *Human Development 25*, 309-324.
- Muis, K. R., Bendixen, L. D., & Haerle, F. C. (2006). Domain-generality and domainspecificity in personal epistemology research: Philosophical and empirical reflections in the development of a theoretical framework. *Educational Psychology Review, 18*, 3-54.
- Nicholls, J. G., & Thorkildsen, T. A. (1988). Children's distinctions among matters of intellectual convention, logic, fact, and personal preference. *Child Development, 59*, 939-949.
- Nino, C. S., (1996). *The constitution of deliberative democracy*. New Haven,

CT: Yale University Press.

- Nucci, L. P. (2001). *Education in the moral domain*. Cambridge, UK: Cambridge University Press.
- Nucci, L. P. (2014). The personal and the moral. In M. Killen & J. G. Smetana (Eds.), *Handbook of moral development, 2nd edition* (pp. 538-558). New York: Psychology Press.
- Numbers, R. L. (2007). *The creationists: From scientific creationism to intelligent design*. Cambridge, MA: Harvard University Press.
- O'Neill, O. (2003). Constructivism in Rawls and Kant. In S. Freeman (Ed.), *The Cambridge Companion to Rawls* (pp. 347-367). Cambridge, UK: Cambridge University Press.
- Onishi, K. H., & Baillargeon, R. (2005). Do 15–month–old infants understand false belief? *Science, 308*, 255-258.
- Pappe, I. (2006). *The ethnic cleansing of Palestine*. Oxford: Oneworld.
- Pennock, R. T. (1999). *Tower of Babel: The evidence against the new creationism*. Cambridge, MA: MIT Press.
- Perry, W. G. (1999). *Forms of intellectual and ethical development in the college years: A scheme*. San Francisco: Jossey–Bass. (Original work published 1970)
- Peterson, D. M., Marcia, J. E., & Carpendale, J. I. M. (2004). Identity: Does thinking make it so? In C. Lightfoot, C. Lalonde, & M. Chandler (Eds.), *Changing conceptions of psychological life* (pp. 113-126). Mahwah, NJ: Erlbaum.
- Piaget, J. (1954). *The construction of reality in the child*. New York: Basic Books. (Original work published 1937)
- Piaget, J. (1963). *The origins of intelligence in children*. New York: Norton. (Original work published 1936)
- Piaget, J. (1965a). *The child's conception of number*. New York: Norton. (Original work published 1941)
- Piaget, J. (1965b). *The moral judgment of the child*. New York: Free Press.

(Original work published 1932)

- Piaget, J. (1971a). *Biology and knowledge: An essay on the relations between organic regulations and cognitive processes*. Chicago: University of Chicago Press.
- Piaget, J. (1971b). *Psychology and epistemology: Towards a theory of knowledge*. New York: Viking.
- Piaget, J. (1972). *The principles of genetic epistemology*. New York: Basic Books.
- Piaget, J. (1974). *Understanding causality*. New York: Norton.
- Piaget, J. (1985). *The equilibration of cognitive structures*. Chicago: University of Chicago Press.
- Piaget, J. (1987). *Possibility and necessity* (two volumes). Minneapolis: University of Minnesota Press.
- Piaget, J. (2001). *Studies in reflecting abstraction*. Hove, UK: Psychology Press.
- Piéraut−Le Bonniec, G. (1980). *The development of modal reasoning: Genesis of necessity and possibility notions*. New York: Academic Press.
- Pillow, B. H. (1989). Early understanding of perception as a source of knowledge. *Journal of Experimental Child Psychology, 47*, 116-129.
- Pillow, B. H. (1999). Children's understanding of inferential knowledge. *Journal of Genetic Psychology, 160*, 419-428.
- Pillow, B. H. (2002). Children's and adults' evaluation of the certainty of deductive inferences, inductive inferences, and guesses. *Child Development, 73*, 779-792.
- Pillow, B. H. (2012). *Children's discovery of the active mind: Phenomenological awareness, social experience, and knowledge about cognition*. New York: Springer.
- Pillow, B. H., & Anderson, K. L. (2006). Children's awareness of their own certainty and understanding of deduction and guessing. *British Journal of Developmental Psychology, 24*, 823-849.
- Pillow, B. H., & Henrichon, A. J. (1996). There's more to the picture than meets

the eye: Young children's difficulty understanding biased interpretation. *Child Development, 67*, 803-819.

- Pillow, B. H., Hill, V., Boyce, A., & Stein, C. (2000). Understanding inference as a source of knowledge: Children's ability to evaluate the certainty of deduction, perception, and guessing. *Developmental Psychology, 36*, 169-179.
- Pillow, B. H., & Pearson, R. M. (2012). Children's evaluation of the certainty of another person's inductive inferences and guesses. *Cognitive Development, 27*, 299-313.
- Planned Parenthood v. Casey, 505 U.S. 833 (1992).
- Premack, D., & Woodruff, G. (1978). Does the chimpanzee have a theory of mind? *Behavioral and Brain Sciences, 1*, 515-526.
- Pritchard, D. (2014). *What is this thing called knowledge? 3rd edition*. New York: Routledge.
- Quine, W. V. (1969). Epistemology naturalized. In W. V. Quine, *Ontological relativity and other essays* (pp. 69-90). New York: Columbia University Press.
- Quine, W. V., & Ullian, J. S. (1978). *The web of belief, 2nd edition*. New York: Random House.
- Rai, R., & Mitchell, P. (2006). Children's ability to impute inferentially based knowledge. *Child Development, 77*, 1081-1093.
- Rakoczy, H., & Schmidt, M. F. H. (2013). The early ontogeny of social norms. *Child Development Perspectives, 7*, 17-21.
- Rawls, J. (1971). *A theory of justice*. Cambridge, MA: Harvard University Press.
- Rawls, J. (2001). *Justice as fairness: A restatement*. Cambridge, MA: Harvard University Press.
- Rest, J., Narvaez, D., Bebeau, M. J., & Thoma, S. J. (1999). *Postconventional moral thinking: A neo-Kohlbergian approach*. Mahwah, NJ: Lawrence Erlbaum Associates.
- Ricco, R. B. (1997). The development of proof construction in middle childhood. *Journal of Experimental Child Psychology, 66(3)*, 279-310.
- Ricco, R. B. (in press). Development of reasoning. In R. M. Lerner (Ed.),

Handbook of child psychology and developmental science, 7th edition, Vol. 2: Cognitive processes. Hoboken, NJ: Wiley.

- Ricco, R. B., McCollum, D., & Wang, J. (1997). Children's judgments of certainty and uncertainty on a problem where the possible solutions differ in likelihood. *Journal of Genetic Psychology, 158*, 401-410.
- Ricco, R. B., & Overton, W. F. (2011). Dual systems competence <—> procedural processing: A relational developmental systems approach to reasoning. *Developmental Review, 31*, 119-150.
- Robinson, E. J., & Einav, S. (2014). *Trust and skepticism: Children's selective learning from testimony*. New York: Psychology Press.
- Rosenberg, A. (2012). *Philosophy of science: A contemporary introduction, 3rd edition*. New York: Routledge.
- Rowley, M., & Robinson, E. J. (2007). Understanding the truth about subjectivity. *Social Development*, 16, 741-757.
- Ruffman, T. (1999). Children's understanding of logical inconsistency. *Child Development, 70*, 872-886.
- Sandoval, W. A. (2005). Understanding students' practical epistemologies and their influence on learning through inquiry. *Science Education, 89*, 634-656.
- Sandoval, W. A., & Reiser, B. J. (2004). Explanation-driven inquiry: Integrating conceptual and epistemic scaffolds for scientific inquiry. *Science Education, 88*, 345-372.
- Scholnick, E. K., & Wing, C. S. (1995). Logic in conversation: Comparative studies of deduction in children and adults. *Cognitive Development, 10*, 319-345.
- Schommer, M., & Walker, K. (1995). Are epistemological beliefs similar across domains? *Journal of Educational Psychology, 87*, 424-432.
- Schommer-Aikins, M. (2002). An evolving theoretical framework for an epistemological belief system. In B. K. Hofer & P. R. Pintrich (Eds.), *Personal epistemology: The psychology of beliefs about knowledge and knowing* (pp. 103-118). Mahwah, NJ: Erlbaum.
- Schommer-Aikins, M. (2004). Explaining the epistemological belief system:

Introducing the embedded systemic model and coordinated research approach. *Educational Psychologist, 39*, 19-29.

- Schwanenflugel, P. J., Fabricius, W. V., & Alexander, J. (1994). Developing theories of mind: Understanding concepts and relations between mental activities. *Child Development, 65*, 1546-1563.
- Schwanenflugel, P. J., Fabricius, W. V., & Noyes, C. R. (1996). Developing organization of mental verbs: Evidence for the development of a constructivist theory of mind in middle childhood. *Cognitive Development, 11*, 265-294.
- Schwanenflugel, P. J., Henderson, R. L., & Fabricius, W. V. (1998). Developing organization of mental verbs and theory of mind in middle childhood: Evidence from extensions. *Developmental Psychology, 34*, 512-524.
- Selman, R. L. (1980). *The growth of interpersonal understanding: Developmental and clinical analyses*. New York: Academic Press.
- Sen, A. (2009). *The idea of justice*. Cambridge, MA: Harvard University Press.
- Shaw, M. (2007). *What is genocide?* Cambridge, UK: Polity.
- Shaw, M., & Bartov, O. (2010). The question of genocide in Palestine, 1948: An exchange between Martin Shaw and Omer Bartov. *Journal of Genocide Research, 12*, 243-259.
- Siegel, H. (1987). *Relativism refuted: A critique of contemporary epistemological relativism*. Dordrecht: Reidel.
- Siegel, H. (1988). *Educating reason: Rationality, critical thinking, and education*. New York: Routledge.
- Siegel, H. (1997). *Rationality redeemed? Further dialogues on an educational ideal*. New York: Routledge.
- Siegel, H. (2006). Epistemological diversity and education research: Much ado about nothing much? *Educational Researcher, 35*(2), 3-12.
- Siegel, H. (2014). What's in a name?: Epistemology, "epistemology," and science education. *Science Education, 98*, 372-374.
- Sinatra, G., & Chinn, C. A. (2012). Thinking and reasoning in science: Promoting

epistemic conceptual change. In K. R. Harris, S. Graham, & T. Urdan (Eds.), *APA Educational Psychology Handbook, Vol. 3: Application to learning and teaching* (pp. 257-282). Washington, DC: American Psychological Association.

- Smetana, J. G. (2011). *Adolescents, families, and social development: How teens construct their worlds*. Malden, MA: Wiley−Blackwell.
- Smetana, J. G., Jambon, M., & Ball, C. (2014). The social domain approach to children's moral and social judgments. In M. Killen & J. G. Smetana (Eds.), *Handbook of moral development, 2nd edition* (pp. 23-45). New York: Psychology Press.
- Smith, C., Maclin, D., Houghton, C., & Hennessey, G. M. (2000). Sixth−grade students' epistemologies of science: The impact of school science experiences on epistemological development. *Cognition and Instruction, 18*, 349-422.
- Smith, L. (1993). *Necessary knowledge: Piagetian perspectives on constructivism*. Hillsdale, NJ: Erlbaum.
- Smith, L. (2002). *Reasoning by mathematical induction in children's arithmetic*. Oxford: Pergamon.
- Smith, L. (2006). Norms and normative facts in human development. In L. Smith & J. Vonèche (Eds.), *Norms in human development* (pp. 103-137). Cambridge, UK: Cambridge University Press.
- Smith, L. (2009). Piaget's developmental epistemology. In U. Müller, J. I. M. Carpendale, & L. Smith (Eds.), *The Cambridge companion to Piaget* (pp. 64-93). Cambridge, UK: Cambridge University Press.
- Sodian, B. (2011). Theory of mind in infancy. *Child Development Perspectives, 5*, 39-43.
- Sodian, B., & Wimmer, H. (1987). Children's understanding of inference as a source of knowledge. *Child Development, 58*, 424-433.
- Somerville, S. C., Hadkinson, B. A., & Greenberg, C. (1979). Two levels of inferential behavior in young children. *Child Development, 50*, 119-131.

- Stanovich, K. E. (2004). *The robot's rebellion: Finding meaning in the age of Darwin*. Chicago: University of Chicago Press.
- Stanovich, K. E. (2011). *Rationality and the reflective mind*. Oxford: Oxford University Press.
- Tarricone, P. (2011). *A taxonomy of metacognition*. New York: Psychology Press.
- Thoermer, C., & Sodian, B. (2002). Science undergraduates' and graduates' epistemologies of science: the notion of interpretive frameworks. *New Ideas in Psychology, 20*, 263-283.
- Tunmer, W. E., Nesdale, A. R., & Pratt, C. (1983). The development of young children's awareness of logical inconsistencies. *Journal of Experimental Child Psychology, 36*, 97-108.
- Turiel, E. (1983). *The development of social knowledge: Morality and convention*. Cambridge, UK: Cambridge University Press.
- Turiel, E. (2008). The development of children's orientations toward moral, social, and personal orders: More than a sequence in development. *Human Development, 51*, 21-39.
- Turiel, E. (2014). Morality: Epistemology, development, and social opposition. In M. Killen & J. G. Smetana (Eds.), *Handbook of moral development, 2nd edition* (pp. 3-22). New York: Psychology Press.
- Turiel, E. (in press). Moral development. In R. M. Lerner (Ed.), *Handbook of child psychology and developmental science, 7th edition, Vol. 1: Theory and method*. Hoboken, NJ: Wiley.
- Wainryb, C., Shaw, L. A., Langley, M., Cottam, K., & Lewis, R. (2004). Children's thinking about diversity of belief in the early school years: Judgments of relativism, tolerance, and disagreeing persons. *Child Development, 75*, 687-703.
- Warren, J., Kuhn, D., & Weinstock, M. (2010). How do jurors argue with one another? *Judgment and Decision Making, 5*, 64-71.
- Wason, P. C., & Johnson-Laird, P. N. (1972). *Psychology of reasoning:*

Structure and content. Cambridge, MA: Harvard University Press.

- Wellman, H. M. (1990). *The child's theory of mind*. Cambridge, MA: MIT Press.
- Wellman, H. M., Cross, D., & Watson, J. (2001). Meta-analysis of theory-of-mind development: The truth about false belief. *Child Development, 72*, 655-684.
- West, E. J. (2004). Perry's legacy: Models of epistemological development. *Journal of Adult Development, 11*, 61-70.
- Wimmer, H., & Perner, J. (1983). Beliefs about beliefs: Representation and constraining function of wrong beliefs in young children's understanding of deception. *Cognition, 13*, 103-128.
- Wimmer, M. C., & Doherty, M. J. (2011). The development of ambiguous figure perception. *Monographs of the Society for Research in Child Development, 76*(1), Serial No. 298.
- Witherington, D. C. (2011). Taking emergence seriously: The centrality of circular causality for dynamic systems approaches to development. *Human Development, 54*, 66-92.
- Wren, T. E. (Ed.) (1990). *The moral domain: Essays in the ongoing discussion between philosophy and the social sciences*. Cambridge, MA: MIT Press.
- Zhang, T., Zheng, X., Zhang, I., Sha, W., Deák, G., & Li, H. (2010). Older children's misunderstanding of uncertain belief after passing the false belief test. *Cognitive Development, 25*, 158-165.
- Zimmerman, A. (2010). *Moral epistemology*. New York: Routledge.
- Zimmerman, C. (2000). The development of scientific reasoning skills. *Developmental Review, 20*, 99-149.

역자 약력

이인태는 공주교육대학교 윤리교육과 교수이다. 경인교육대학교를 졸업하였고, 서울대학교 윤리교육과에서 교육학 박사 학위를 받았다. 경기도에서 10여 년간 초등학교 교사로 근무했고, 한국교육과정평가원에서 부연구위원으로 재직했다. 학문적 관심 분야는 도덕 심리학, 발달 심리학, 도덕과 교육과정, 도덕과 교수·학습 방법 및 평가 등이다. 저서로는 『초등 도덕과 교육론』(공저), 『도덕과 교재 연구 및 지도법』(공저), 『유덕한 시민을 위한 인성교육론』(공저)이 있고, 역서로는 『청소년의 합리성과 발달』(공역), 『도덕 발달과 실재』(공역)가 있으며, 그 외에도 도덕·윤리과 교육 관련 수십 편의 학술 논문을 발표하였다.

신호재는 경인교육대학교를 졸업하고, 서울대학교 윤리교육과에서 석사와 박사 학위를 받았다. 이후 한국교육과정평가원에서 부연구위원으로 재직하며 교육과정, 교과서, 교수·학습, 교육평가 등 도덕과 교육과정의 구성과 실행에 관련된 다양한 연구를 수행하였다. 현재는 공주대학교 사범대학 윤리교육과 교수로 재직하고 있다. 학문적 관심 분야는 도덕과 교육의 구조를 형성하고 있는 도덕 심리학과 도덕철학, 인성교육, 시민교육 등이다. 주요 저서로는 『'미디어와 인격권' 교육: 커리큘럼 및 활성화 방안』(공저), 『현대 한국사회와 시민성』(공저), 『유덕한 시민을 위한 인성교육론』(공저)이 있고, 역서로는 『청소년의 합리성과 발달』(공역)이 있다. 주요 논문으로는 「국가 인성교육 정책의 방향 설정을 위한 기본 틀 연구」, 「디지털 시민교육의 의의 및 도덕과 접근 방안 탐색」, 「민주시민교육에서 세계시민교육까지」 등이 있다.

인식론적 인지와 발달: 정당화와 진리의 심리학

초판발행 2025년 3월 20일

지은이 David Moshman
옮긴이 이인태·신호재
펴낸이 노 현

편 집 배근하·김용순
기획/마케팅 조정빈
표지디자인 BEN STORY
제 작 고철민·김원표

펴낸곳 ㈜피와이메이트
서울특별시 금천구 가산디지털2로 53, 210호(가산동, 한라시그마밸리)
등록 2014. 2. 12. 제2018-000080호
전 화 02)733-6771
f a x 02)736-4818
e-mail pys@pybook.co.kr
homepage www.pybook.co.kr
ISBN 979-11-7279-073-8 93370

정 가 22,000원